GÉNÉALOGIE

DE LA

FAMILLE DE LOYNES

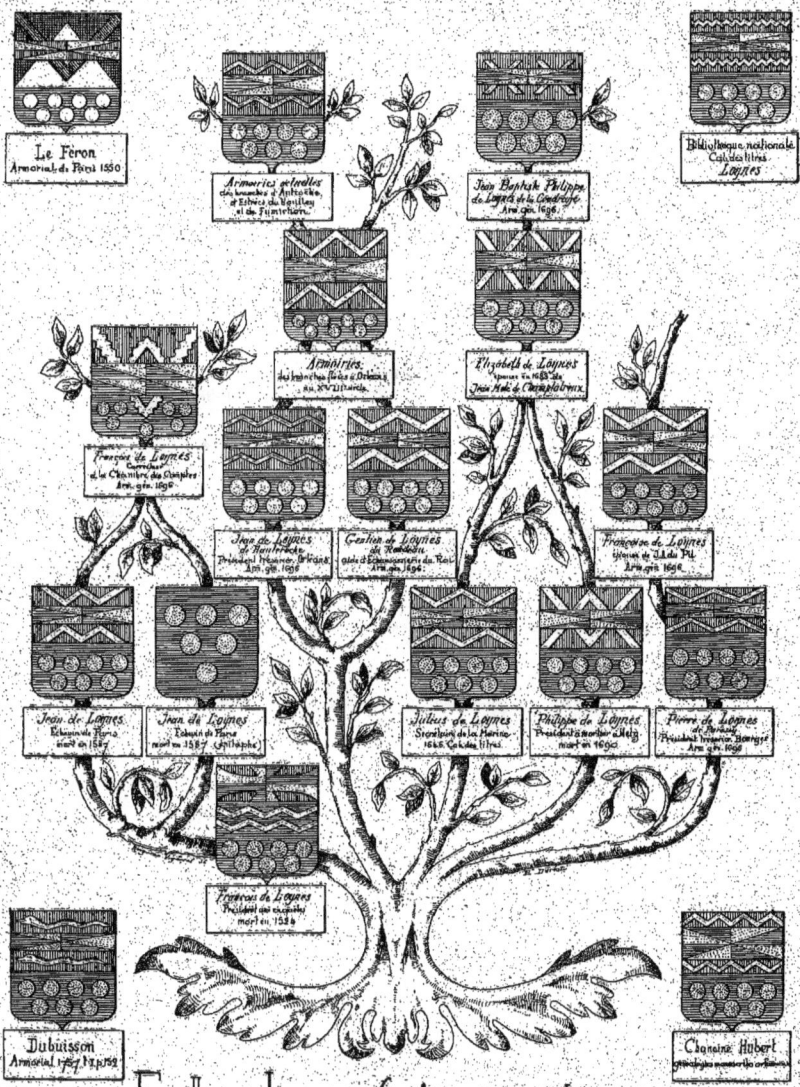

Famille de Loynes — Armoiries diverses

GÉNÉALOGIE

DE LA

FAMILLE DE LOYNES

SEIGNEURS DU MORIER, DE LA MOTTE,
DE MAISON-VILLIERS, D'ORÈS, DE GENOUILLY, DES BERCEAUX,
DE CHARNI, DU COULOMBIER, D'ARMÉES, DE CHAUBUISSON,
DE BOIS-THIERRY, DE CHAMPJARD,
DE LA POTINIÈRE, DES FOSSÉS, DE BERTIN-RUEIL, DU GRAND-SAULX ;
DE BELLEFONTAINE, DE FROMENTIÈRES, DE FROMARVILLE,
BARONS DE THURY, SEIGNEURS DE LANNOY, DES BORDES ;
DE LA BÉDINIÈRE, DE VELERCEAUX, DE CAUBRAY,
DE CHAMPILLOU, COMTES DES VALLONNIÈRES,
SEIGNEURS DE LA BOUFFETIÈRE, DES VARREUX ;
D'AUTROCHE, DE GAUTRAY, DE CHARBONNIÈRE, DE MAZÈRE,
DE MILBERT, DE MOLÉON, DES MARAIS, COMTES D'AUTROCHE,
SEIGNEURS DE MORETT, DE VILLEDART, BARONS DU HOULLEY, DE FUMICHON ;
SEIGNEURS DE LA ROYAUTÉ, DE MARAMBAULT, DE BEL-AIR,
DE LA MOTHE-SARAN, DE QUASNON, DE LA FOSSE, DES CHATAIGNIERS,
DE LA PERRIÈRE, DU RONDEAU ;
DE LA BARRE, DE FUSSY ;
DE VILLEFAVREUX, DE PARAS, D'IVRY, DE LA PONTHERIE,
DE MALMUCE, DE NALLIERS, MARQUIS DE LA COUDRAYE,
BARONS DE BOISBAUDRON, SEIGNEURS DE PARASSY
ET AUTRES LIEUX ;
*En Orléanais, en Beauce, au Perche, en Brie, en l'Isle de France, en Champagne,
en Berry, en Normandie, en Bretagne, en Poitou, etc.*

ORLÉANS
H. HERLUISON, LIBRAIRE-ÉDITEUR
17, RUE JEANNE-D'ARC, 17

MDCCCXCV

NOTICE GÉNÉRALE

La famille de Loynes, originaire de l'Orléanais et l'une des plus anciennes de cette province, a pris son nom du hameau de Loynes, situé à une lieue de Beaugency, et ses premiers auteurs connus possédaient des fiefs dans cette contrée ; leur noblesse était primitivement militaire et on les voit prévôts et baillis de Beaugency dès le xive siècle ; les armes de la famille, composées de toutes pièces nobles et notamment de besants d'or (monnaie en usage dans l'Orient au moyen âge), sembleraient toutefois témoigner d'une origine plus ancienne.

De Beaugency, la famille de Loynes passa à Orléans et elle se divisa en plusieurs branches ; quelques-unes se fixèrent dans cette ville, d'autres allèrent s'établir successivement à Paris, en Poitou, en Berry, en Bretagne et de là en Amérique.

La branche aînée vint à Paris vers 1500. Son auteur, François de Loynes, qui avait été d'abord docteur-régent de l'Université d'Orléans, devint président aux enquêtes du Parlement de Paris ; ses descendants ont toujours possédé des charges honorables à ce Parlement et à la Chambre des Comptes ; l'un d'eux fut membre de la Chambre des Députés de 1838 à 1846.

Les branches restées à Orléans ont compté des receveurs des deniers communs de la ville (première magistrature municipale d'Orléans avant l'institution du mairat), deux maires, de nombreux échevins, des présidents des trésoriers de France au bureau des finances de la généralité, des conseillers au bailliage et siège présidial, un maréchal de camp, un doyen du chapitre de la cathédrale, des poètes, etc...

D'autres branches ont donné un premier président de la Chambre des Comptes de Blois, un président et des conseillers au Parlement de Metz, un premier président des trésoriers de France au bureau des finances de la généralité de Bourges, un secrétaire général de la marine sous Richelieu, un député de la noblesse du Poitou aux États-Généraux de 1789, un maire de Nantes, des officiers des armées de terre et de mer, etc...

Les renseignements qui ont servi à établir cette généalogie ont été puisés principalement aux sources suivantes :

Généalogies des familles orléanaises, par le chanoine Hubert, manuscrit de la bibliothèque publique d'Orléans, vol. III, fᵒ 90 et suivants;

Dictionnaire de la noblesse, par La Chenaye-Desbois et Badier (Paris, 1770-1786, 15 vol. in-4ᵒ), tome XII, pages 512 à 520;

Histoire généalogique des Pairs de France... des principales familles nobles du royaume etc... par M. le chevalier de Courcelles (Paris, 1822-1833, 12 vol. in-4ᵒ), tome VI ;

Généalogie manuscrite de la famille de Loynes rédigée en 1778 par Georges de Loynes, à Orléans ;

Actes des paroisses et de l'état-civil ;

Contrats de mariage ;

Pièces originales concernant la famille de Loynes et conservées au Cabinet des titres de la Bibliothèque nationale sous le nᵒ 1766, vol. relié *Loynes-Loys;*

Généalogies manuscrites de Chérin (ibid.);

Généalogies manuscrites de Duchesne, vol. 24 (ibid.) ;

Archives nationales, où l'on a surtout mis à contribution les *Archives du Palais-Royal — Sommaire des titres du comté de Beaugency,* 3 vol. cotés R⁴ˣ, 698-699-700 ;

Archives départementales du Loiret ;

Archives communales d'Orléans ;

Archives de divers membres de la famille, etc., etc.

NOM

On rencontre le nom patronymique de la famille de Loynes orthographié de différentes manières suivant les temps, et ce nom se transforme souvent en *de Loyne, de Loines, de Loine, de Loisne, de Luynes, de Luine, Deloynes, Deluynes, Deluine,* etc., etc.

Il paraît constant qu'autrefois il se prononçait de *Louines,* car, aux
xive et xve siècles, l' *y* emportait la prononciation de *ui ;* plus tard et
encore au commencement de ce siècle, il a été quelquefois prononcé
de Luines.

ARMOIRIES

Coupé de gueules et d'azur ; le gueules chargé d'une fasce gironnée
d'or et d'azur de six pièces, accostée de deux vivres d'argent, l'azur chargé
de sept besants d'or posés quatre et trois.

(Blanchard, *Catalogue des conseillers au Parlement.* Paris, 1647,
p. 40 ; La Chenaye-Desbois, de Courcelles, Gourdon de Genouilhac,
Lambron de Lignim, etc.)

Note manuscrite du Cabinet des titres (Bibl. nat.), *Pièces originales,*
no 1766, vol. relié : *Loynes-Loys :*

« Suivant l'ancien armorial de le Féron (advocat au Parlement, auteur
d'un armorial général des familles de Paris écrit en 1555 et conservé
dans le Cab. de M. d'Hozier à la Bib. du Roy), les véritables armes de
Loynes sont :

D'argent chapé de sable à un chevron de sinople renversé et chargé
d'une fasce gironnée d'or et de gueules de huit pièces brochante sur le
tout, soutenu à la pointe de l'écu d'une terrasse d'azur à sept besants
d'argent rangés 4, 3. »

Une autre pièce du Cabinet des titres attribue aussi ces armes à François de Loynes, président aux enquêtes.

Autre note manuscrite du même Cabinet (ibid.) :

Coupé de gueules et d'azur ; sur le gueules une fasce gironnée d'or et
d'azur de huit pièces et un filet d'or vivré dessus et un autre de même
au dessous à l'opposé ; et sur l'azur sept besans d'or, 4 et 3.

Armes des de Loynes de Parassy (tableau généalogique au Cabinet des titres (ibid.) :

Coupé : le chef de gueules chargé d'une fasce gironnée d'or et d'azur et accompagnée de deux filets vivrés d'argent, la pointe d'azur à sept besans d'or posés 4 et 3.

Manuscrits de Duchesne (Bibl. nat.), vol. 24 : Loynes : d'azur, au chevron renversé d'or accompagné en pointe de sept besans d'or, 4 et 3, et une fasce gironnée d'argent et de gueules de six pièces brochante sur le tout.

Les registres d'Hubert (*Généalogies des familles orléanaises,* manuscrit de la Bibliothèque d'Orléans, vol. III, fol. 90) blasonnent comme il suit les armes de la famille de Loynes :

Coupé de gueules et d'azur ; le gueules chargé d'une fasce gironnée d'or et d'azur, autrement partie d'azur et d'or, chaques parties chargées d'une pointe d'or et d'azur de l'une dans l'autre, la dite fasce accompagnée de deux petites bandes vivrées d'argent. L'azur chargé de sept besants d'or 4 et 3.

François de Loynes, époux de Geneviève Le Boulanger, portait :

D'azur à sept besans d'or 3, 3, 1, surmontés de deux fasces vivrées d'argent, au chef cousu de gueules à la croix pattée écartelée d'or et d'azur (sépulture en l'église de Saint-André-des-Arcs, à Paris).

Jean de Loynes, époux de Marguerite Fusée, portait :

D'azur à 6 besans d'or, 3, 2, 1 (sépulture en l'église de Saint-Séverin, à Paris).

Histoire générale de Paris (Bibliothèque de la Ville). *Les jetons de l'échevinage parisien,* Paris, Imprimerie nationale, 1878, page 44, n° 80 :

Jeh. de Loynes, cons. et eschevin de la V. de Paris. Cartouche orné chargé d'un écu armorié. Coupé au 1er de gueules, à la fasce gironnée d'or et d'azur de six pièces, côtoyée de deux bâtons vivrés, contre-vivrés d'argent ; au 2e d'azur à sept besants d'or 4, 3 — grènetis.

Revers : Fluctuat nec mergitur — Armes de Paris contournées, remplissant le champ entier.

A l'exergue : Lutetia — grènetis.

Philippe de Loynes, président à mortier au Parlement de Metz en 1651, fit sculpter dans l'église des Ursulines de cette ville les armoiries suivantes :

De gueules à deux sautoirs accolés d'argent, à la fasce gironnée d'or et d'azur de six pièces brochante sur le tout ; l'écu coupé d'azur à sept besans d'or en fasce, quatre, trois ; mortier, couronne de comte, manteau d'hermines, supports d'aigles affrontées et ailes déployées.

Armes de René-François de Loynes, écuyer, seigneur de Berceaux en Brie et de Charni, lieutenant au régiment d'Ombreval, milice de l'Ile de France :

De gueules à une fasce gironnée d'or et d'azur de huit pièces accompagnée (ou accostée) de deux filets d'argent vivrés, l'écu coupé d'azur à sept besans d'or posés 4 et 3 (Cab. des titres).

Une généalogie manuscrite rédigée en 1748 par François-Joseph de Loynes, auditeur en la Chambre des Comptes, mentionne les armes suivantes :

Coupé, le chef de gueules à deux sautoirs d'argent et une fasce gironnée d'or et d'azur posés sur les deux sautoirs ; la pointe d'azur à sept besans d'or 4 et 3.

Armorial général de Paris. (Bibl. nat. Cabinet des titres), 1er vol., p. 944, n° 490. Armes de M. de Loynes, conseiller du Roy, correcteur en la Chambre des Comptes, enregistrées le 17 février 1698 :

Coupé de gueules et d'azur, à un chevron vivré et renversé d'argent soutenant un autre chevron vivré de même et accompagné en pointe de sept besans d'or posés 4 et 3 et une fasce gironnée et contregironnée d'or et d'azur de huit pièces brochante sur le tout.

Armorial général de Paris (ibid.), 2e vol., p. 733, nos 149 et 150. Armes

de Jules de Loynes, (lieutenant des gardes du corps de M. le duc d'Orléans, époux d'Honnorée le Bel de Bussy, fille de Guillaume le Bel, seigneur de Bussy — V. *Nobiliaire de Picardie* d'Haudicquier, p. 34) :

De gueules à deux sautoirs d'argent et une fasce gironnée de six pièces
d'azur et d'or brochante sur le tout, coupé d'azur à sept besans d'or
posés quatre et trois.

Armorial général d'Orléans (ibid.), p. 329, n° 4.

Armes de Jean de Loynes, escuier, sieur de Hauteroche, conseiller
du Roi, président trézorier de France au bureau des finances de la généralité d'Orléans :

Coupé au 1er de gueules à une fasce partie gironnée et contregironnée
de trois pointes d'or et d'azur accostée de deux vivres d'argent, et au
deuxième d'azur à sept bezants d'or poséz quatre et trois.

Ces mêmes armes furent enregistrées à cet armorial pour Marie de
Loisne, épouse de Daniel Feuillette, écuyer, Sr du Fay et de Cornet
(p. 317, n° 143 bis); pour N... de Loynes-Monsire (p. 359, n° 385); pour
Catherine de Loynes, veuve d'Estienne Le Brasseur, marchand (p. 360,
n° 394); pour Jacques de Loynes l'aîné, marchand (p. 361, n° 1); pour
N... de Loynes-Goury, dame (p. 362, n° 2), et pour N... de Loisnes de
Couesnon (p. 363, n° 13).

Armorial général de Poitiers (ibid.), p. 672, n° 49.

Armes de Jean-Baptiste Philippe de Loynes, chevalier, seigneur de
Nalliers :

D'azur à sept besans d'or posés 4 et 3, à un chef de gueules chargé de
deux sautoirs d'argent, et une fasce gironnée et contregironnée d'or et
d'azur brochant sur le tout.

Armorial général de Bourges (ibid.), p. 4, n° 8.

Armes de Pierre de Loynes, escuier, président trésorier général de
France :

D'azur à sept besans d'or posés 4 et 3, et un chef cousu de gueules chargé d'une fasce gironnée d'or et d'azur surmontée et soutenue de quatre chevrons apointés d'argent.

Dubuisson, *Armorial,* 1757, T. II, nº 152 :

De Loynes, seigneur de la Potinière : Coupé de gueules et d'azur, le gueules chargé d'une fasce gironnée de six pièces d'or et d'azur, et accompagnée de deux bisses d'argent en fasces ; l'azur chargé de sept bezans d'or 4 et 3.

Armorial général de Jouffroy d'Eschavannes, Paris, 1844, 2 vol. in-8º :

Loynes : Coupé : au 1er de gueules à la fasce partie d'or et d'azur ; chaque parti chargé d'une pointe de l'un en l'autre, en sorte que les deux pointes qui meuvent de chaque flanc de l'écu se touchent au parti ; et de plus la fasce surmontée et soutenue de deux fasces vivrées d'argent ; au 2e d'azur à sept besants d'or 4 et 3.

Poplimont, *France héraldique,* Paris, 1874. T. V :

De Loynes : Coupé : au 1er de gueules à la fasce gironnée d'or et d'azur de six pièces, accompagnée de deux guivres d'argent, une en chef et une en pointe ; au 2e d'azur à sept besants d'or, 4 et 3.

Id. J.-B. Rietstap, *Armorial général,* Gouda (Hollande), 1861, avec la variante « accostée » au lieu de « accompagnée ».

Histoire généalogique de la famille Colas, Orléans, 1883, page 105 :

De Loynes : de gueules, à la fasce gironnée d'or et d'azur de six pièces, accompagnée de deux vivres d'argent, à la champagne d'azur, chargée de sept besans d'or, 4 et 3.

TABLEAU DES DIFFÉRENTES BRANCHES DE LA FAMILLE DE LOYNES

Robin de Loynes, écuyer, dit le Vieil, 1348.

Bailli de Beaugency, épousa N... Hatte, 1448. Auteur de la branche aînée (p. 13).

Robin de Beaugency, 1430, épousa 1° Isabelle Teudot, 1451, et 2° Marion Hatte, 1456. Auteur de la branche cadette (p. 39).

Branche aînée

Gentien de Loynes, épousa N... Hatte, 1448. Auteur de la branche aînée (p. 13).

Antoine de Loynes, seigneur de Bellelontaine et de Maisonvilliers, procureur au Parlement de Paris, 1515, épousa 1° Geneviève de Beaumont, 2° Anne-Geneviève Baron (p. 33).

Gentien de Loynes, échevin d'Orléans, 1495-1510, épousa Marguerite Coquebet.

Euverte de Loynes, épousa 1° Anne des Contes ; 2° Anne Hue en 1527.

François de Loynes, président aux enquêtes du Parlement de Paris en 1500, épousa Geneviève Le Boulanger et continua la branche aînée établie à Paris.

Alex.-Math.-Fern., épousa en 1860 Marie-Cécile-Gabr. de Prulay (p. 29).

Branche d'Aurouer

Franç. de Loynes, épousa en 1621 Anne Homar.

Jacq. de Loynes, épousa 1° Anne des Contes ; 2° Anne Hue en 1527.

Jacques de Loynes, seigneur de Maisonvilliers, procureur au Parlement de Paris, 1515, épousa 1° Geneviève de Beaumont, 2° Anne-Geneviève Baron (p. 33).

Jacq. de Loynes, épousa en 1632, des branches de Champillou et des Vallonnières (p. 55).

Auteur des branches de Champillou et des Vallonnières (p. 55).

Jacq. de Loynes, comte de Champillou, épousa en 1691 Madeleine Jocoris.

Joseph de Loynes, de la Boulletière, épousa en 1711 Marie Guillet de Salvert.

Augustin de Loynes, seigneur des Vallonnières, épousa en 1632, Cather. Gravais de la Brosse, Autr de la branche des Vallonnières (p. 55).

Jehan de Loynes, d'Aurouche, cher d'honneur au bailliage d'Orléans, épousa en 1742 Marie-Thérèse du Coing.

Cte de Loynes de Gaubry, en 1632, capitaine au rég. de la Sarre, ép. en 1765 Adélaïde-Thér. de Thoré.

Louis de Loynes de Moret, de la Royauté, maréchal de camp, épousa en 1636, Marie Tassin de la Chaussée, Auteur de la branche de Moret et d'Autroche d'Estrées (p. 101).

Jehan de Loynes, capitaine au bailliage d'Orléans. Auteur de la branche d'Autroche (p. 77).

Auguin-Louis de Loynes de la Boulletière, officier vendéen, épousa en 1803, épousa Marie-Péronne-Marthe Hamart.

Charles-Joseph de Loynes, des Varroux, épousa en 1855 Cordélie Balshan.

Jean-Camille-Edmond de Loynes, comte d'Autroche, épousa en 1854 Berthe de Chastillon de Maisonnay.

Dan. de Loynes de Mazère, capne au rég. de Bloïs, mousqte du Roi, épousa en 1764, Anne-Renée-C Marie-Cathne Aurelle la branche de Mazère et du Houlley (p.109).

Hier de Loynes de la Royauté, écher d'Orléans de 1666 à 1614, épousa Marie Bourqoin.

Cte de Loynes de la Royauté, vers 1510 Marie Couparanc, Auteur de la branche de la Royauté (p. 1).

Claude de Loynes, épousa vers 1510 Marie Couparanc. Auteur de la branche de la Royauté (p. 127).

Jacques de Loynes, seigneur de Villedavreux, receveur de la ville d'Orléans en 1517 et 1518, épousa Jeanne-Catherine Burnaud de Montélise. Auteur de la branche de Villefaveux et de Paissy (p. 183).

Jean-Charles-Emmanuel d'Autroche, capitaine de cavalerie, épousa en 1884, Léonie-Alexandrine-Marie Chesonnet-Champollion (p. 89).

J.-Raymond-F.-G. Loynes-d'Autroche, lieut de cavalerie, épousa en 1889 Madeleine Lizé (p. 93).

Paul-Marie-Émilien comte de Loynes, épousa en 1852 Berthe de Chastillon de Maisonnay.

Pierre-M.-A. de Loynes-d'Autroche, capitaine d'infant. de marine, épousa en 1888 Marthe Berthmy (p. 106).

A.-J.-L.-A. de Loynes, baron du Houlley, épousa en 1797 Elis-Zoé Colas des Francs.

Claude de Loynes de Mazère, baron de Funichon, épousa en 1797 Félicité Seuaray Luxulluer des Coudreaux.

Pierre de Loynes, épousa 1670 Marie-Anne Guinsaault.

Pierrede Loynes, ép 1° en 1650 Magdeleine de la Barre, Anne Roucglet, 2° en 1669 Franç Goury.

Anl. de Loynes de la Royauté, écher d'Orléans, ép.SimtSacnet Auteur de la branche cadette de la Royauté (p. 1).

Gentde Loynes de la Barre, écher et recer. d'Orléans, ép. de Madeleine d'Aubigny Surte Le Bent d'Aubigny, Autr de la branche de la Royauté la Barre (p.175).

Julius de Loynes, seigneur de Villefaveux, épousa 1° Marie de Maccleric; 2° Isabelle Perlau.

César de Loynes, épousa Françoise Layraut. Auteur de la branche de Paissy (p. 215).

A.-M.-J.-Émt de Loynes, baron du Houlley, ép. en 1867, Suzanne A.-M.-Marie Loupe Tassin de Pom- (p. 118).

M.-P.-Adrien de Loynes, baron de Funichon, prof à la Fa- culté de droit, épousa en 1889, M. Loupe Tassin de Charson- ville (p. 154).

P.-L.-M.-Pt de Loynes, secrétaire d'ambassade, épousa en 1870, L.-J.-E. Adam (États-Unis) (p. 165).

M.-Joseph de Loynes, épousa en 1877 Eliza Martin, à Brooklyn, New-York (États-Unis) (p. 199).

Georges-Adolphus de Loynes, épousa en 1877 Eliza Martin, à Brooklyn, New-York (États-Unis) (p. 199).

Gtes de Loynes de Cousaincon, épousa en 1691 Franç Clayeau.

Joseph de Loynes.

Philippe de Loynes, président à mortier au Parlemt de Metz, épousa en 1651 Élisabeth Lamouret.

A.-J.-B. de Loynes, Mtis de Coudraye, ép° 1° H. Symon de Galisson, 2° M. Barthélemy.

A.-M.-J.-Émt de Loynes, baron de Funichon, prof à la Fa- culté de droit, épousa en 1889, M. Loupe Tassin de Charson- ville (p. 154).

A.-J.-B. de Loynes, Mtis deCoudraye, ép° 1° H. Symon de Galisson, 2° M. Barthélemy.

M.-Joseph de Estrées, Loynes d'Estrées, épouse 1° en 1878 M.-Th. Berthmy, 2° en 1880 Marthe Berthmy (p. 106).

J.-Raymond-F.-G. Loynes-d'Autroche, lieut de cavalerie, épousa en 1889 Madeleine Lizé (p. 93).

GÉNÉALOGIE

DE LA

FAMILLE DE LOYNES

I. Robin DE LOYNES, écuyer, bourgeois de Beaugency, dit *le Vieux* ou *le Vieil,* descendait peut-être de Guillemin de Loynes, qui vivait en la même ville à la fin du xiiie siècle. Des lettres patentes royales de février 1328 le citent au nombre des notables qui furent chargés de l'évaluation des revenus de la seigneurie de Beaugency, dont le Roi de France Philippe VI de Valois disposait en faveur de Jeanne de Bourgogne, son épouse[1].

Robin de Loynes possédait des fiefs au territoire de Beaugency, dans la mouvance du duc d'Orléans, auquel il rendit un aveu le jeudi après la Saint-Luc (21 octobre) 1353[2].

On ignore le nom de l'épouse de Robin de Loynes, mais on lui connaît trois fils :

1º Geoffroy, qui suit ;

2º Guillaume de Loynes, qui fournit des aveux le mardi après la Toussaint 1355 et le 11 mai 1359, pour des biens sis à Lailly et à Beaugency[3]. Il mourut en 1404, laissant un fils :

    Jean, qui possédait comme son père des biens dans les paroisses de Dry et de Lailly (aveu du 22 mars 1372)[4].

3º Robin de Loynes, sieur du Morier, près Beaugency, acquit ce fief que ses descendants possédaient encore vers 1600. Il mourut en 1404 et eut pour fils :

    Robert ou Robin de Loynes, sieur du Morier[5], épousa, au plus tard en 1424, Gillette *de Berry,* fille de défunt Jean de Berry. Ils vivaient tous les deux en 1432[6] et en 1436[7], et Gillette, qui était

---

DE BERRY : d'argent, à une feuille de scie de sable posée en fasce, les dents en haut, accompagnée de trois têtes de lévrier de même, accolées d'or, posées 2 et 1.

2

veuve en 1461[1], vivait encore en 1471[2]. Ils eurent entre autres
enfants :

> Robert de Loynes, sieur du Morier, qui laissa :
>> Gentien de Loynes, sieur du Morier, échevin de Beaugency
>> en 1455, mort vers 1480, eut pour fils :
>>> N... de Loynes, sieur du Morier, mort vers 1530, laissa :
>>>> Claude de Loynes, sieur du Morier, bourgeois d'Orléans,
>>>> qui épousa par contrat passé devant Stuard, notaire à
>>>> Orléans, le 5 mai 1568, Marie *Bourgoing ;* elle survécut
>>>> à son mari qui était mort vers 1578[3], laissant :
>>>>> 1° Jacques de Loynes, sieur du Morier, né vers 1572 ;
>>>>> 2° Marie de Loynes, née vers 1574.

La branche du Morier paraît s'être éteinte au xviie siècle.

II. Geoffroy DE LOYNES, écuyer, prévôt de la ville de Beaugency
en 1388 et 1411 (Bibl. nat. Cabinet des titres, *Loynes*)[4], rendit hommage
au duc d'Orléans, le 6 août 1403, pour les biens qu'il tenait à Fluxes, à
cause du château de Beaugency, et fournit au même prince son aveu et
dénombrement sous le sceau de la châtellenie de Beaugency, le 11 janvier 1404[5].

Il mourut apparemment en 1421, laissant quatre fils :

1° Jacquet, qui suit ;

2° Guillaume de Loynes, écuyer, qui paraît avec Jean, son frère, dans
deux actes des 4 octobre 1421[6] et 10 juin 1428[7], et seul dans deux
autres actes des 11 mai 1429[8] et 3 février 1438[9] ; lui et son frère Jean
de Loynes firent don chacun de trois cents livres parisis, en 1429, pour
approvisionner de vivres et de munitions la ville d'Orléans, assiégée
par les Anglais[10].

3° Jean de Loynes, qui fournit un aveu pour des biens situés dans la paroisse de Josnes le 8 octobre 1389[11] ; qualifié sergent d'armes dans les
lettres de protection que Charles VI accorda à Marguerite de Charnay,
abbesse de Voisins, le 27 août 1401. Il paraît sans son frère Guillaume
dans un acte du 8 juin 1428[12]. Il fut père de :

BOURGOING : de sable, au chevron d'or, abaissé sous une fasce du même, accompagné
de six roses d'argent, trois en chef et trois en pointe.

Anne de Loynes, mariée, en 1423, avec Jean *de Beauharnais*[1], fils aîné de Guillaume de Beauharnais, seigneur de Miramion et de la Chaussée, et de Marguerite de Bourges[2].

« Ce Beauharnois, dit une généalogie manuscrite de la famille de Loynes dressée au xviiie siècle, fut un des témoins que l'on entendit lorsqu'on fit le procès pour la réhabilitation de la Pucelle, sous le pape Calixte III, en 1455-1456.[3] De son mariage avec Anne de Loynes est issu Pierre de Beauharnois, conseiller du Roi, maître des requêtes de l'hôtel et commis à l'administration du duché d'Orléans. »

4° Pierre de Loynes, qui possédait des biens à Vouzon, en Sologne[4].

Geoffroy de Loynes eut peut-être aussi deux filles :

5° Jeannette de Loynes, épouse de Henry *de Mareau*, échevin d'Orléans en 1419 et 1420. Elle en était veuve en 1423.

6° Jacquette de Loynes, qui rendit un aveu le 18 septembre 1469, à Beaugency ; elle était alors veuve de Christophe *Paris*.

III. Jacquet DE LOYNES, licencié ès-lois, bourgeois de Beaugency, rendit foi et hommage pour les mêmes biens que son grand-père Robin de Loynes[5]. Il alla s'établir à Orléans[6] où il fut échevin en 1409 et 1410[7], « ce qui s'appeloit alors, dit la généalogie manuscrite précitée, *procurator urbis;* » et receveur des deniers communs de la ville d'Orléans du 23 mars 1419[8] au 22 mars 1421 et pendant les périodes correspondantes des années 1425[9] à 1427, 1431 à 1433, 1437 à 1439, et 1443 à 1445[10]. « Il est mort vers ce temps ayant été en possession des charges municipales pendant 34 ans. Il n'y avoit point alors de maire, la place de receveur étoit la première. » (*ibid.*)

Les fonctions exercées par Jacquet de Loynes lui firent prendre une part active aux mémorables événements dont l'Orléanais fut alors le théâtre. C'est ainsi que des lettres du duc d'Orléans, du 23 mai 1419, donnent l'ordre de lui payer deux canons de cuivre et 250 livres de poudre pour la défense du château de Janville contre les Anglais (Cour-

---

DE BEAUHARNAIS : d'argent à la fasce de sable et trois merlettes de même, en chef.
DE MAREAU : d'or à trois trèfles de sinople, 2 et 1.
PARIS : d'azur au chevron d'or, au lion de même.

celles). On relève d'autre part un don d'argenterie qu'il fit, le 27 octobre 1428, pour subvenir aux frais de la défense d'Orléans [1], et les historiens locaux le citent au nombre des notables qui se distinguèrent par leur courage, leurs sacrifices et leur patriotisme lors de la délivrance de cette ville par Jeanne d'Arc, en 1429.

Jacquet de Loynes avait épousé en premières noces Huguette Rousselet [2], fille de Mathurin Rousselet et de Marguerite Renard, et en secondes noces Jacquette BAFFART, fille de N... Baffart, trésorier du duc d'Orléans, dont on pense qu'il n'eut pas d'enfants. De sa première femme, il avait eu :

1º Jacquet de Loynes, mort sans postérité après 1437 ;
2º Gentien, qui suit ;
3º Robin de Loynes, auteur de la branche cadette, établie à Orléans, (voir page 39) ;
4º Gentienne de Loynes.

ROUSSELET ou ROUCELLET : d'or, au chêne terrassé de sinople.
BAFFART : de sable, à trois flacons d'argent cordonnés et embouchés de gueules.

BRANCHE AINÉE

IV. Gentien DE LOYNES, écuyer, seigneur de La Motte, en Beauce, bailli de Beaugency [1], vivait en l'an 1448.

Il avait épousé N... HATTE, d'une ancienne famille d'Orléans.

De ce mariage, entre autres enfants, était issu :

    Jehan, qui suit.

V. Jehan DE LOYNES, écuyer, seigneur de La Motte et de Maison-Villiers, en Beauce, conseiller de la duchesse d'Orléans, fut désigné par elle « pour besongner à l'expédition de plusieurs procès de Lombardie » (quittance du 2 décembre 1478). Bailli de Beaugency (il l'était en 1480 et peut-être encore le 17 février 1491. Bibl. nat. Cabinet des titres, *Loynes*), il avait succédé dans cette charge à Michel Bourgoing, son beau-père. Il avait en effet épousé, vers 1475, Anne (*aliàs* Marie) BOURGOING, fille de Michel Bourgoing, écuyer, seigneur de Concire, conseiller de Mgr le duc d'Orléans, et d'Anne Lemaire ; Anne Bourgoing était veuve lorsque, le 17 janvier 1500, elle ratifia le contrat de mariage de François de Loynes, son fils, devant Jean Courtin et Breton, notaires à Orléans. En 1508, elle fonda un service à Saint-Donatien d'Orléans pour elle et son mari.

De ce mariage sont issus six enfants, savoir :

    1º François, qui suit ;
    2º Antoine de Loynes, auteur d'une branche rapportée page 33 ;
    3º Marie ou Marion de Loynes, qui épousa Jean *Hatte,* fils de Jean Hatte, sieur de Damberon, procureur en la cour laye d'Orléans en 1476, et d'Isabeau Simon ;

HATTE : d'azur, au chevron d'argent, accompagné de trois étoiles d'or.
      ou : d'azur, au lion d'argent coiffé de gueules.
BOURGOING : voir p. 10.
HATTE : comme ci-dessus.

4º Huguette de Loynes, mariée à Étienne *Daniel ;*
5º Gentienne de Loynes, mariée à Jean *Grandet ;*
6º Anne de Loynes, mariée à Bertrand *Rougeault.*

VI. François DE LOYNES, écuyer, sieur de La Motte, avocat au Parlement et docteur ès-droits, fut d'abord docteur régent de l'Université d'Orléans. C'est lui qui le premier s'établit à Paris où, le 22 janvier 1500, il fut reçu conseiller laïc en la Cour du Parlement au lieu et par la résignation d'André Baudry (*Catalogue* de Blanchard, p. 40). Au mois de juillet 1504, il fut choisi par le roi Louis XII, avec trois autres conseillers, sur la désignation de Florimond Robertet, trésorier de France et secrétaire des finances, pour faire partie du Grand Conseil chargé d'instruire le procès criminel de lèse-majesté intenté à Pierre de Rohan, sire de Gié, maréchal de France[1]. Au mois de mai 1517, le Parlement commit François de Loynes, avec André Verjus, Nicolas Lemaistre et Pierre Prud'homme, pour examiner le Concordat[2], et, le 14 janvier 1518, il fut député à Amboise avec André Verjus pour présenter au roi François Ier les remontrances du Parlement au même sujet, ce que ces deux conseillers firent le mois suivant.

François de Loynes fut depuis (le 20 décembre 1522) président de l'une des chambres des enquêtes du Parlement et, comme tel, il fut choisi par le roi François Ier avec Jean de Selve, premier président, et Jean Papillon, conseiller, pour interroger Jean de Poitiers, seigneur de Saint-Vallier, chevalier de l'ordre du Roi et capitaine de cent gentilshommes de la maison de Sa Majesté, qui, pour avoir trempé dans la révolte du connétable de Bourbon, avait été arrêté et conduit au donjon de Loches, où les commissaires se transportèrent au mois d'octobre 1523[3].

François de Loynes mourut le 30 juin 1524 et fut inhumé dans l'église paroissiale de Saint-André-des-Arcs[4], près la chapelle du Prat.

DANIEL : d'azur, à un daim passant d'or soutenu de trois demys vols d'argent rangés en pointe.
GRANDET :
ROUGEAULT :

Il avait épousé vers 1500 Geneviève LE BOULANGER, dame de Grigny et du Plessis-le-Comte, veuve de Nicolas de Louviers, fille unique de Jean Le Boulanger, chevalier, seigneur de Jacqueville en Gâtinais et de Montigny en Brie, premier président au Parlement de Paris, mort le 24 février 1481, et de Marie Chevalier, dame de Grigny et de Saint-Marry. Geneviève Le Boulanger fut marraine de Marie Errault, sa petite-fille et vivait encore le 18 août 1556.

Le mariage de François de Loynes fut ratifié par Anne Bourgoing, sa mère, par acte passé devant Jean Courtin et Breton, notaires à Orléans, le 17 janvier 1500.

Geneviève Le Boulanger[1] fut inhumée près de son mari en l'église Saint-André-des-Arcs, à Paris.

Leurs enfants furent[2] :

1º Gentien, dont l'article suit ;

2º Marie de Loynes, laquelle était mariée en 1525 avec François *Errault* (Père Anselme, T. VI, p. 481, et Blanchard, p. 53), chevalier, seigneur de Chemans, près Duretal en Anjou, qui fut reçu conseiller au Parlement en 1522 (ou 1532), puis président en la cour de Parlement établie à Turin après la conquête du Piémont, maître des requêtes ordinaire de l'hôtel du Roi en 1541 et enfin élu garde des sceaux de la Chancellerie de France en 1543. Il décéda à Châlons en Champagne, le 3 septembre 1544, pendant les négociations de la paix entre François Iᵉʳ et l'Empereur Charles-Quint, dont il était chargé avec l'amiral d'Annebaut. Il était fils d'Antoine Errault, seigneur de Chemans, et de Roberte de Bouillé du Bourgneuf. Marie de Loynes avait fait son testament le 12 avril 1540. Elle mourut le 18 octobre 1551 et fut inhumée le soir du même jour à Saint-André-des-Arcs près de ses père et mère.

3º Antoinette de Loynes, née en 1505, mariée 1º, vers 1529, avec Lubin *d'Allier* (ou *Daillé*), gentilhomme de Normandie, docteur ès-droits, avocat au Parlement de Paris et bailli de Saint-Germain-des-Prés

---

LE BOULANGER : écartelé, aux 1 et 4 d'azur, à la fasce d'or, accompagnée en chef de trois étoiles rangées en fasce du même, et en pointe de trois roses d'argent, 2 et 1 ; aux 2 et 3 d'or, à six losanges de gueules posés en fasce 3 et 3.

ERRAULT : d'azur à deux chevrons d'or.

D'ALLIER : d'or à trois écrevisses de gueules, au chef d'azur chargé d'une étoile d'or.

en 1536, sieur des Bordes, près Mispuis en Beauce, qui vivait encore en 1540. Elle en eut une fille, Marie d'Allier, née vers 1529, qui épousa, le 18 janvier 1552 (v. st.), Jean Mercier, professeur et lecteur public du roi en langue hébraïque à Paris, d'où un fils, Josias (Le) Mercier, né en 1572, mort en 1626, beau-père du célèbre Saumaise.

Antoinette de Loynes épousa en secondes noces, en 1556, noble homme Jean *de Morel*, écuyer, seigneur de Grigny, né à Embrun en Dauphiné, fourrier et maréchal des logis de la Reine en 1549, 1556 et 1558, maréchal des logis et valet de chambre du roi Henri II en 1558 et enfin maître d'hôtel ordinaire de S. M. et gouverneur du duc d'Angoulême, grand prieur de France, fils naturel de Henri II, et dont la reine Catherine de Médicis, qui goûtait son esprit, lui confia l'éducation. Il mourut le 19 novembre 1581 âgé de 70 ans. Son épouse était morte le 28 mai 1568 ; elle fut inhumée le même jour, « sur les sept heures du soir », à Saint-André-des-Arcs, près de ses père et mère. De son second mariage avec Jean de Morel, Antoinette eut trois filles, Camille, Diane et Lucrèce, savantes comme leurs parents et auteurs de diverses poésies.

Antoinette de Loynes cultiva avec beaucoup de succès les lettres et la poésie et mérita la faveur et l'amitié de Marguerite de Valois, reine de Navarre, sœur de François Ier. Antoinette célébra cette princesse après sa mort dans de petits poèmes français qui furent recueillis avec les élégies latines des sœurs Seymour sur le même sujet et traduits en grec et en italien par Dorat, de Mesmes, Ronsard, de Baïf et Denisot[1].

4° Gilles de Loynes, demeurait à Orléans lorsqu'il figura avec Jean de Versoris comme tuteur de Jean de Loynes, son neveu, âgé de 13 mois, le 30 juillet 1582.

5° N... de Loynes, femme de Scipion *de Brandano*.

VII. Gentien DE LOYNES, avocat au Parlement de Paris et substitut du procureur général du domaine de Navarre, épousa, le 21 novembre 1529, Françoise LE TOURNEUR DE VERSORIS, fille de Jean Le Tourneur de Versoris, seigneur de Bussy-Saint-Martin et du Chemin-en-Brie, avocat au châtelet de Paris (oncle de Pierre de Versoris, célèbre avocat qui plaida

---

DE MOREL : d'or, au lion de sable, lampassé, armé et paré de gueules.
DE BRANDANO :
LE TOURNEUR DE VERSORIS : d'argent, à la fasce de gueules, accompagnée de trois fleurs d'ancolies d'azur, tigées et feuillées de sinople.

en 1564 la cause des Jésuites contre l'Université, défendue par Pasquier), et de Marguerite Bataille d'Autonne. Gentien de Loynes mourut à Paris, le dimanche 27 juillet 1532 [1], dans une maison de la rue du Battoir, paroisse Saint-André-des-Arcs. Sa veuve se remaria à Guillaume de Maulevault, conseiller au Parlement.

Gentien de Loynes ne laissa qu'un fils :

Jean, qui suit.

VIII. Jean DE LOYNES, né en 1531, écuyer, seigneur d'Orés, avocat au Parlement de Paris en 1560 et 1567, fit sa profession de foi entre les mains du premier président le 6 juin 1562 ; il fut ensuite conseiller du Roi, substitut du procureur général du Roi au même Parlement. Il fut élu par la bienveillance de ses concitoyens échevin de Paris le 16 août 1582 et nommé conseiller de la ville le 6 août 1583. Henri III le choisit, « à cause de sa fidélité, » en 1585 pour l'un des capitaines de cette ville destinés à s'opposer aux rebelles. Il mourut le 19 août [2] 1587, âgé de 55 ans, et fut enterré en l'église Saint-Séverin dans la chapelle des Fusée [3].

Il avait épousé, par contrat passé le 11 juin 1560 devant Philippe Somptal et François Crosou, notaires au châtelet, Marguerite FUSÉE, fille de noble personne M[tre] Robert Fusée, seigneur de Voisenon, avocat au Parlement, et de demoiselle Antoinette Aguenin de Vilvaudé, dite Le Duc. A ce contrat assistèrent, de la part du futur, Françoise de Versoris, sa mère, Guillaume de Maulevault, conseiller au Parlement, son beau-père, et, de la part de la future, Antoinette Aguenin, sa mère, veuve de Robert Fusée, et Léon Fusée, auditeur des Comptes, seigneur de Voisenon.

Le 29 mai 1567, il fut rendu au bailliage de la ville de Melun une sentence sur les différends que le partage de la terre et seigneurie des Berceaux avait suscités entre Jean de Loynes, à cause de Marguerite Fusée, et maître Gilles Bourdin, à cause d'Isabeau Fusée, sa femme, cousine germaine de Marguerite.

FUSÉE : d'azur, à trois fusées d'or rangées en fasce.

3

Après avoir fait partage de cette terre et seigneurie des Berceaux, le 19 janvier 1595, avec la même Isabeau Fusée, qui était devenue veuve, Marguerite Fusée mourut après 29 ans de viduité le 29 mai 1616, âgée de 77 ans, et fut inhumée dans la chapelle de sa famille en l'église Saint-Séverin, auprès de son mari.

Ils eurent quatorze enfants :

1º Guillaume de Loynes, mort célibataire ;

2º Pierre de Loynes, religieux au couvent de Saint-Victor et prieur de Bray, près Senlis ; mort à Paris le 22 mars 1632 et inhumé dans le cloître de l'abbaye ;

3º Gilles de Loynes, écuyer, sieur de Genouilly, homme d'armes des ordonnances du Roi ;

4º Augustin de Loynes, mort sans avoir été marié ;

5º Françoise de Loynes, religieuse à Haute-Bruyère ;

6º Jacques de Loynes, né vers 1565, avocat au Parlement de Paris en 1586, depuis conseiller du Roi, substitut du procureur général en 1618. Il fut élu échevin de Paris le 16 août 1618 et mourut sans avoir été marié le 26 mars 1628, âgé de 64 ans. Il fut inhumé en l'église Saint-Séverin. Il avait fait poser une épitaphe sur une lame de cuivre dans la chapelle de ladite église où ses père et mère avaient été enterrés.

7º Jean, qui suit ;

8º Charlotte (ou Jeanne, suivant le *Nobiliaire de Picardie* par Haudicquier de Blancourt, p. 476) de Loynes, encore fille le 26 décembre 1585, première femme de Nicolas *de Rumet,* écuyer, seigneur de Fresnoy et de Rumeville-Fontaines, avocat du Roi à Abbeville en 1597, puis lieutenant-général du Sénéchal d'Anjou au siège de Baugé, d'une ancienne famille de Picardie qui remonte à l'an 1290 où vivait Collard de Rumet, seigneur de Buscamp, et qui est alliée aux maisons de Conty, de Mailly et d'Humières. Le 13 avril 1603, il signa au premier contrat de mariage de Jean de Loynes, qui suit. De ce mariage Charlotte de Loynes ne laissa qu'une fille, Charlotte de Rumet, qui épousa, le 2 février 1621, Pierre du Juglard (de la famille de Robert du Juglard, grand-maître de l'ordre de Saint-Jean de Jérusalem en 1373). Charlotte de Loynes mourut le 9 janvier 1603 et fut inhumée aux Carmes de la Place Maubert, à Paris, dans le tombeau du président Mauger, son aïeul maternel [1]. Le

---

DE RUMET : de sable, à trois molettes d'éperon d'argent.

sr de Rumet, son mari, épousa en 2es noces delle de la Barre, veuve de N..., lieutenant-général au siège de Baugé, et il se fit pourvoir audit office.

9° Théodore de Loynes, décédé sans alliance ;

10° Marguerite de Loynes, décédée sans alliance le 8 octobre 1655 ;

11° Louise de Loynes, décédée sans alliance ;

12° Gabrielle de Loynes, décédée sans alliance ;

13° Marie de Loynes, femme de Jean *de Postel,* écuyer, sieur de Chanteloup en Brie et d'Avesnes, près Meaux, conseiller maître d'hôtel ordinaire du Roi, qui signa au contrat de Jean de Loynes, qui suit. Marie de Loynes décéda à Paris, « en sa maison sur le quai des Augustins », le 23 mai 1641 : elle fut portée le lendemain de Saint-André-des-Arcs à Ormois, près Corbeil, où elle fut inhumée. Son mari décéda le 5 janvier 1645 et fut inhumé près d'elle.

14° Pierre de Loynes, décédé le 1er mai 1664.

IX. Jean DE LOYNES, écuyer, sieur d'Orés et des Berceaux en Brie, fut d'abord écuyer de l'Écurie du Roi, puis conseiller du Roi, receveur et payeur des gages de la Chambre des Comptes en 1610, 1623-24, 1634, 1639, 1640 et 1641. Il mourut à Paris en sa maison de la rue du Paon, quartier Saint-Victor, le 15 novembre 1642, et fut inhumé aux Carmes de la Place Maubert sous la tombe du premier président Mauger, son aïeul, le 18 suivant. Il avait épousé : 1°, par contrat passé le 13 avril 1603 devant Dupuis et Nicolas Boucher, notaires au châtelet de Paris, demoiselle Anne DE BORDEAUX, fille de Guillaume de Bordeaux, receveur et payeur des gages de la Chambre des Comptes, et de Geneviève de Compans. A son contrat il fut assisté de son côté par Marguerite Fusée, sa mère, Jacques de Loynes, son frère, Nicolas de Rumet et Jean de Postel, ses beaux-frères, Guillaume de Rubantel, conseiller au Parlement, son cousin, Léon Fusée, écuyer, sr de Champdeuil, aussi cousin germain, Guillaume des Landes, conseiller au même Parlement, cousin issu de germain [1], et Me N. de Versoris, sr de Bussy, avocat en ladite cour,

---

DE POSTEL : d'argent, au lion de sable, couronné et lampassé d'or.

DE BORDEAUX : d'or, au pal d'azur chargé de trois fleurs de lys d'or et accotté de deux lions de gueules, affrontés.

cousin issu de germain. Anne de Bordeaux mourut le 6 mars 1628, âgée
de 42 ans et 4 mois, et fut inhumée le lendemain en l'église des Carmes.
Elle laissait cinq enfants. 2° Par contrat passé le 28 mai 1629 devant Dupuis et Boucher, notaires au châtelet de Paris, Jean de Loynes se remaria, à Saint-Étienne-du-Mont, avec Françoise CHOART DE MAGNY, fille
de Nicolas Choart, seigneur de Magny et de Saint-Loup, avocat au Parlement, puis conseiller du Roi et correcteur ordinaire en la Chambre
des Comptes, et de Magdeleine Miron. Il fut assisté à son second contrat
de mariage de Jean de Loynes, avocat au Parlement, son fils, de Marie
de Loynes, veuve de Jean de Postel, sa sœur, du même Guillaume des
Landes, conseiller au Parlement, de Gilles Bourdin, sieur d'Assy, maître
d'hôtel ordinaire de la maison du Roi, en qualité de cousin, de Charles
Courtin, auditeur des Comptes, cousin, de Marguerite de Versoris, veuve
d'Antoine Rancher, président aux enquêtes, cousin, d'Antoine Rancher,
conseiller au Parlement, cousin, et autres ; et de la part de la future ce
contrat se trouve signé par Robert Miron, ambassadeur pour le Roi en
Suisse, son oncle, Marie Miron, veuve de Louis Le Fèvre de Caumartin,
garde des sceaux de France, François Pommereaux, président au grand
conseil, cousin, N... Le Fèvre de Caumartin, conseiller au Parlement,
cousin, et maître Guy Patin, docteur régent en la Faculté de médecine,
ami.

Jean de Loynes et Françoise Choart vivaient ensemble le 14 septembre 1656.

Jean de Loynes a eu pour enfants :

Du premier lit :

  1° Marguerite de Loynes, baptisée à Saint-Nicolas-des-Champs le 21 mai
    1610, encore fille en 1635, mariée depuis au sʳ Jacques *Le Cilleur,* sei-
    gneur de Fougé (au Maine); morte sans enfants le 13 octobre 1655;
  2° Jean, qui suit ;

CHOART DE MAGNY : d'or, au chevron d'azur, accompagné de trois merlettes de sable.
LE CILLEUR : d'azur, à la bande d'or accostée en chef de trois molettes d'argent et
          en pointe de trois coquilles d'or.

3º Pierre de Loynes, avocat au Parlement, décédé célibataire le 1ᵉʳ mai 1664;

4º Marie de Loynes, femme de Jean *Tessier,* sieur du Doré, avocat au Parlement, conseiller secrétaire du Roi, maison, couronne de France et de ses finances (il assistait au mariage de sa belle-sœur le 3 juillet 1656);

5º Anne-Marie de Loynes, mariée en l'église Saint-Paul le 3 juillet 1656 avec Maurice *Bazin,* fils de Jean Bazin, seigneur du Fresnoy et de Chaubuisson, et de Marie de Champs (Maurice était frère d'Anne Bazin, femme de Jean de Loynes, qui suit. Il fut conseiller du Roi, auditeur en sa Chambre des Comptes). Anne-Marie de Loynes, restée veuve le 3 août 1699, survécut jusqu'au 5 avril 1702 et fut inhumée à cette date près de son mari aux Carmes de la Place Maubert.

Du second lit :

6º Magdeleine de Loynes, qui était majeure et demeurait rue Judas, paroisse Saint-Étienne-du-Mont, lorsqu'elle épousa, le 13 novembre (ou décembre) 1654, Claude *de Marle,* sieur de Forcille, près Brie-Comte-Robert, dont elle resta veuve en 1669 avec quatre enfants et enceinte de huit mois. Elle fut nommée tutrice de ses enfants et curatrice au posthume le 26 juillet 1669 (c'est ce qui appert d'un acte de notoriété dressé au greffe de l'Hôtel de ville le 21 avril 1698). Elle était morte en 1695.

7º Jean de Loynes, écuyer, sieur des Grand et Petit Berceaux, en Brie, et d'Orés en partie, né à Paris le 11 février 1636. Capitaine au Régiment d'Espagny (acte de tutelle de ses neveux, enfants de la dame de Marle, sa sœur, du 26 juillet 1669); il servait le 23 juin 1690 dans la compagnie des gentilshommes du ban et arrière-ban des ville, prévôté et vicomté de Paris, qui était alors à Châteaudun (*Carrés* de d'Hozier, Cab. des titres.) Il mourut à Rambouillet le 20 octobre 1701 et fut inhumé dans l'église paroissiale de Saint-Lubin de cette ville. Il avait épousé 1º, par contrat passé le 27 février 1672 devant d'Orléans et son confrère, notaires au Châtelet, Chrestienne (*aliàs* Christine) *Le Tellier,* fille de Denis Le Tellier, seigneur de Sainte-Colombe, et de Denise Le Voyer; le mariage fut célébré à Saint-Nicolas du Chardonnet le 1ᵉʳ mars. Elle mourut le 7 avril 1688 et fut inhumée le 8 à Saint-André-des-Arcs. 2º, le

---

Tᴇssɪᴇʀ : d'azur, à trois étoiles d'or.

Bᴀᴢɪɴ : d'azur, à trois couronnes ducales d'or.

ᴅᴇ Mᴀʀʟᴇ : d'argent, à la bande de sable chargée de trois molettes d'argent.

Lᴇ Tᴇʟʟɪᴇʀ : d'azur, à trois lézards d'argent rangés en trois pals ; au chef cousu de gueules, chargé de trois étoiles d'or.

28 novembre 1695, Henriette *de Rillac*, fille de Jean de Rillac, chevalier, comte de Saint-Paul, marquis de Boussac, capitaine au régiment des gardes de Sa Majesté, et de Madeleine des Grillois. Jean de
Loynes n'eut point d'enfants de ce dernier mariage (Henriette de Rillac
en était veuve lorsqu'elle assista le 11 décembre 1703 au mariage de
Françoise-Chrestienne de Loynes, sa belle-fille). De son premier mariage il avait eu :

   A. René de Loynes, écuyer, sieur des Berceaux, né le 16 septembre
      1674, baptisé en la paroisse de la Trinité, (« son château fort, »
      dit une *Généalogie manuscrite*), mort en 1722 ; il fut enterré à
      Buc près Versailles. Il fut lieutenant au Régiment de Picardie,
      puis capitaine au régiment d'infanterie de Dénouville, puis gen-
      darme de la garde ordinaire du Roi. Il avait épousé, par contrat
      passé le 13 mai 1710 devant Guérin-Boisseau et son confrère, no-
      taires au châtelet, Anne-Catherine *Allain,* fille unique et héritière
      de Guillaume Allain, avocat au Parlement, et d'Agnès-Marguerite
      Philippes. Elle fut aussi enterrée à Buc après s'être remariée en 1727
      à Melchior de Maubuisson, écuyer, capitaine au régiment de Bas-
      signy, chevalier de Saint-Louis. Elle avait eu de son premier mari :
         René-François de Loynes, écuyer, seigneur des Berceaux, en Brie,
         et de Charni, né le 4 juin 1711, baptisé à Saint-Séverin, marié,
         par contrat passé le 15 avril 1739 devant Claude et Étienne
         Chavet, notaires royaux à Moret, à demoiselle Anne-Marie
         du Puis-Dumesnil. René-François de Loynes était lieutenant
         au régiment d'Ombreval, milice de l'Ile-de-France, le 10 fé-
         vrier 1738.
   B. Jean-Henri de Loynes, né le 25 avril 1676 et baptisé le 27 suivant
      à Saint-Nicolas-des-Champs, religieux de l'ordre de Saint-Benoît,
      de la congrégation de Cluny, infirmier de l'abbaye de la Charité,
      puis prieur et seigneur du Coulombier, mort au collège de Cluny
      le 2 février 1712 ;
   C. Françoise-Chrestienne (*aliàs* Christine) de Loynes, née le 3 fé-
      vrier 1678 et baptisée le 7 à Saint-Nicolas-des-Champs, mariée le

---

DE RILLAC : palé de gueules et d'or.
ALLAIN : d'azur, au chevron d'argent accompagné en pointe d'un besant de même.
DU PUIS-DUMESNIL : d'azur, à la bande d'or engoulée de deux têtes de lion de même,
          accompagnée de six besans d'argent rangés en orle, chacun
          chargé d'une moucheture d'hermine de sable.

11 décembre 1703 à Marin-François *Cappelet,* bourgeois de Paris, alors receveur des consignations à Caudebec, fils de Marin Cappelet, qui avait été en possession de la même charge, et de Marie Thibaut. Il vivait encore le 4 juin 1718 et Françoise-Chrestienne de Loynes en était veuve en 1727 et le 25 avril 1734.

D. Chrestienne-Françoise de Loynes, baptisée à Saint-Nicolas-des-Champs le 16 novembre 1682.

8º Jean-Etienne de Loynes, sieur d'Armées, inhumé à Saint-Lubin de Rambouillet le 20 octobre 1701 ;

9º Nicolas de Loynes, mort en 1666, seigneur du Coulombier en Auvergne ;

10º François de Loynes, religieux de l'ordre de Saint-Benoît, de la congrégation de Cluny, prieur de Bercy près de La Charité-sur-Loire, puis en 1688 prieur et seigneur du Coulombier ; mort en 1695, ayant résigné son prieuré à son neveu Jean-Henri de Loynes ;

11º Françoise de Loynes, religieuse à Nemours.

X. Jean DE LOYNES, seigneur de Chaubuisson, près Rozoy-en-Brie, écuyer des Écuries du Roi, fut receveur et payeur des gages de la Chambre des Comptes en 1610, puis conseiller du Roi, correcteur ordinaire en sa Chambre des Comptes le 28 septembre 1632 par la résignation de Me Étienne Coynart. « Jean de Loynes ayant été inquiété en 1658 par le commis au recouvrement des deniers provenant de la recherche des titres de la noblesse, la Chambre rendit un arrêt le 26 juillet de la même année sur la requête du procureur général d'icelle, par lequel elle le déchargea de l'assignation qui lui avait été donnée et fit défense aux commis de faire de semblables poursuites à l'avenir contre les officiers de la Chambre. » (*Gén. man.*). Il décéda doyen des correcteurs, en la paroisse de Saint-Étienne-du-Mont, et fut enterré aux Carmes de la Place Maubert le 7 octobre 1666. Il avait épousé, le 1er juillet 1636, par contrat passé devant Plastrier et son confrère, notaires au Châtelet, Anne BAZIN, fille de Jean Bazin, seigneur du Fresnoy et de Chaubuisson, conseiller de l'Hôtel de ville et ancien échevin de Paris, et de Marie de Champs.

CAPPELET : d'azur, au chevron d'or, accompagné de trois étoiles de même.
BAZIN : voir p. 21.

Elle décéda rue du Paon, paroisse Saint-Étienne-du-Mont, le 14 mars 1696, et fut inhumée aux Carmes auprès de son mari le 16 au matin.

De ce mariage naquirent treize enfants, dont cinq moururent en bas âge ; les sept autres sont :

1º François, qui suit ;

2º Jean de Loynes, sieur de Bois-Thierry, tué au service en Allemagne en 1676, sans avoir été marié ;

3º Joseph de Loynes, mort célibataire ;

4º Jean-Baptiste de Loynes, décédé en 1676 en Allemagne sans avoir été marié ;

5º Guillaume de Loynes, décédé aussi sans alliance ;

6º Marie de Loynes, religieuse de l'abbaye de Chelles ;

7º Anne de Loynes, mariée 1º en 1674 avec Claude *Thibert,* sieur de Villiers, 2º, par contrat du 4 mai 1678, avec Louis *Le Tellier,* seigneur et vicomte de Quincy, en Soissonnais, contrôleur général des gardes françaises, fils d'un procureur au châtelet. Elle décéda à Quincy.

8º N... de Loynes, époux de N... *Feydeau,* fille d'Antoine Feydeau, conseiller au Parlement de Paris, et de N... Baillif. (*Généalogies manuscrites* de Duchesne, vol. 24, Bibl. nat.)

XI. François DE LOYNES, écuyer, seigneur de Champjard en Brie, de la Potinière, près Verneuil-au-Perche, etc., succéda à son père, par provisions du 15 novembre 1666, dans la charge de conseiller du Roi, correcteur ordinaire de la Chambre des Comptes, où il fut reçu le 29 novembre. Le 8 avril 1667, il rendit, en la Chambre des Comptes, hommage au Roi pour la terre de Champjard, mouvante de Sa Majesté à cause de la Tour de Melun. Il résigna sa charge en l'an 1700, après 34 ans d'exercice, en faveur de Me Gervais-François Néret qui en fut pourvu par lettres du 2 mai 1700, et, en considération « de ses longs services, de l'affection singulière au service du Roi qu'il avait fait paraître dans l'exercice de

---

THIBERT : écartelé d'or et d'argent, à la croix de gueules brochante sur le tout, chargée de cinq losanges d'or ; chaque canton d'or chargé d'un cor de chasse de sable lié de gueules ; chaque canton d'argent chargé d'une hure de sanglier de sable.

LE TELLIER : voir p. 21.

FEYDEAU : d'azur, au chevron d'or, accompagné de trois coquilles de même.

cette charge et de son expérience exacte dans les affaires de finances », il obtint des lettres de vétérance et d'honoraire données à Versailles le 1er août 1701, registrées le 29 desdits mois et an. Il mourut en sa terre de la Potinière, âgé de 66 ans ou environ, le 16 juin 1704, et fut inhumé en la paroisse de Rueil, près Verneuil. Il avait épousé en la paroisse Saint-Paul, à Paris, par contrat passé le 3 mai 1701 devant Blanchard et son confrère, notaires au châtelet, Marie-Thérèse HAUDRY, fille de Charles Haudry, bourgeois de Paris, et de Marguerite-Thérèse Constantin. Il en eut un fils unique :

　　François-Joseph, qui suit.

XII. François-Joseph DE LOYNES, chevalier, seigneur de Champjard en Brie, de la Potinière, près Verneuil-au-Perche, des Fossés, de Bertin-Rueil en partie et autres lieux, naquit à Paris le 10 juin 1704 et fut baptisé le lendemain en la paroisse de Saint-Landry, en la Cité. Nommé avocat au Parlement en 1726 et conseiller du Roi auditeur ordinaire en la Chambre des Comptes par provisions du 23 novembre 1730, « au lieu de défunt Nicolas-François Simon, » il fut reçu en ladite Chambre le 5 décembre suivant. Il avait rendu hommage au Roi en la Chambre des Comptes le 17 mars 1728 pour la terre de Champjard, depuis vendue à M. Dupré, seigneur de la Grange, ladite terre mouvante du Roi à cause de son château de Melun. Il épousa, le 20 juin 1734, à Troyes, paroisse Saint-Pantaléon, après contrat passé devant Cligny et Moreau l'aîné, notaires à Troyes, demoiselle Marie-Claude CAMUSAT DE RIANCEY, fille de défunt François Camusat, écuyer, seigneur de Riancey, conseiller secrétaire du Roi, maison et couronne de France et de ses finances, et de dame Claude Mouchault (ou Mouchot) de la Motte, alors remariée à Jean de Rouch, lieutenant des maréchaux de France au département de Champagne.

HAUDRY : d'azur, à la gerbe d'or chargée à senestre d'une aigle de profil fixant un soleil naissant mouvant du premier canton, le tout d'or.
CAMUSAT DE RIANCEY : d'azur, au chevron d'or, accompagné de trois têtes de béliers de profil d'argent.

Il mourut en sa terre de la Potinière le 17 septembre 1762 et fut enterré le 19 du même mois en la paroisse de la Gadelière sous son banc
dans le chœur [1].

Ses enfants furent :

1º François-Joseph, qui suit ;

2º Marie-Thérèse de Loynes, née à Paris le 7 mai 1737, mariée à Troyes
le 15 février 1768 à François-Michel *de Moucheron,* écuyer, sieur de
la Bretignière, garde du corps du Roi et chevalier de l'ordre royal et
militaire de Saint-Louis ;

3º Claude-Nicolas de Loynes, mort en bas âge ;

4º Jean-Charles de Loynes, chevalier, sieur de la Potinière, né à Paris le
24 juillet 1741, avocat au Parlement en 1762, reçu conseiller du Roi
et auditeur ordinaire en sa Chambre des Comptes le 22 février 1766,
au lieu et sur la résignation de Jean-Baptiste Lourdet ; épousa à Paris,
le 10 décembre 1773, Marie-Estiennette *Doulcet,* fille de Louis Doulcet,
écuyer, seigneur de Deuil, ancien avocat au Parlement de Paris, conseiller secrétaire du Roi, maison et couronne de France et de ses finances, et de dame Agathe-Suzanne Remy. Ils laissèrent une fille
unique :

Louise-Claude de Loynes, née à Paris le 13 février 1774, morte à
Deuil le 12 octobre 1850 ; mariée à son oncle Louis-Sébastien-Fran-
çois *Doulcet,* frère de sa mère, né en 1756, notaire à Paris de 1790
à 1813, mort à Deuil en 1818.

5º Marie-Adélaïde de Loynes, née à Paris le 10 avril 1748, mariée le
12 juin 1771 à François-Auguste *Le Clerc,* écuyer, sieur de la Motte,
capitaine au régiment d'Orléans-infanterie, reçu chevalier de l'ordre
royal et militaire de Saint-Louis le 21 février 1773 après 25 ans de
services, mort à Rozoy-en-Brie le 22 janvier 1776. Il était fils de
Pierre-François-Denis Le Clerc de la Motte, capitaine au même régiment, chevalier de l'ordre royal et militaire de Saint-Louis, et de
Jeanne-Françoise Mesnard, sa première femme.

DE MOUCHERON : d'argent, à la fleur de lys d'azur, séparée par le milieu et détachée
de toutes parts.

DOULCET : écartelé : aux 1 et 4, de gueules à un rencontre de bélier d'argent ; aux
2 et 3, losangé de sable et d'argent.

LE CLERC : d'azur, au lion d'or, au chef cousu de gueules chargé de trois têtes de
femme de carnation, chevelées d'or, posées de front.

XIII. François-Joseph DE LOYNES, chevalier, seigneur de la Potinière, des Fossés, du Grand-Saulx, de Bertin-Rueil et autres lieux, né à Paris le 21 janvier 1736, avocat au Parlement en 1762, succéda à son père dans la charge de conseiller du Roi, auditeur ordinaire en sa Chambre des Comptes, où il fut reçu le 29 décembre 1762 et installé le 31 du même mois. Il vivait à Troyes le 12 décembre 1780 ; il y décéda le 5 ventôse an VI (23 février 1798).

Il avait épousé à Troyes, le 11 novembre 1767, suivant contrat passé devant Fortin et Hervé, notaires en ladite ville, Marie-Edmée DE MAUROY, baptisée le 28 janvier 1750 à Saint-Jean de Troyes, fille de Benoît de Mauroy, ancien échevin et juge-consul de Troyes, gentilhomme de la maison du Roi, et de Marie Imbert ; elle mourut à Troyes, le 10 décembre 1831, en son hôtel de la rue des Croncels.

De ce mariage sont issus :

1º Marie-Benoîte de Loynes, née à Troyes le 6 janvier 1769, morte en ladite ville, paroisse Saint-Pantaléon, le 12 décembre 1789 ;

2º Charles-François, qui suit ;

3º Catherine-Julie de Loynes, née à Troyes le 24 février 1775, y épousa, le 28 pluviôse an III (16 février 1795), par contrat passé le 25 pluviôse devant Fortin et Georges Hervé, notaires à Troyes, Jacques *Doë*, âgé de 29 ans, fils de Louis Doë et de Marie-Rosalie Paillot ; mort à Troyes le 3 juin 1832. Catherine-Julie de Loynes était morte en la même ville le 28 septembre 1811.

4º Élisabeth-Louise de Loynes, née le 16 mai 1776, épousa à Troyes, le 7 floréal an IV (26 avril 1796), par contrat passé la veille devant Georges Hervé, notaire en ladite ville, Victor *Paillot* de Montabert, âgé de 28 ans, fils de Jacques Paillot de Montabert et de Marie-Marguerite Dessain. Victor Paillot de Montabert fut par la suite chevalier de la Légion d'honneur, maire de Troyes, député de l'Aube sous la Restauration et président du conseil général du même département. Il mourut

---

DE MAUROY : d'azur, au chevron d'or, accompagné de trois couronnes royales de même.

Doë : d'azur, au chevron d'or, accompagné de trois roses de même.

PAILLOT : d'azur, au chevron d'argent, surmonté d'une étoile d'or et accompagné de trois feuilles d'orme de même, et au chef de gueules chargé de trois couronnes d'or.

à Troyes le 20 avril 1842 ; Élisabeth-Louise de Loynes est décédée à
Troyes le 26 juillet 1862.

XIV. Charles-François DE LOYNES naquit à Troyes le 19 décembre 1771.
Privé par la Révolution du droit de remplacer son père à la Chambre
des Comptes, il fut décoré de l'ordre du Lys comme fils de magistrat.
Il reçut aussi du comte d'Artois l'ordre de la Fidélité. Charles-François
de Loynes décéda à Paris le 14 janvier 1828. Il avait épousé, le 1er juin
1801, par contrat passé devant Fourcault, notaire à Paris, Geneviève-
Céline POAN DE VILLIERS, née à Montpellier le 18 août 1780, fille de Claude-
Denis Poan de Villiers, ancien fermier général à Montpellier, et de Mar-
guerite Moron ; décédée à Paris le 20 nivôse an XIII (10 janvier 1805).
De ce mariage est issu :
Alphonse-Denis, qui suit.

XV. Alphonse-Denis DE LOYNES, né à Paris le 22 mai 1803, reçu avocat
à 22 ans et nommé à cet âge maire de Valence-en-Brie (Seine-et-Marne),
capitaine de la garde nationale, sous-préfet de Pithiviers en 1837 et six
mois après député de cette ville, réélu en 1842 et 1846, puis conseiller
référendaire à la Cour des Comptes et révoqué en 1848 ; conseiller général du Loiret, chevalier de la Légion d'honneur. Il décéda à Paris le
28 avril 1876.

Il avait épousé en 1res noces, le 16 mai 1825, Louise-Périne-Stéphanie
DE BIANCOUR, née à Paris le 4 juillet 1806, fille de Charles de Biancour,
député, officier de la Légion d'honneur, et de Noël-Geneviève de Car-
voisin ; elle décéda à Paris le 23 mars 1826 ; et en 2es noces, le 18 avril
1827, par contrat passé le 14 avril devant François Dubois et Barthélemy
Benoît-Decan, notaires à Paris, Charlotte-Julie AMÉ DE SAINT-DIDIER, fille

---

POAN : d'or, au chevron d'azur, accompagné en chef de deux palmiers de sinople et
en pointe d'un paon rouant d'azur.
DE BIANCOUR : d'azur, au chevron d'argent, surmonté d'une étoile d'or, accompagné
en chef de deux lions affrontés de même et en pointe d'une tour avec
son avant-mur d'argent maçonnée de sable.
AMÉ DE SAINT-DIDIER : d'or à trois œillets de gueules, tigés de sinople, au chef d'azur
chargé de deux colombes d'argent.

d'Alexandre-Charles Amé, baron de Saint-Didier, préfet du Palais de l'empereur Napoléon Ier, préfet de l'Aube, puis de Seine-et-Marne, Pair de France, et d'Adélaïde-Suzanne-Cornélie Dumas. Cette seconde femme mourut à Paris le 7 juillet 1862.

Ses enfants furent :

Du premier lit :

1º Marie-Caroline-Christine de Loynes, née le 27 février 1826, mariée le 14 juin 1847, par contrat passé devant Maréchal, notaire à Paris, à Charles-Prosper-Édouard *Frignet des Préaux*, né le 11 juillet 1804 à Issy (Seine), administrateur des contributions indirectes, officier de la Légion d'honneur, fils de Jean-Prosper-Adabalde Frignet des Préaux et de Suzanne-Honorée-Victoire-Josèphe Mortier [1], veuf d'Eulalie Lucas ; décédé à Paris le 14 novembre 1891. Marie-Caroline-Christine de Loynes était morte à Paris le 31 mars 1880.

Du second lit :

2º Alexandre-Mathieu-Fernand, qui suit ;

3º Victor-Edgard de Loynes, né à Paris le 1er janvier 1835, officier de cavalerie démissionnaire ; célibataire.

XVI. Alexandre-Mathieu-Fernand DE LOYNES, né à Paris le 11 septembre 1830, a épousé, le 6 août 1860, par contrat passé devant Faiseau-Lavanne et Beau, notaires à Paris, Marie-Cécile-Gabrielle POISSONNIER DE PRULAY, née à Paris le 24 mars 1836, fille de Louis-Fernand-Gabriel Poissonnier, baron de Prulay, garde du corps sous la Restauration, officier de cavalerie, et de Cécile Bocquet.

De ce mariage :

1º Louis-Jean de Loynes, né le 30 mai 1861 à Saint-Lubin-des-Joncherets (Eure-et-Loir), élève de l'école spéciale militaire de Saint-Cyr, lieutenant le 5 mai 1888 au 149e régiment d'infanterie ;

FRIGNET DES PRÉAUX : tiercé en fasce : au 1er d'argent, au léopard de gueules, la patte dextre posée sur un turban du même ; au 2e d'or, au casque de sable ; au 3e d'azur, à trois croix pattées d'argent.

POISSONNIER DE PRULAY : écartelé : aux 1 et 4 d'azur, à une tête de nègre armée d'un tortil du champ accostée de deux poissons d'argent en pal ; aux 2 et 3 d'azur, au chevron d'or accompagné de deux roses au naturel, à la champagne de sinople chargée d'un poisson d'argent.

2º Denis-Pierre de Loynes, né le 31 octobre 1862 à Saint-Lubin-des-Joncherets, enseigne de vaisseau le 5 octobre 1891 ;

3º Marie-Madeleine de Loynes, née à Paris le 8 janvier 1864, a épousé en
cette ville, le 15 décembre 1888, par contrat passé le 13 devant Bale-
zeaux, notaire à Chantilly, Paul-Charles-Marie *Garnier des Hières*, lieutenant au 20ᵉ régiment de chasseurs, fils de Marie-Auguste Garnier des
Hières et de Mathilde-Marie Zylof de Wynde ;

4º Marthe de Loynes, née le 2 mars 1865, décédée à Paris le 25 décembre 1867 ;

5º Geneviève-Marie-Joséphine de Loynes, née à Paris le 6 décembre 1867,
a épousé à Compiègne, le 18 février 1895, par contrat passé ledit jour
devant Paringault, notaire à Compiègne, et Gorisse, notaire au Ques-
noy, Marie-Léon-Henri *Bouchelet*, comte Henri *de Beaurain*, né à
Vendegies-au-Bois (Nord) le 13 août 1847, fils d'Attale-Auguste-Hya-
cinthe Bouchelet, comte de Beaurain, comte d'Hust et du Saint-Empire,
et d'Amélie-Marie-Léonie de Lagrené ;

6º Jacques de Loynes, né le 1ᵉʳ septembre 1870 à Saint-Lubin-des-Joncherets, décédé à Chantilly le 8 septembre 1888, inhumé à Paris, au
cimetière du Père-Lachaise ;

7º Louise-Marie de Loynes, née à Saint-Lubin-des-Joncherets le 10 octobre 1874.

GARNIER DES HIÈRES : d'argent, au chevron de gueules accompagné en chef de deux
roses au naturel feuillées de sinople et en pointe de trois pals
de sable.
BOUCHELET DE BEAURAIN : de gueules, au chevron d'argent accompagné de trois merlettes de même.

BRANCHE DE BELLEFONTAINE,
DE MAISON-VILLIERS ET DE FROMENTIÈRES

VI. Antoine DE LOYNES, second fils de Jean de Loynes, bailli de Beaugency, et d'Anne Bourgoing (voir page 13), écuyer, seigneur de Bellefontaine et de Maison-Villiers en Beauce, fut reçu procureur au Parlement de Paris vers 1515. Il fut inhumé en l'église Saint-André-des-Arcs, à Paris.

Il avait épousé en 1res noces Geneviève DE BEAUMONT, fille d'Antoine de Beaumont, écuyer, seigneur de Franconville, et de Jeanne de Lyons (ce mariage est rappelé dans les preuves faites, le 11 janvier 1643, pour l'ordre de Saint-Jean de Jérusalem, par Tanneguy Lallemant de Passy); et en 2es noces Anne-Geneviève BRINON, fille d'Yves Brinon, sieur de Saint-Cire et de Guyencourt, procureur au Parlement et commissaire examinateur au châtelet de Paris, mort en 1529, et de Gillette Le Picart, morte en 1514, arrière-petite-fille du Chancelier de ce nom. Anne-Geneviève Brinon était la nièce de Jean Brinon, premier président au Parlement de Rouen.

Ses enfants furent :

Du premier lit :

1º Jeanne de Loynes, mariée à Pierre *Lallemant,* co-seigneur de Marivault, secrétaire du Roi, fils de François Lallemant, conseiller au Parlement, et de Denise des Frisches de Châtillon. Jeanne vivait encore ainsi que son mari le 10 mai 1559. C'est de Pierre Lallemant et de Jeanne de Loynes que descendaient Tanneguy Lallemant de Passy, reçu chevalier de l'ordre de Saint-Jean de Jérusalem ou de Malte le 12 janvier 1643, et Daniel de Hangest-d'Argenlieu, reçu en la même qualité le 17 février 1651.

Du second lit :

DE BEAUMONT : gironné d'argent et de gueules de huit pièces.
BRINON : d'azur, au chevron d'or, au chef denché de même.
LALLEMANT : d'argent, au chevron d'azur, chargé de trois étoiles d'or, au chef de gueules, chargé de trois étoiles d'or.

5

2º Anne de Loynes, épousa en 1544 Gabriel *de Marillac*, seigneur de Fromentières, avocat général au Parlement de Paris en 1543, troisième fils de Guillaume de Marillac, seigneur de Saint-Genest, de la Mothe-Hermart et de Ricon, contrôleur général des finances du duc de Bourbon, et de Marguerite Geneste. (V. *Histoire généalogique etc.* par le Père Anselme, Paris, 1726, Tome VI, p. 555-4.) Guillaume de Marillac décéda sans enfants le 23 avril 1551, et sa femme le 22 septembre suivant ; elle fut inhumée le lendemain près de son mari en l'église Saint-André-des-Arcs, à Paris.

Guillaume de Marillac avait acquis le 15 novembre 1550 la terre et seigneurie de Fromentières près Montmirail, en Champagne. Il était frère aîné de Charles de Marillac, archevêque de Vienne et ambassadeur de France à Constantinople, à Londres, à Vienne et à Augsbourg.

3º Antoine de Loynes, baptisé à Saint-André-des-Arcs le 19 octobre 1525(?);

4º Jeanne de Loynes, dame de Bellefontaine, baptisée à Saint-André-des-Arcs le 1er février 1527, mariée 1º à Georges *Maynard* (ou *Mesnard*), qui était conseiller au Parlement de Paris le 6 août 1544 ; il décéda le 28 février 1557 et fut inhumé à Saint-André-des-Arcs près de François de Loynes, président au Parlement, et d'Antoine de Loynes, procureur ; de ce mariage est issu Jean Maynard de Bellefontaine, reçu chevalier de Malte en 1637 ; 2º à Yves *de Rubey* (ou *Rubay*, en latin *Rubæus*), avocat au Parlement, puis maître des requêtes ordinaires de l'hôtel du Roi et plus tard vice-chancelier de Marie Stuart, reine d'Écosse [1], décédé le 18 août 1563 et inhumé dans la sépulture des de Loynes à Saint-André-des-Arcs ; 3º à Michel *Le Clerc*, seigneur de Maisons, chevalier de l'Ordre du Roi, bailli et gouverneur de Chartres, gouverneur de la personne de Henri d'Angoulême, grand prieur de France, fils naturel du Roi Henri II. Il vivait le 25 juin 1568 (acte passé ledit jour par Antoine de Loynes, tant en son nom qu'au nom de Michel Le Clerc, époux de Jeanne de Loynes. Bibl. nat. Cabinet des titres, *Loynes*, p. 12). Jeanne en était veuve le 16 novembre 1578 ; elle vivait encore en septembre 1595.

5º Marie de Loynes, baptisée à Saint-André-des-Arcs le 26 mars 1528, avant

---

DE MARILLAC : d'argent maçonné de sable de sept pièces remplies de six merlettes de sable et d'un croissant de gueules en abîme.

MAYNARD OU MESNARD : d'argent, à trois porc-épics de sable miraillés d'or, 2 et 1.

DE RUBEY :

LE CLERC : de gueules, à trois étoiles d'or.

Pâques ; fiancée le 15 janvier 1547, elle épousa, le 6 février suivant, en
la même paroisse, Jean *de Martines*, sieur de la Gilquillière (ou Gilqui-
nière), procureur du Roi au châtelet de Paris, et depuis conseiller
en Cour de Parlement de Bretagne. Elle en était veuve après juin 1585
et vivait encore en 1596.

6° Geneviève de Loynes, baptisée à Saint-André-des-Arcs le 10 juillet 1530;

7° Antoine, qui suit.

VII. Antoine DE LOYNES, écuyer, seigneur de Fromentières, de Maison-
Villiers et de Fromarville (paroisse de Césarville en Beauce), baptisé à
Saint-André-des-Arcs de Paris le 15 octobre 1531, reçut ses comptes de
tutelle, le 12 janvier 1553, de Pierre Lallemant, son beau-frère et tuteur.
Nommé receveur des tailles à Blois le 16 février 1551, il fut reçu secrétaire du Roi, sur la résignation d'Antoine Béringuier, le 29 mars 1552,
puis conseiller au Parlement de Paris le 19 mars 1556 (Blanchard, *Catalogue de tous les conseillers au Parlement de Paris*, Paris, 1648, in-f°,
p. 77). Conseiller, puis président de la Chambre des Comptes de Blois de
1558 à 1564[1], il est aussi qualifié général des finances au comté de Blois
dans un acte du 19 mars 1562[2]. Comme il appartenait à la religion ré-
formée, il lui fut délivré une attestation de résidence à Blois le 21 octobre 1570[3]. Des prêches furent tenus dans sa maison, comme on le voit
par un extrait des registres municipaux du 27 juillet 1576[4].

Antoine de Loynes mourut à Paris le 22 septembre 1594[5].

Il avait épousé 1°, par contrat passé devant Lamiral, notaire à Paris, le
15 mars 1556[6], Marie HATTE[7], fille de Jehan Hatte, notaire et secrétaire
du Roi, et de Marie de Saint-Mesmin ; elle décéda sans enfants ; et 2° Catherine DE CHAZERAY, baronne de Thury, fille de Pierre de Chazeray,
seigneur de Baccon, baron de Thury en Beauce et de Courson, conseiller
du Roi, notaire et secrétaire de sa maison et couronne de France et général de ses finances, et de Nicole Boillève. De ce mariage naquirent :

DE MARTINES : écartelé : aux 1 et 4, d'azur à trois oiseaux d'or ; aux 2 et 3, d'argent
au chevron de gueules accompagné de trois grappes de raisin d'azur.
HATTE : d'azur, à la fasce d'argent accompagnée en chef de trois croisettes ancrées
d'or, rangées en fasce, et en pointe d'un lion d'or chaperonné de gueules.
DE CHAZERAY : de gueules, à trois têtes de lion d'or.

1º Hélie, qui suit ;

2º Pierre de Loynes, baron de Thury, dont deux filles :

    A. Catherine de Loynes, mariée à N... *de Champrobert* (Nivernais) ;

    B. Anne de Loynes, femme de N..., sieur *du Transport*.

3º Isaac de Loynes, sieur de Lannoy, capitaine de la compagnie du sieur de Maurepas au régiment de la Noue-bras-de-fer, fut tué devant Ostende ;

4º Salomon de Loynes, sieur des Bordes (ou des Bources ou de la Brosse) en Gâtinais et de Lory, homme d'armes des ordonnances du Roi, épousa, par contrat du 29 juillet 1608, Suzanne *de Bonnaud* (ou *Bonneau*) de Presle, fille de Michel de Bonnaud, seigneur de Presle, secrétaire du Roi, et de Barbe de Lavau. Elle était veuve en 1621. Leurs enfants furent :

    A. Barbe de Loynes, dame des Bordes (ou des Bources), mariée, par contrat du 9 janvier 1634, à Jacques *du Hamel*, chevalier, seigneur de Bourseville et de Saint-Rémy, gouverneur de Saint-Dizier. Elle en était veuve le 12 avril 1656 (Cab. des titres). Leur fils, Jacques-Gabriel du Hamel de Bourseville, mort chef d'escadre des galères du Roi, avait été reçu chevalier de Malte le 1er août 1661.

    B. Anne de Loynes[1], dame de Maison-Villiers en Beauce, qui épousa Centurion *du Tertre,* seigneur d'Escœuffen ou de Cusan en Boulonnais, gentilhomme ordinaire de la Chambre du Roi, lieutenant au régiment des gardes françaises et gouverneur de Jargeau, « l'un des vaillants de son siècle », dit Duchesne. D'où une fille : Anne du Tertre, épouse de Jean de Recourt, seigneur des Auteux (Père Anselme, Tome VII, p. 834).

    Anne de Loynes vivait veuve de Centurion du Tertre en 1634 et le 20 juillet 1639. (Bibl. nat. Cabinet des titres, *Loynes*.)

5º Madeleine de Loynes, mariée, par contrat passé à Gien, le 19 juin 1603, devant Amiot, notaire, avec Jacques *de la Taille,* chevalier, seigneur

---

DE CHAMPROBERT : de sinople, à une bande entée ondée d'or accompagnée en chef d'une quintefeuille du même et en pointe d'un monde d'argent cintré d'azur et croisé d'or.

DU TRANSPORT :

DE BONNAUD : d'azur, à un fer de flèche posé en bande, la pointe en haut.

DU HAMEL : d'argent, à la bande de sable chargée de trois sautoirs d'or.

DU TERTRE : d'argent, à trois aigles éployées de gueules, becquées et membrées d'azur.

DE LA TAILLE : de sable, au lion d'or, armé et couronné de gueules ;

    ou : de sable, au lion couronné d'or, armé et lampassé de gueules.

de Magneville (ou Moigneville) en Beauce, fils de Jean de la Taille, seigneur d'Hanorville (ou Hernorville) et de Faronville, et de Geneviève Barthomieu d'Olivet. Ils vivaient le 4 juin 1626; elle était veuve vers 1653. De ce mariage est issue une fille, Madeleine de la Taille, qui épousa Pierre de Chabot, chevalier, seigneur de Frenay, fils de Jean-Antoine de Chabot, seigneur de Lafond, et de Catherine Lombard. De Pierre de Chabot et de Madeleine de la Taille est issue Madeleine de Chabot, mariée à Jean d'Aussi.

6° Esther de Loynes, qui épousa en 1606 Pierre *du Coudray*, écuyer, seigneur de Fevrolles, fils de Pierre du Coudray et de Marguerite des Mazis. Elle vivait ainsi que son mari le 8 juin 1626.

VIII. Hélie DE LOYNES, seigneur de Fromentières, épousa Élisabeth LE FORT, fille de Pierre Le Fort, seigneur de la Motte, dans le Hurepoix, près Montargis, et de Charlotte de la Chapelle.

Élisabeth Le Fort se remaria à Philippe du Cormier.

Hélie de Loynes était mort avant le 1er avril 1608, laissant trois filles:

1° Élisabeth de Loynes, qui épousa, avant le 8 juin 1626, Daniel *du Fay*, écuyer, seigneur de Bugnot, de Verneuil (près Dormans) et de Fromentières en partie; vivant en 1636;

2° Rachel de Loynes, dame de Fromentières en partie, épousa, suivant contrat reçu le 20 septembre 1634 par Jean des Tours, notaire à Orbais (mariage fait en la R. P. R.), Louis *de Reilhac*, chevalier, seigneur de Lignières, de Mareuil-lez-Meaux et de Verneuil, né vers 1611, fils de Michel de Reilhac, chevalier, seigneur de Lignières et de Mareuil (issu d'une des meilleures familles de Champagne, capitaine d'infanterie au régiment de Bouteville en 1589, puis commandant de la ville de Lagny, ensuite capitaine de cavalerie sous le sieur de Givri et enfin gouverneur de Crécy en 1594), et de Marthe du Fay, sa seconde femme.

DU COUDRAY : fascé d'argent et de gueules, au lion de sable armé et lampassé de gueules brochant sur le tout.

LE FORT : de sable, à la bande vivrée d'argent, accostée de six fleurs de lys d'argent, 3 et 3, posées en bande.

DU FAY : d'argent, à six roses de gueules, au lambel d'azur de trois pendants en chef; ou : de gueules, à trois étoiles d'or.

DE REILHAC : d'argent, au lion rampant de sable armé et lampassé de gueules, écartelé de gueules à une aigle éployée d'or (*aliàs* : d'argent; *aliàs* : sur le tout une fasce d'azur).

Ils vivaient le 18 janvier 1665.

3° Marie-Jeanne de Loynes, qui épousa avant le 7 novembre 1633 Jean *du Fay,* chevalier, seigneur de Verneuil en partie, de Bugnot et de Fromentières aussi en partie, gouverneur de Rethel.

Marie-Jeanne de Loynes était morte le 17 mars 1676.

DU FAY : voir p. 37.

BRANCHE CADETTE

IV. Robin DE LOYNES, écuyer, (sieur de Villefavreux, suivant le chanoine Hubert,) troisième fils de Jacquet de Loynes et de Huguette Rousselet (voir page 12), était en fonctions de l'office de prévôt de Beaugency dès 1439. Dans un acte du 2 décembre 1465, il figure en qualité de maître proviseur et gouverneur du pont d'Orléans et de l'hôpital de cette ville. Il fut procureur échevin d'Orléans du 23 mars 1468 au 22 mars 1471. (*Arch. communales d'Orléans*, CC. 43 et 561 [1].)

Il avait épousé en premières noces, par contrat passé le 13 ou le 15 avril 1451 devant Chauvreu, notaire à Orléans, Isabelle (Belon) TRICOT, fille de Pierre Tricot (ou Triquot), bourgeois d'Orléans, et de Catherine Boillève ; et en secondes noces, par contrat du 30 mars 1456, Marion HATTE, fille de Jean Hatte, sieur de Damberon, procureur en la cour laye d'Orléans en 1476, et d'Isabeau Simon. Marion Hatte mourut le 1er novembre 1501 [2].

Les enfants de Robin de Loynes furent :

Du premier lit :

   1º Julienne de Loynes, dont on ignore l'alliance ;

   2º Jeanne de Loynes, mariée à N... *du Verger ;*

   3º Anne de Loynes, qui fut aussi mariée ;

Du second lit :

   4º Gentien, qui suit ;

   5º Catherine de Loynes, épouse d'Étienne *Colin,* notaire au châtelet d'Orléans, décédé à Orléans le 15 octobre 1496, inhumé sous les galeries du grand-cimetière ;

TRICOT : d'azur, au chevron dentelé d'argent, accompagné de trois coqs de même.
HATTE : d'azur, au chevron d'argent, accompagné de trois étoiles d'or;
   ou : d'azur, au lion d'argent coiffé de gueules.
DU VERGER : d'or, à un arbre de sinople.
COLIN : d'azur, à trois merlettes d'or.

6º Jacquet de Loynes, sieur de Villefavreux et de Paras, auteur de la branche de ce nom, rapportée plus loin (page 183).

V. Gentien DE LOYNES de l'Aubespine, échevin d'Orléans en 1495, 1502 à 1504, 1505, 1508 à 1510 [1], possédait en 1510 des biens au clos de la Challone, paroisse de Saint-Jean-de-Braye [2]. Il épousa Marguerite COIGNET, fille de Simon Coignet et de Marguerite Chauveau. Ses enfants furent :

1º Euverte, qui suit;

2º Claude de Loynes, auteur des branches de la Royauté et de la Barre, rapportées plus loin (pages 127 et 175);

3º Gentien de Loynes, écuyer;

4º Guy de Loynes, échevin d'Orléans en 1519;

5º Gilles de Loynes, qui épousa, par contrat passé devant Provenchère, notaire à Orléans, le 28 novembre 1529, Guillemette *Compaing;*

6º Marie de Loynes, femme de Michel *de l'Estoile,* échevin d'Orléans en 1547, fils d'Estienne de l'Estoile, échevin d'Orléans en 1517. Elle était veuve en cette même année 1547.

7º Marthe de Loynes, qui épousa, par contrat passé devant Stuard, notaire à Orléans, le 22 janvier 1543, Pierre *Seurrat.*

VI. Euverte DE LOYNES, sieur de la Bédinière (paroisse de Saint-Jean-de-Braye, près Orléans), rendit hommage pour cette terre, en 1508, à Jean de la Pommeraye, seigneur de Rouvray-Sainte-Croix. Il fut procureur échevin d'Orléans de 1534 à 1536 et de 1544 à 1546 [3]. Il épousa 1º Anne DES COMTES, fille de Jacques des Comtes, échevin et receveur d'Orléans, seigneur de Brion et de Villechauve, et de Roze Hue, dame de Marcoray (ou des Masures, suivant le chanoine Hubert); et 2º, en 1527,

---

COIGNET : d'azur, à deux épées d'argent garnies d'or, passées en sautoir, les pointes en haut, et accompagnées de quatre croissants d'argent.

COMPAING : d'azur, à une tête de cerf d'or, surmonté d'un mufle de lion d'or et à une fleur de lys de même en chef.

DE L'ESTOILE : d'azur, à une grande étoile d'or.

SEURRAT : d'azur, au lion rampant d'or, soutenu d'un chien passant d'argent en pointe soutenant de la patte dextre une tour carrée, bretessée de trois pièces du même, maçonnée de sable.

DES COMTES : d'azur, au chevron d'or accompagné de trois coquilles de même.

Anne Hue, fille de Pierre Hue, sieur de Culay, de la Cour-de-Ligny et de Marcoray, échevin d'Orléans en 1471, et de Marie Aubelin.

Dans les partages faits à la mort d'Euverte de Loynes, en 1563, par Stuard, notaire à Orléans, on voit qu'il laissa sept enfants, qui furent :

Du premier lit :

1º Marthe de Loynes, née en 1512, épousa, par contrat passé le 21 avril 1530 devant Provenchère, notaire à Orléans, Pierre *Seurrat*, fils d'Étienne Seurrat et de Catherine Noël. Elle mourut en 1557 et fut inhumée au grand-cimetière.

2º Jacques de Loynes, époux d'Élisabeth *Meusnier*, d'où :

A. Jacques de Loynes, baptisé le 22 décembre 1539 à Saint-Paul ;

B. Jean de Loynes, qui épousa, le 25 février 1601, Marie *Sinson*, fille de Philippe Sinson et de Jacquette Mignon.

3º Marguerite de Loynes, femme de Pierre *Laisné*, receveur général au bailliage d'Orléans ;

4º Guilles ou Guillaume, qui suit ;

5º Gentien de Loynes, qui paraît avec son frère Guillaume dans un acte d'abandon de maison comme tuteur des enfants de Pierre Seurrat et de Marthe de Loynes, leur sœur, et dans un partage, fait entre eux le 3 octobre 1563 devant Stuard, notaire à Orléans, d'une métairie sise paroisse de Rouvray. Il épousa Marie *Germé*, d'où :

A. Marie de Loynes, qui épousa Michel *Nupier* avant 1596 ;

B. Ysabel de Loynes, qui épousa Hippolyte *de Meulles* avant 1602 ;

C. Guillemette de Loynes, baptisée à Sainte-Catherine le 26 août 1575, épousa François *Le Queau* le 2 janvier 1604, à Saint-Paul.

Du second lit :

Hue : d'argent, au huat ou aigle éployée de sable.
Seurrat : voir p. 40.
Meusnier : d'azur, à trois merlettes d'or rangées en fasce, accompagnées en pointe d'une gerbe de même, au chef d'argent, chargé de trois étoiles de sable.
Sinson : d'azur, à cinq cloches d'argent, 2, 1 et 2.
Laisné : de gueules, à un château d'or maçonné de sable ouvert et ajouré de gueules, au chef d'or chargé de trois vols de sable.
Germé : d'azur, à une licorne passant contournée d'or.
Nupier : d'or, à un pied humain de carnation supportant un corbeau de sable.
de Meulles : d'argent, au chevron de gueules accompagné de trois tourteaux de même.
Le Queau :

6

6º Euverte de Loynes, qui fut parrain à Sainte-Catherine, le 5 novembre 1578, de Jehan Mareau, fils de Sébastien Mareau et de Catherine Seurrat, avec Marie de Loynes, fille de Gentien ;

7º Pierre de Loynes, époux de Jeanne *des Comtes,* d'où :

A. Pierre de Loynes, baptisé à Saint-Paul le 23 décembre 1580 ;

B. Françoise de Loynes, baptisée à Saint-Paul le 15 février 1582 ;

C. Marie de Loynes, baptisée à Saint-Paul le 5 avril 1583.

VII. Guilles ou Guillaume DE LOYNES épousa Claudine DANIEL qui décéda le 1er août 1622. Guillaume décéda le 9 juillet 1580 et fut inhumé avec sa famille au grand-cimetière d'Orléans, chapelle du Saint-Esprit [1].
Ses enfants furent :

1º Rachel de Loynes, décédée le 8 septembre 1584 ;

2º Jacques de Loynes, décédé à la Chaise-Dieu, en Auvergne, le 14 août 1593 ;

3º Sara de Loynes, épouse de François *d'Allier,* décédée paroisse Saint-Sulpice le 12 juin 1600 et inhumée le lendemain au grand-cimetière, près de son père;

4º Judith de Loynes, qui épousa, vers 1587, à Saint-Maclou, Denis *Provenchère,* qui assistait au mariage de Jean de Loynes, son neveu, avec Estiennette Le Brasseux, en 1634. Elle décéda le 13 octobre 1626.

5º Guillaume, qui suit ;

6º Toussaint de Loynes, curé-prieur.... (à Péronne 16...?).

VIII. Guillaume DE LOYNES (qualifié « l'ayné » dans le contrat de Jehan de Loynes, son fils, avec Marie Rousseau, en 1636), né en 1564, décéda le 6 janvier 1648 et fut inhumé près de ses père et mère en la chapelle du Saint-Esprit au grand-cimetière d'Orléans. Il avait épousé en 1res noces, le 21 août 1590, par contrat passé ledit jour devant Porcher, notaire à Orléans [2], Madeleine GERMÉ, qui décéda paroisse Saint-Maclou le 20 février 1610, à Orléans ; en 2es noces, le 29 juillet 1610, par contrat passé

DES COMTES : voir p. 40.
DANIEL : voir p. 14.
D'ALLIER : voir p. 15.
PROVENCHÈRE : d'argent, à deux lévriers passant l'un sur l'autre, le 1er d'azur accolé d'argent et l'autre de gueules accolé d'or.
GERMÉ : voir p. 41.

ledit jour devant Coutault et Delescluze, notaires à Orléans, Claude Trippe, baptisée à Saint-Paul le 7 septembre 1581, fille d'hon^ble^ h^me^ Jacques Trippe, marchand-bourgeois, et de Marie Gomme; en 3es noces, le 6 janvier 1628, à Saint-Sulpice, Madeleine Charron (ainsi qu'on le voit dans le contrat, passé devant Daniel le 29 janvier 1634, de son fils Jean de Loynes avec Estiennette Le Brasseux, où elle est désignée comme femme de Guillaume de Loynes en 3es noces), qui mourut le 25 août 1640; et en 4es noces, étant âgé de 76 ans, il épousa, le 9 octobre 1640, à Saint-Germain, par contrat passé devant Daniel, notaire à Orléans, le jour des fiançailles qui avaient eu lieu à Saint-Donatien le 7 octobre, Catherine Moireau, fille de Jehan Moireau et de Nicole Florart.

Catherine Moireau, veuve en 1648, se remaria à Jean Henry et décéda à l'âge de 75 ans le 15 octobre 1690, paroisse Saint-Paterne.

De ces mariages, Guillaume de Loynes eut :

Du premier lit :
1° Guilles de Loynes, baptisé le 27 mars 1596 à Saint-Maclou, eut pour marraine Claudine Daniel, veuve de Guillaume de Loynes;
2° Magdeleine de Loynes, baptisée à Saint-Maclou le 22 juin 1598, y épousa, le 11 juin 1610, François Loys, fils de Pierre Loys et de Marguerite Aubry. Ils vivaient ensemble le 14 janvier 1642 (paroisse Saint-Sulpice).
3° (autre) Magdeleine de Loynes, baptisée à Saint-Maclou le 12 juin 1599, assistait au mariage de son frère François, en 1621, à Saint-Maclou;
4° Anne de Loynes, baptisée à Saint-Maclou le 10 mai 1600;
5° François, qui suit;
6° Claude de Loynes, baptisé à Saint-Maclou le 13 mars 1605;
7° Marie de Loynes, baptisée à Saint-Maclou le 28 juin 1607, eut pour parrain Louis Le Masne et pour marraines Marie Le Chandelier et Madeleine Provenchère;
8° Guillaume de Loynes (dit « le jeune » dans le contrat de mariage de son frère Jean en 1634, à cause de son père, dit « l'aîné »), baptisé à

Trippe :
Charron : d'azur, au chevron d'or, accompagné de trois étoiles de même.
Moireau : d'azur, au chevron d'or accompagné de trois étoiles à huit rais de même.
Loys : de gueules, à un ours d'or colleté d'azur et enchaîné d'une chaîne d'or, tenant des deux pattes de devant un rocher d'argent.

Saint-Maclou le 14 mars 1610, eut pour parrain Claude Le Masne. Il décéda paroisse Saint-Maclou le 16 juin 1644. Il avait épousé en 1ʳᵉˢ noces à Saint-Donatien, le 7 janvier 1631, après contrat passé le 5 par Henry et Daniel, notaires, Jehanne *Chauvreux,* fille de François Chauvreux et de Magdeleine Hubert, en présence de François de Loynes-Humery et de Magdeleine de Loynes-Loys, ses frère et sœur. Jehanne Chauvreux décéda paroisse Saint-Maclou le 8 novembre 1641. Guillaume de Loynes épousa en 2ᶜˢ noces à Saint-Hilaire, le 27 janvier 1642, Magdeleine *de Guyenne,* fille de Nicolas de Guyenne. Elle survécut à son mari, décéda à l'âge de 71 ans et fut inhumée le 25 mai 1691 en l'église Saint-Hilaire.

Guillaume de Loynes eut pour enfants :

Du premier lit :

A. François de Loynes, baptisé à Saint-Maclou le 14 juin 1632, eut pour parrain Guilles de Loynes « l'ayné ». Il épousa Magdeleine *Coulombeau,* fille de Claude Coulombeau, notaire royal au châtelet d'Orléans ; mort paroisse de la Conception en 1672. De ce mariage :

    a. Marie-Magdeleine de Loynes, qui paraît au baptême de sa sœur le 13 octobre 1668, et est marraine le 8 octobre 1670 ;

    b. Thérèse de Loynes, qui paraît à la sépulture de sa sœur Anne le 14 octobre 1668 ;

    c. Anne de Loynes, baptisée à Saint-Pierre-Ensentelée le 14 janvier 1666, décédée paroisse de Notre-Dame de la Conception le 13 avril 1668 ;

    d. (autre) Anne de Loynes, baptisée à Notre-Dame de la Conception le 13 octobre 1668, eut pour parrain François Chauvreux ; « le sʳ de Loynes, à la campagne pour ses affaires, n'a pas signé ». Elle décéda le lendemain et fut inhumée en présence de Magdeleine et Thérèse de Loynes, ses sœurs.

    e. Guillaume de Loynes, baptisé à Notre-Dame de la Concep-

---

CHAUVREUX : de gueules, à un cheval passant d'argent sur une terrasse de sinople et accompagné de trois oiseaux d'or nommés *rishards* rangés en chef.

DE GUYENNE : d'azur, à un chevron d'or accompagné en pointe d'un cœur enflammé de même et au chef d'argent chargé de trois roses de gueules.

COULOMBEAU : d'azur, à une fasce ondée d'argent accompagnée de six colombes de même becquées et membrées de gueules, rangées trois en chef et trois en pointe.

tion le 8 octobre 1670, eut pour marraine Marie-Magdeleine de Loynes, sa sœur.

B. Magdeleine de Loynes, baptisée à Saint-Maclou le 6 septembre 1633, eut pour marraine Magdeleine Charron, femme de Guillaume de Loynes ;

C. Guillaume de Loynes, baptisé à Saint-Maclou le 9 octobre 1634, eut pour parrain François de Loynes. Le 10 août 1673 il assista au contrat de mariage de son frère Nicolas avec Claude Jahan.

D. Nicolas de Loynes, baptisé à Saint-Maclou le 17 mai 1636, eut pour marraine Anne Humery, femme de François de Loynes ;

E. Jehan de Loynes, baptisé à Saint-Maclou le 9 juillet 1637, eut pour marraine Magdeleine de Loynes, femme de François Loys ;

F. François de Loynes, baptisé à Saint-Maclou le 13 septembre 1638 ;

G. Claude de Loynes, baptisée à Saint-Maclou le 20 novembre 1639, épousa à Saint-Pierre-Ensentelée, le 12 février 1659, en présence de François, Guillaume et Nicolas, ses frères, Michel *Salomon*, sieur de la Saulgerie, fils de Michel Salomon, sieur de la Picasnière, receveur de la ville d'Orléans, et de Françoise Petau de la Picasnière. Elle décéda à l'âge de 36 ans et fut inhumée en l'église Saint-Paul le 26 décembre 1675.

Du second lit :

H. Nicolas de Loynes, baptisé à Saint-Maclou le 4 février 1643, eut pour marraine Catherine Moireau, femme de Guillaume de Loynes. Grand gager de la paroisse Saint-Hilaire, il y décéda à l'âge de 72 ans et fut inhumé le 9 février 1715 en l'église Saint-Maclou, près de la chapelle de la Vierge. Il avait épousé à Saint-Hilaire, le 21 août 1673, après contrat passé le 10 devant Estienne Aignan, notaire royal au châtelet d'Orléans, Claude *Jahan,* âgée de 21 ans, fille de Charles Jahan et de Claude Coisseau.

De ce mariage :

a. Claude de Loynes, baptisé à Saint-Hilaire le 7 mai 1674, eut pour marraine Magdeleine de Guyenne ; il décéda chez sa nourrice, paroisse Saint-Paterne, le 27 mai 1674 ;

b. Anne de Loynes, baptisée à Saint-Maclou le 3 septembre

SALOMON : d'azur, au lion d'or accompagné en chef de deux pigeons d'argent.
JAHAN : d'argent, à une fasce d'azur chargée d'une aigle naissante d'or.

1675, épousa à Saint-Hilaire, le 15 avril 1697, après contrat passé le 12 devant Estienne Pryné, notaire à Orléans, Jacques *Barré*, fils d'Anthoine Barré et de Claude Le Roux. Elle en était veuve en 1729.

c. Claude de Loynes, baptisé à Saint-Maclou le 4 août 1676, vivait sans alliance le 22 août 1719, lors du mariage de son frère Jacques avec Françoise Boutet ;

d. Nicolas de Loynes, baptisé à Saint-Maclou le 21 septembre 1677, eut pour marraine Magdeleine de Guyenne ;

e. Guillaume de Loynes, baptisé à Saint-Hilaire le 31 août 1678, eut pour parrain Jacques de Loynes l'aîné ;

f. Laurent de Loynes, baptisé à Saint-Hilaire le 16 décembre 1679 ;

g. Nicolas de Loynes, baptisé à Saint-Hilaire le 12 novembre 1680, épousa Suzanne *Barré* ;

h. Claude de Loynes, baptisée à Saint-Hilaire le 20 janvier 1682, eut pour parrain Jacques de Loynes. Elle décéda paroisse Saint-Pierre-Lentin, et fut inhumée au grand-cimetière le 29 décembre 1767 par Pierre-Jacques de Loynes, son neveu, archidiacre de Beaugency.

i. Catherine de Loynes, baptisée à Saint-Hilaire le 3 août 1683, eut pour parrain Étienne Le Brasseux ;

j. Jacques de Loynes, baptisé à Saint-Hilaire le 25 novembre 1684, fut receveur de la commanderie de Saint-Marc et décéda dans la maison de la commanderie, à l'âge de 57 ans, en présence de Claude de Loynes, son fils, diacre du diocèse d'Orléans. Il avait épousé en 1res noces Marie-Anne *Hurtault*, qui décéda paroisse Saint-Maclou, le 6 juin 1718, à l'âge de 28 ans ; et en 2es noces, à Saint-Paterne, le 22 août 1719, Françoise *Boutet*, fille d'Antoine Boutet et d'Henriette Grimault, en présence de Claude Jahan, sa mère, et de Claude de Loynes, sa sœur. Cette seconde femme décéda paroisse

---

BARRÉ : d'azur, à une bande d'or accompagnée en chef d'un croissant d'argent surmonté de deux étoiles de même, et en pointe d'un lion d'argent la patte gauche sur un besant de même.

HURTAULT : d'argent, à trois lions de gueules.

BOUTET : d'argent, à un sautoir d'azur chargé de cinq bouterolles d'or accompagné de quatre hures de sanglier de sable.

Saint-Germain, le 5 février 1732, à l'âge de 39 ans et fut inhumée en ladite église.

Jacques de Loynes eut :

Du premier lit :

A. Pierre-Jacques de Loynes, baptisé à Saint-Maclou le 19 avril 1717, eut pour parrain Pierre Hurtault, greffier secrétaire de ville de Romorantin, et pour marraine Claude Jahan, v^e de Loynes ; il fut prêtre chanoine de l'église cathédrale d'Orléans et archidiacre de Beaugency. Il décéda en la maison claustrale le 19 avril 1781.

B. Marie-Anne de Loynes, baptisée à Saint-Maclou le 1er juin 1718 ;

Du second lit :

Γ. Claude de Loynes, baptisé à Saint-Maclou le 19 octobre 1720, eut pour parrain Claude de Loynes, chanoine prébendé de l'église d'Orléans ; il fut en 1740 diacre du diocèse d'Orléans, bénéficier en l'église de Romorantin ;

Δ. Nicolas de Loynes, baptisé à Saint-Maclou le 19 mars 1722;

E. Françoise de Loynes, baptisée à Saint-Germain le 10 juin 1723, eut pour marraine Suzanne Barré, femme de Nicolas de Loynes. Elle décéda paroisse Saint-Pierre-Ensentelée le 16 novembre 1782 et fut inhumée en présence de Michel Aubry, chanoine de l'église royale de Saint-Aignan, son cousin.

Z. Magdeleine-Monique de Loynes, baptisée à Saint-Germain le 3 mai 1725, décéda paroisse Saint-Pierre-Lentin le 30 septembre 1754 ; le service de son inhumation eut lieu en présence de MM. Grimault. Elle n'avait pas été mariée.

H. Pierre-Aignan de Loynes fut baptisé le 14 mai 1726 à Saint-Germain et eut pour parrain Pierre-Aignan Doulceron, licencié ès-lois, et pour marraine Anne Boutet. Il décéda le 30 mai 1726 et fut inhumé en l'église Saint-Germain.

Θ. Germain de Loynes, baptisé à Saint-Germain le 31 juillet 1727 ;

I. Louis de Loynes, baptisé à Saint-Germain le 28 juin 1729, eut pour parrain Louis Jolivet, essayeur à la Monnaie d'Orléans, et pour marraine Anne de Loynes, veuve de Jacques Barré, demeurant à Rouen.

k. Charles de Loynes, baptisé à Saint-Hilaire le 28 juin 1687.

Du second lit, Guillaume de Loynes eut :

9° Jacques qui suivra (page 55) ;

10° Jehan, auteur de la branche d'Autroche, rapportée page 77.

IX. François DE LOYNES, second fils de Guillaume de Loynes et de Magdeleine Germé, sa première femme, baptisé à Saint-Maclou le 10 novembre 1601, y épousa, le 24 mai 1621, Anne HUMERY, fille de Vincent Humery, sieur de la Boissière, bourgeois d'Orléans, et de Marie Renier, en présence de Guillaume de Loynes, son père, de Claude Trippe, sa belle-mère, de François Loys, son beau-frère, etc. Il décéda paroisse Saint-Maclou et fut inhumé le 30 novembre 1662 en cette église devant l'autel de Notre-Dame de Bonne-Délivrance. Anne Humery assista en 1674 au mariage d'Anne de Loynes avec Estienne Le Vassor.

Ils eurent pour enfants :

1° Nicolas, qui suit ;

2° Claude de Loynes, baptisée à Saint-Maclou le 3 janvier 1624, eut pour marraine Claude Trippe, femme de Guillaume de Loynes. Elle fut marraine à Saint-Maclou le 20 novembre 1639.

3° François de Loynes, baptisé le 8 décembre 1624 à Saint-Maclou, eut pour marraine Magdeleine de Loynes, femme de François Loys ;

4° Anne de Loynes, baptisée à Saint-Maclou le 14 avril 1626 ;

5° Pierre de Loynes, baptisé à Saint-Maclou le 25 mai 1627 ;

6° Anne de Loynes, baptisée à Saint-Maclou le 8 juillet 1628 ;

7° François de Loynes, baptisé à Saint-Maclou le 22 octobre 1629, eut pour marraine Magdeleine Charron, femme de Guillaume de Loynes ;

8° Anne de Loynes, baptisée à Saint-Maclou le 28 novembre 1631, eut pour parrain Guillaume de Loynes. Elle décéda sans avoir été mariée, rue de l'Écrevisse, et fut inhumée en l'église Saint-Paul le 8 décembre 1709.

9° Marie de Loynes, baptisée à Saint-Maclou le 19 mai 1633, eut pour parrain Jacques de Loynes, marchand de soie, et pour marraine Jehanne

HUMERY : d'or, au chevron de gueules, et au chef de même chargé de trois besants d'or.

Chauvreux, femme de Guillaume de Loynes. Elle épousa, le 23 novembre 1648, à Saint-Maclou, Laurent *Dismes,* maire d'Orléans de 1703 à 1704, fils de noble homme Laurent Dismes et de Marthe Boillève, en présence de François de Loynes, son père, et de Nicolas, Jacques et Pierre de Loynes, ses frères. Elle décéda à l'âge de 71 ans et fut inhumée à Saint-Maclou le 3 mai 1704, en présence de son mari, maire de la ville d'Orléans, et de ses enfants.

X. Nicolas DE LOYNES, baptisé à Saint-Maclou le 15 octobre 1622. Échevin d'Orléans de 1675 à 1683, il fut élu maire en mars 1683, et conserva cette charge jusqu'à sa mort[1].

Nicolas de Loynes décéda « après avoir reçu en bon chrétien les saints sacrements de notre mère la sainte Église » paroisse Saint-Maclou ; son service fut célébré le 5 octobre 1584, en présence des échevins et de ses enfants, parents et amis. Il fut inhumé le lendemain en l'église Saint-Pierre-Lentin, « dans la nef, proche le confessionnal. »

Il avait épousé à Saint-Michel, le 13 juillet 1644, Suzanne BAILLY, fille de noble homme Barthélemy Bailly, seigneur de Trouillon, conseiller magistrat garde des sceaux au bailliage et siège présidial d'Orléans, et de Suzanne Dulaurent, sa première femme. L'inventaire de leurs biens fut dressé devant Aignan, notaire royal au châtelet d'Orléans, le 13 décembre 1689. Suzanne Bailly[2] décéda paroisse Saint-Éloi, à l'âge de 75 ans, le 13 août 1697, cloître Saint-Pierre-Empont ; son corps fut inhumé à Saint-Pierre-Lentin, en présence de M. de Loynes, son fils, et de M. Peigné, son gendre.

De ce mariage :

    1º Guillaume de Loynes, baptisé à Saint-Maclou le 22 avril 1645, eut pour parrain Guillaume de Loynes et pour marraine Louise Hubert, seconde femme de Barthélemy Bailly, conseiller magistrat au siège présidial d'Orléans. Il décéda paroisse Saint-Paul le 8 mai 1686.

DISMES : de sable, à une fasce cintrée d'or accompagnée en chef de deux besants d'argent et en pointe d'un cœur d'or.

BAILLY : d'or, à une fasce d'azur, chargée d'une croix ancrée d'or, la fasce accompagnée en chef de deux glands renversés de sinople, et en pointe d'un chêne terrassé, aussi de sinople.

2º Barthélemy de Loynes, baptisé à Saint-Maclou le 8 septembre 1646, eut pour parrain Barthélemy Bailly, conseiller, etc. Il fut parrain de son dernier frère, le 6 février 1665, à Saint-Maclou.

3º Nicolas de Loynes, baptisé à Saint-Maclou le 1er décembre 1647 ;

4º (autre) Nicolas de Loynes, baptisé à Saint-Maclou le 15 septembre 1649, eut pour parrain le chanoine Hubert[1] et pour marraine Anne Humery;

5º Suzanne de Loynes, baptisée à Saint-Maclou le 10 novembre 1650, eut pour marraine Marie de Loynes ;

6º François de Loynes, baptisé à Saint-Maclou le 21 décembre 1651, eut pour parrain François de Loynes ;

7º Jean qui suit ;

8º Suzanne de Loynes, baptisée à Saint-Maclou le 14 juillet 1654, eut pour parrain Laurent Dismes, époux de Marie de Loynes ;

9º Anne de Loynes, baptisée à Saint-Maclou le 6 octobre 1656, eut pour marraine Anne Humery, femme de François de Loynes. Elle épousa à Sainte-Catherine, le 18 juin 1674, en présence d'Eusèbe de Loynes, Gentien de Loynes, Anne Humery, aïeule, Laurent Dismes, oncle, après contrat passé ledit jour devant Estienne Aignan, notaire à Orléans, Estienne *Le Vassor*, fils de feu Louis Le Vassor et de Suzanne de Loynes. Elle fut inhumée à Saint-Maclou le 16 septembre 1688, devant l'autel de Notre-Dame.

10º Marie de Loynes, baptisée le 21 décembre 1657 à Saint-Maclou, eut pour marraine Jacqueline Sévin, femme de Jean Bailly, conseiller du Roi, trésorier de France au bureau des finances. Elle épousa à Saint-Maclou, le 22 mai 1684, après contrat passé ledit jour devant Estienne Aignan, Louis *Peigné*, sieur de Villereau, fils de noble homme Estienne Peigné, conseiller du Roi, contrôleur général des bois au duché d'Orléans, son avocat procureur au grenier à sel de Janville, et de Françoise Bonnefemme. Marie de Loynes décéda paroisse Saint-Paterne et fut inhumée au grand-cimetière le 2 novembre 1693.

11º Jacques de Loynes, baptisé à Saint-Maclou le 6 février 1665, eut pour parrain Barthélemy de Loynes, son frère, et pour marraine Marie Dismes. Il était religieux en 1692.

Le Vassor : d'azur, à trois gerbes d'or ;
  ou : d'azur, au chevron d'or, accompagné de trois gerbes posées 2 et 1, et de trois étoiles posées 1 et 2, le tout d'or ;
  ou : de vair, à trois chevrons componés d'or et de sable.
Peigné : d'azur, au sautoir d'or, accompagné, en chef, d'une rose, à chaque flanc, d'un losange, en pointe, d'une gerbe; le tout d'or.

XI. Jean DE LOYNES, baptisé à Saint-Maclou le 13 avril 1653, eut pour parrain noble homme Jean Bailly, conseiller du Roi, trésorier de France au bureau des finances d'Orléans ; il épousa en 1res noces, le 24 janvier 1678, à Saint-Benoît-du-Retour, Magdeleine GEORGE, fille de Pierre George et de Magdeleine Aubry ; décédée paroisse Saint-Maclou le 4 mai 1679 à l'âge de 23 ans, inhumée le 5 en l'église Saint-Donatien (l'inventaire de ses biens fut dressé le 14 juin de la même année par devant Estienne Aignan, notaire royal au châtelet d'Orléans) ; en 2es noces, le 8 janvier 1680, à Saint-Paterne, Élisabeth HOUZÉ, âgée de 20 ans, fille d'honorable homme Toussaint Houzé et d'Élisabeth Sévin ; décédée à l'âge de 33 ans, paroisse Saint-Maclou, et inhumée en cette église, le 29 février 1692, devant l'autel de la sainte Vierge ; (l'inventaire de ses biens fut dressé le 30 avril 1692 devant Estienne Aignan, notaire, à la requête de Nicolas et Jean, ses enfants mineurs).

Jean de Loynes épousa en 3es noces, le 18 mai 1692, à Saint-Victor (fiançailles faites par le R. P. Ange de Loynes, religieux Augustin ; mariage célébré par le R. P. Jacques de Loynes, religieux Augustin, frère de l'époux), Catherine GORRANT, fille de Jean Gorrant et de feue Marie de Loynes.

Jean de Loynes laissa, du second lit :

1° Nicolas de Loynes, baptisé à Saint-Maclou le 13 mars 1681, eut pour parrain Nicolas de Loynes ;
2° Jean de Loynes, baptisé à Saint-Maclou le 7 octobre 1682 ;
3° Élisabeth de Loynes, baptisée à Saint-Maclou le 18 septembre 1686, eut pour parrain Estienne Le Vassor et pour marraine Marie Houzé, femme de Pierre Jogues ;
4° Jean, qui suit;
5° Marie de Loynes, baptisée à Saint-Maclou le 9 février 1689, eut pour marraine Marie de Loynes, femme de noble homme Louis Peigné, sieur

GEORGE : d'azur, à trois lys au naturel d'argent.
HOUZÉ : d'azur, à trois poissons d'argent rangés en pal et surmontés d'un joug d'or.
GORRANT : d'argent, à une foy issante d'un nuage, accompagnée de trois arbres de sinople 1 et 2.

de Villereau. Elle décéda paroisse Saint-Maclou et y fut inhumée le 12 novembre 1690.

6º Élisabeth de Loynes, baptisée à Saint-Maclou le 23 janvier 1692 ;

Du troisième lit :

7º Catherine de Loynes, baptisée à Saint-Maclou le 14 mai 1693, eut pour marraine Suzanne Bailly, veuve de Nicolas de Loynes ;

8º Catherine-Espérance de Loynes, baptisée à Saint-Maclou le 10 juin 1694 ;

9º Bonaventure de Loynes, baptisé à Saint-Maclou le 1er juin 1695, fut confirmé à Saint-Pierre-Ensentelée, le 11 mars 1705, par S. Em. le Cardinal de Coislin, évêque d'Orléans. Il décéda paroisse Saint-Maclou le 23 août 1711.

10º Marie de Loynes, baptisée à Saint-Maclou le 5 décembre 1696 ;

11º Marie-Magdeleine de Loynes, baptisée à Saint-Maclou le 11 mars 1702, figure au baptême d'une nièce, fille de Jean de Loynes et de Marie Houzé, le 11 juin 1731, à Saint-Paterne ; elle décéda paroisse Saint-Pierre-Ensentelée le 27 novembre 1766 [1].

XII. Jean DE LOYNES, baptisé à Saint-Maclou le 19 novembre 1687, eut pour parrain noble homme Louis Peigné, sieur de Villereau ; il épousa à Saint-Paterne, le 9 septembre 1728, Marie HOUZÉ, fille de Toussaint Houzé et de Marie-Espérance de Goillons-Vinot, en présence de Catherine Gorrant, sa belle-mère, et de Magdeleine de Loynes, sa sœur. Juge des consuls et administrateur de l'hôpital général d'Orléans, il décéda à l'âge de 63 ans et fut inhumé en l'église Saint-Paterne le 27 janvier 1751.

Il laissa pour enfants :

1º Marie-Félicité-Perpétue de Loynes, baptisée à Saint-Paterne le 26 septembre 1729, eut pour parrain Simon de Goillons-Vinot et pour marraine Catherine Gorrant, veuve de Loynes ; elle décéda le 29 janvier 1789, paroisse Saint-Pierre-Ensentelée ;

2º Marie-Olympe-Victoire-Charité de Loynes, baptisée à Saint-Paterne le 11 juin 1731, eut pour marraine Marie-Magdeleine de Loynes, sa tante ; elle décéda le 15 août 1733, paroisse Saint-Paterne ;

3º Jean de Loynes, baptisé à Saint-Paterne le 18 juin 1732, eut pour parrain Louis Peigné, sieur de Villereau, et pour marraine Élisabeth Houzé,

HOUZÉ : voir p. 51.

tante maternelle. Il épousa Antoinette-Élisabeth *Chéron* et décéda paroisse Saint-Paterne le 23 janvier 1789.

Il eut de son mariage :

A. Pierre-François de Loynes, né à Lyon vers 1766, commis des contributions, puis greffier de la justice de paix de la Chapelle. Il décéda veuf à Orléans, le 29 novembre 1838, 3, rue de la Cerche, à 72 ans.

Il avait épousé, le 20 vendémiaire an X, à Orléans, Marie-Félicité *Fillelin-Archambault*, âgée de 35 ans, fille de Nicolas-Louis Fillelin-Archambault et de Marie-Françoise Laire.

De ce mariage :

a. Pierre-Nicolas de Loynes, décédé deux heures après sa naissance, rue de la Cerche, à Orléans, le 21 frimaire an X ;

b. Pierre-Louis-Constant de Loynes, décédé âgé de 11 mois, rue de la Cerche, à Orléans, le 15 vendémiaire an XIV (7 octobre 1805).

B. Adélaïde de Loynes, baptisée à Saint-Paterne le 27 décembre 1768, eut pour parrain François de Goillons, seigneur de Largère, officier de la maison du Roi, et pour marraine Claude Houzé. Elle décéda le 19 août 1770, paroisse Saint-Paterne.

C. Marie-Émilie de Loynes, baptisée à Saint-Paterne le 4 mai 1771, eut pour parrain Jean-Baptiste Roncelet de Nobleville et pour marraine Marie-Félicité-Perpétue de Loynes, oncle et tante ; elle décéda paroisse Saint-Paterne le 20 février 1774.

4° Claude-Victoire de Loynes, baptisée à Saint-Paterne le 17 juillet 1734, eut pour parrain Augustin de Loynes ; elle épousa à l'Alleu-Saint-Mesmin, le 13 mars 1770, Jean-Baptiste *Roncelet de Nobleville,* fils de Jean-Baptiste Becain Roncelet, bourgeois d'Armentières, et de Florence Hachin, en présence de Guillaume-Robert-Rozier de Loynes, chanoine de Saint-Aignan. Elle décéda paroisse Saint-Paul le 5 mars 1785.

CHÉRON : d'argent, à un chevron..... surmonté en chef d'une croisette..... entre deux soleils et accompagné en pointe d'une sirène nageant sur des ondes au naturel.

FILLELIN-ARCHAMBAULT' : d'azur, à trois fusées d'argent.

RONCELET :

BRANCHES DE CHAMPILLOU ET DES VALLONNIÈRES

IX. Jacques DE LOYNES, neuvième fils de Guillaume de Loynes et premier de son mariage avec Claude Trippe (voir page 48), sa seconde femme, fut baptisé à Saint-Maclou le 20 septembre 1611 et eut pour marraine Judith de Loynes. Bourgeois d'Orléans, il est qualifié noble homme, le 23 septembre 1675, au mariage de sa nièce avec Daniel Feuillette, seigneur de Fay, à Saint-Sulpice. Il décéda à l'âge de 81 ans et fut inhumé à Saint-Paul le 6 janvier 1691. Il avait épousé, le 21 février 1632, à Saint-Donatien, après contrat passé le 20 par Stuard et Genayre, notaires royaux, Marie BLANQUET, fille de Pierre Blanquet et de Pierrette Jousse. De ce mariage :

> 1º Jacques de Loynes, « l'aisné, » sieur de Velerceaux, baptisé à Saint-Donatien le 30 juillet 1634, eut pour parrain Guillaume de Loynes, son aïeul, et pour marraine Pierrette Jousse, femme de Thierry Blanquet. Il assistait, paroisse Saint-Éloy, le 23 février 1718, aux funérailles de Joseph de Loynes, sieur de Caubray. Il épousa à Saint-Maclou, le 28 avril 1659, Marie *Miron,* fille de Claude Miron et de Claude Gallard, en présence de Catherine Moireau, veuve de Guillaume de Loynes, de François et Jehan de Loynes, frère et oncle, de Guillaume et Estienne Sinson, ses beaux-frères.
>
> De ce mariage :
>
> A. Jacques de Loynes, baptisé à Saint-Hilaire le 12 avril 1661, eut pour parrain Jacques de Loynes. Il épousa à Saint-Victor, le 12 septembre 1689, en présence de Jacques de Loynes, son aïeul, et de Jacques de Loynes, son père, Catherine *Monsire,* fille de Jean Monsire et d'Élisabeth Thias. Ils vivaient en 1700, paroisse Saint-Donatien [1].
>
> De ce mariage :
>
> a. Jacques de Loynes, baptisé à Saint-Donatien le 3 septembre 1690, eut pour parrain Jacques de Loynes. Il épousa à Saint-

---

BLANQUET : de gueules, à l'aigle éployée d'or, armée de sable.
MIRON : de gueules, au miroir arrondi d'argent, cerclé et pommeté d'or.
MONSIRE :

Paul, le 17 avril 1719, Marie *de Loynes,* fille de Gentien de
Loynes et de Marie de Flacourt. Elle décéda à l'âge de 66 ans
et fut inhumée en l'église Saint-Victor, dans le chœur de la
chapelle de la sainte Vierge, le 28 février 1758.

De ce mariage :

A. Jacques-Gentien de Loynes, baptisé à Saint-Pierre-Ensentelée le 7 février 1720, eut pour parrain M. de Loynes,
   vicaire, et pour marraine Catherine Monsire ;

B. Augustin de Loynes, baptisé le 23 mars 1721 à Saint-
   Pierre-Ensentelée, eut pour parrain Jacques de Loynes et
   pour marraine Marie-Marguerite de Loynes, femme de
   Charles de la Gueule. Il épousa à Saint-Paul, le 9 sep-
   tembre 1749, après contrat passé le 4 devant Jullien, no-
   taire à Orléans, Marie-Catherine *Marchant,* fille de Louis
   Marchant et de Thérèse Bertrand, alors veuve du sʳ Blain
   des Poiriers. Augustin de Loynes décéda 2, rue des Cinq-
   Marches, à l'âge de 80 ans, le 6 prairial an IX ; sa femme
   était décédée le 21 juillet 1780 à l'âge de 74 ans, paroisse
   Saint-Paul, et fut inhumée le 23 juillet au grand-cimetière.
   Ils laissèrent une fille :

   Marie-Claude de Loynes, baptisée à Saint-Paul le 20 mai
      1751, eut pour parrain Jean-Baptiste-Georges de Loynes,
      chanoine de Saint-Aignan ; elle décéda paroisse Notre-
      Dame de Recouvrance le 16 octobre 1769.

Γ. Marie-Catherine de Loynes, baptisée à Saint-Pierre-Ensentelée le 15 février 1722, eut pour parrain Jean-Baptiste
   de Loynes et pour marraine Catherine de Loynes, femme
   de Robert Paris de Mondonville. Elle décéda paroisse
   Saint-Marceau le 28 février 1723.

Δ. Marie de Loynes, baptisée à Saint-Pierre-Ensentelée le
   4 décembre 1723, eut pour parrain François de Loynes et
   pour marraine Jeanne Berthelin, femme de Jacques de
   Loynes. Elle décéda 2, rue des Cinq-Marches, à Orléans,
   le 22 messidor an VIII, âgée de 77 ans.

DE LOYNES : voir p. 3.
MARCHANT OU MARCHAND : d'azur, à la fasce d'hermines accompagnée de trois lions
           d'or.

E. Anne-Catherine de Loynes, baptisée à Saint-Pierre-Ensentelée le 1er septembre 1725, eut pour parrain Jean-Bap-
tiste-Georges de Loynes, vicaire, et pour marraine Anne
Saulger, veuve de Joseph de Loynes;

Z. Jacques-Pierre de Loynes, baptisé à Saint-Pierre-Ensentelée le 27 février 1729, eut pour parrain Pierre Bongars,
écuyer, ancien chevau-léger de la garde du Roi, et pour
marraine Marie-Marguerite de la Gueule, épouse de Jean
de Favières, doyen des conseillers à la Cour des Monnaies
de Paris. Il mourut à Nantes, âgé de 61 ans, le 22 juillet 1790.

b. Jacques de Loynes, baptisé à Saint-Donatien le 27 avril 1693,
eut pour marraine Marie Miron, femme de Jacques de Loynes;
il épousa à Saint-Hilaire, le 30 juin 1721, Jeanne *Berthelin*,
fille de Gabriel Berthelin et de Madeleine Bonaveau. De ce
mariage :

A. Marie-Jeanne de Loynes, baptisée à Sainte-Catherine le
16 janvier 1723 ;

B. Marie-Madeleine de Loynes, baptisée à Sainte-Catherine
le 17 février 1724;

Γ. Jacques de Loynes, baptisé à Sainte-Catherine le 25 mars
1725 ;

Δ. Rose-Catherine de Loynes, baptisée à Sainte-Catherine le
20 mai 1726, décédée paroisse Saint-Paterne le 24 juin
suivant;

E. Augustin de Loynes, baptisé à Sainte-Catherine le 26
avril 1728 ;

Z. Marie-Anne de Loynes, baptisée à Sainte-Catherine le
26 septembre 1729.

c. Joseph de Loynes, baptisé à Saint-Donatien le 23 mars 1695,
eut pour marraine Catherine de Loynes;

d. Jean-Baptiste de Loynes, baptisé à Saint-Donatien le 20 juil-
let 1696, eut pour parrain Claude de Loynes et pour marraine
Élisabeth Goury. Il fut conseiller du Roi, juge-garde de la
Monnaie d'Orléans, et décéda âgé de 52 ans; il fut inhumé

BERTHELIN : d'azur, à un chevron d'or, accompagné de trois aigles de même, 2 en
chef, 1 en pointe.

le 29 avril 1748 en l'église Saint-Pierre-Ensentelée. Il y avait épousé, le 27 novembre 1725, Claude *Chenard*, fille de Louis Chenard, conseiller du Roi, premier juge-garde de la Monnaie d'Orléans, et de Claude Philippe. Elle décéda paroisse Saint-Paul le 12 novembre 1757, à l'âge de 60 ans, et fut inhumée le 13 en l'église Saint-Pierre-Ensentelée, en présence de Jean-Baptiste de Loynes, son fils, et de Jean-Baptiste Boyau, son gendre.

Leurs enfants furent :

A. Claude-Catherine de Loynes, baptisée à Saint-Pierre-Ensentelée le 25 septembre 1726, eut pour parrain Jacques de Loynes. Elle décéda paroisse Saint-Paterne le 6 mai 1727.

B. Claude-Rose de Loynes, baptisée à Saint-Pierre-Ensentelée le 3 septembre 1727, eut pour parrain Jacques de Loynes, de la paroisse Sainte-Catherine. Elle fut inhumée le 24 mai 1728 en l'église Saint-Pierre-Ensentelée.

Γ. Jean-Baptiste-Louis de Loynes, baptisé à Saint-Pierre-Ensentelée le 25 juillet 1729, fut conseiller du Roi, juge-garde de la Monnaie de la ville d'Orléans ; auteur des « *Ordonnances des monnoies de France* » (Bibl. d'Orléans. ms.) « Il fit l'offrande patriotique de ses boucles à la nation en les déposant à l'Hôtel de ville, en novembre 1789. » (Lottin père, *Recherches historiques sur la ville d'Orléans*, 2ᵉ partie, T. I, p. 66.) Il décéda 9, cloître Saint-Aignan, le 2 janvier 1806. Il avait épousé en premières noces Françoise *Chartier* (une donation mutuelle intervint entre eux en 1767), et en 2ᵉˢ noces, à Saint-Pierre-Ensentelée, le 2 juillet 1782, Geneviève *Chauvreux*, fille de Richard Chauvreux et de Françoise Paris. Geneviève Chauvreux était veuve de Jean-Joseph Morand.

CHENARD : d'argent, à un chêne de sinople, à six flammes de gueules mouvantes autour de la tête de l'arbre ; et le fût issant d'une autre flamme plus grande, mouvante de la pointe de l'écu ; au chef d'azur chargé de trois coquilles oreillées d'or.

CHARTIER : d'argent, au tronc d'arbre au naturel, alaisé, posé en fasce et surmonté de deux perdrix au naturel ; au rameau d'olivier à trois branches, en pointe.

CHAUVREUX : voir p. 44.

Δ. Michel-Guillaume de Loynes, baptisé à Saint-Pierre-Ensentelée le 17 août 1730, eut pour marraine Marie de Loynes, femme de Jacques de Loynes ;

E. Pierre-Guillaume de Loynes, baptisé à Saint-Pierre-Ensentelée le 8 novembre 1732 ;

Z. Claude-Marie-Anne de Loynes, née à Saint-Jean-de-Braye, épousa Jean-Baptiste *Boyau;* (séparée en 1776). Elle en était veuve lorsqu'elle décéda à Orléans le 1er germinal an XIII (22 mars 1805) 20, cloître Sainte-Croix.

H. Marie-Thérèse de Loynes, baptisée à Saint-Pierre-Ensentelée le 7 mars 1734 ;

Θ. Hélène-Catherine de Loynes, baptisée à Saint-Pierre-Ensentelée le 5 juin 1735, épousa, le 18 juillet 1757, à Saint-Pierre-Ensentelée, Pierre-Marc-Antoine *Fillelin-Archambault,* lieutenant du guet d'Orléans, fils de Pierre Fillelin-Archambault et d'Anne Humery, petit-fils de Pierre-Jean-Charles Fillelin-Archambault, docteur de l'Université d'Orléans, avocat au Parlement et siège présidial de la ville d'Orléans. Elle décéda à l'âge de 79 ans, 3, rue des Carmes, le 18 mars 1814.

e. Étienne de Loynes, baptisé à Saint-Donatien le 22 juin 1699, eut pour parrain Étienne de Loynes, de la paroisse Saint-Pierre-Ensentelée, son oncle.

B. Marie de Loynes, baptisée à Saint-Hilaire le 6 octobre 1662, eut pour marraine Marie Blanquet, femme de Jacques de Loynes, aïeule ;

C. Adrien de Loynes, baptisé à Saint-Hilaire le 1er octobre 1663, eut pour parrain noble homme Adrien Gallard, conseiller du Roi et son lieutenant civil et criminel en la prévôté d'Orléans, et pour marraine Françoise de Loynes, veuve d'Étienne Sinson, sa tante ;

D. Marie-Anne de Loynes, baptisée à Saint-Hilaire le 29 décembre 1664, eut pour parrain Étienne Le Brasseux ;

E. Bernard de Loynes, baptisé à Saint-Hilaire le 20 août 1666, fut inhumé le 30 mai 1669 dans la cour de l'église Saint-Donatien ;

BOYAU : d'or, à la fasce de gueules, au lion passant, tenant un losange ou carreau de gueules ;

ou : d'or, à deux levrettes de sable, accolées d'argent, adossées et posées en sautoir.

FILLELIN-ARCHAMBAULT : voir p. 53.

F. Jean-Baptiste de Loynes, baptisé à Saint-Hilaire le 12 juillet 1667, eut pour parrain Jacques Gaudefroy et pour marraine Magdeleine de Loynes ;

G. Claude de Loynes, baptisée à Saint-Donatien le 12 mai 1669, eut pour parrain Jacques de Loynes « le jeune » ;

H. Philippe de Loynes, baptisé à Saint-Donatien le 24 octobre 1670 ;

I. Guillaume de Loynes, baptisé à Saint-Donatien le 28 septembre 1671. Il était prêtre et vicaire de Saint-Donatien lorsqu'il décéda en ladite paroisse ; il fut inhumé en l'église Saint-Maclou le 19 avril 1698.

J. Catherine de Loynes, baptisée à Saint-Donatien le 6 avril 1673, eut pour marraine Catherine de Loynes, femme d'Estienne Le Brasseux. Elle décéda rue des Minimes et fut inhumée en l'église Saint-Paul le 15 décembre 1760.

K. Éloy de Loynes, baptisé à Saint-Donatien le 2 décembre 1675, eut pour parrain honble homme Éloy Haudry ;

L. Jean de Loynes, baptisé à Saint-Donatien le 12 décembre 1676, eut pour parrain Jean de Loynes, écuyer, conseiller du Roi, trésorier général de France au bureau des finances à Orléans, et pour marraine Marie de Guyenne, femme de Jacques de Loynes « le jeune » ;

M. Guillaume de Loynes, baptisé à Saint-Donatien le 16 avril 1678 ;

N. Marie-Marguerite de Loynes, baptisée à Saint-Donatien le 5 avril 1679, eut pour parrain noble homme Guillaume Sinson, licencié ès-lois. Elle fut inhumée le 18 janvier 1681 en l'église Saint-Donatien.

O. Estienne de Loynes, baptisé à Saint-Donatien le 2 février 1682, eut pour parrain Estienne Le Brasseux. Il était avocat en Parlement et au bailliage, prévôté et siège présidial d'Orléans le 9 mars 1706 et le 20 mai 1710, et fut nommé bailli juge civil et criminel de la paroisse de Saint-Paterne le 29 novembre 1709.

P. Joseph de Loynes, sieur de Caubray [1], baptisé le 28 mai 1683 à Saint-Donatien, eut pour parrain Jacques de Loynes, fils de Jacques de Loynes de Champillou. Il épousa à Saint-Sulpice, le 20 mai 1710, après contrat passé le 15 devant Nicolas Bruère, notaire à Orléans, Anne *Saulger,* fille de Jacques Saulger, procureur au châtelet d'Or-

---

SAULGER : d'azur, à un chevron d'or, accompagné en chef d'un soleil de même et d'une lune d'argent, et en pointe d'une autruche aussi d'argent.

léans, et d'Anne Aignan, en présence d'Étienne de Loynes, de Catherine de Loynes et de Catherine Monsire, veuve de Loynes, frère
et sœurs. Il décéda sans postérité paroisse Saint-Éloy le 23 février 1718. Anne Saulger se remaria, le 3 septembre 1726, à Saint-
Éloy, avec Pierre de Bongars, l'un des chevau-légers de la garde
du Roi, fils de Pierre de Bongars, écuyer, sieur d'Herblay, et de
Marguerite de la Lande.

Q. Marie de Loynes, baptisée à Saint-Donatien le 29 octobre 1684,
eut pour parrain Laurent Dismes. Elle décéda paroisse Notre-
Dame-du-Chemin le 10 août 1685.

2º Marie de Loynes, baptisée à Saint-Donatien le 13 juin 1636, eut pour
marraine Magdeleine Charron, femme de Guilles de Loynes ; elle épousa
à Saint-Benoît-du-Retour, le 18 janvier 1655, Guillaume *Sinson*, licencié ès-lois, fils de Guillaume Sinson et de Magdeleine de la Marre.
Guillaume Sinson mourut le 15 mai 1690. Marie de Loynes décéda
veuve, paroisse Saint-Maclou, et fut inhumée le 3 septembre 1708 dans
le tombeau de ses ancêtres, sous les galeries du grand-cimetière[1].

3º Claude de Loynes, baptisée le 28 juillet 1637 à Saint-Donatien, eut
pour parrain Jehan de Loynes. Elle fut marraine à Saint-Paterne le
30 mai 1652.

4º Françoise de Loynes, baptisée à Saint-Donatien le 12 mars 1640, eut
pour parrain et marraine Jehan de Loynes et Marie Jousse. Elle épousa
en 1res noces, à Saint-Donatien, le 15 janvier 1657, Étienne *Sinson*[2], son
beau-frère ; et en 2es noces, à Saint-Donatien, le 26 novembre 1663,
Jehan *Turtin*, sieur de la Neuille, avocat du Roi, fils de Jehan Turtin,
avocat en Parlement. Elle décéda paroisse Saint-Éloy et fut inhumée
le 20 mars 1710 en ladite église, sa paroisse.

5º Catherine de Loynes, baptisée à Saint-Donatien le 17 décembre 1641,
eut pour marraine Catherine Moireau, femme de Guilles de Loynes.
Elle épousa Estienne *Le Brasseux*. Veuve en 1673, elle décéda paroisse
Saint-Sulpice le 16 décembre 1712 et fut inhumée le 18 en l'église
Saint-Pierre-Ensentelée.

6º Magdeleine de Loynes, baptisée à Saint-Donatien le 20 mars 1643, eut

---

SINSON : voir p. 41.
TURTIN : d'azur, à une tour d'argent sommée d'une pyramide d'or, le tout maçonné
de sable et accosté de deux bars adossés d'or, un de chaque côté.
LE BRASSEUX : d'argent, à une fasce d'azur chargée d'une perle d'or.

pour marraine Marie Rousseau, femme de Jehan de Loynes. Elle fut
inhumée en l'église Notre-Dame de la Conception le 7 janvier 1710.
(Bibl. nat. Cabinet des titres, *Loynes.*)

7º Élisabeth de Loynes, baptisée à Saint-Donatien le 20 mai 1644 ;

8º Hierôme de Loynes, baptisé à Saint-Donatien le 8 septembre 1645 ;

9º Jacques, qui suit ;

10º Anne de Loynes, baptisée à Saint-Donatien le 21 mars 1649, épousa à
Saint-Donatien, le 18 janvier 1666, Jacques *Gaudefroy,* fils de Jacques
Gaudefroy et de Catherine des Frisches, en présence de Jacques de
Loynes, son père, de Jacques de Loynes « l'aisné » et de Jacques de
Loynes « le jeune », ses frères. Elle fut inhumée le 29 mars 1698 en
l'église Saint-Donatien.

X. Jacques DE LOYNES de Champillou, neuvième enfant du précédent,
fut baptisé à Saint-Donatien d'Orléans le 1er mars 1647. Il décéda paroisse Saint-Paul et fut inhumé en cette église, chapelle Saint-Jean, le
17 octobre 1700. Il avait épousé à Saint-Sulpice, le 11 juillet 1667, Marie
DE GUYENNE, fille de François de Guyenne, maître de la garde de Goumas (forêt d'Orléans), et de Marie Gaudefroy ; elle décéda rue des Hennequins, paroisse de l'Alleu-Saint-Mesmin, le 19 avril 1723, et fut inhumée à l'église Saint-Paul le 28 avril suivant en présence de Jacques
de Loynes de Champillou, son fils, et de Florent de Loynes de Champillou, son petit-fils.

Leurs enfants furent :

1º Jacques, qui suit ;

2º Florent de Loynes, baptisé à Saint-Hilaire le 16 mai 1669, eut pour
parrain Jacques de Loynes « l'aisné » et pour marraine Marie Le Berche,
femme de Claude Paris ;

3º François de Loynes, baptisé à Saint-Hilaire le 10 septembre 1670, eut
pour parrain Jacques de Loynes ;

4º Joseph de Loynes, comte des Vallonnières, baptisé à Saint-Hilaire le
17 février 1672, eut pour parrain Guillaume Sinson. Il alla à Saint-
Pierre (Martinique) comme officier de cavalerie et y épousa Marie-

GAUDEFROY : d'azur, au chevron d'or, accompagné de trois étoiles d'argent.
DE GUYENNE : voir p. 44.

Catherine *Gervais de Salvert,* fille de Gervais de Salvert, greffier en chef du conseil souverain de la Martinique. (Les *Annales* de ce conseil, T. I, p. 237, citent un arrêt du 2 janvier 1699 cassant le mariage de Joseph de Loynes des Vallonnières avec Jeanne *Cellier,* veuve Cadillon, fille de François Cellier.)

— De ce mariage :

A. Joseph de Loynes des Vallonnières, capitaine de milice au Fort-Royal (Martinique), né à Saint-Pierre (ibid.), épousa au Fort-Royal, le 13 octobre 1733, Marie-Anne-Rose *Le Pelletier de Grandair,* née au Fort-Royal le 18 juillet 1711, fille de Pierre Le Pelletier de Grandair, commandant des milices, chevalier de Saint-Louis, et de Françoise-Angélique de Collart ; elle décéda au Fort-Royal le 13 février 1747.

De ce mariage :

    a. N... de Loynes, décédé au Vauclin (Martinique) le 8 janvier 1766, âgé d'environ 24 ans ;

    b. François-de-Paule-Augustin de Loynes des Vallonnières, né au Fort-Royal le 6 avril 1746, officier de dragons en 1770, fut nommé chevalier de Saint-Louis le 22 août 1819. Il avait épousé à la Rivière-Pilote, en 1767, Charlotte-Désirée *Faure de Lussac,* fille d'un conseiller au conseil souverain de la Martinique.

    De ce mariage :

        A. François-de-Paule-Augustin-Élie de Loynes des Vallonnières, né le 10 novembre 1769, baptisé au Vauclin le 3 juillet 1770 ;

        B. Félicité-Joséphine de Loynes, née le 21 octobre et baptisée le 19 décembre 1770 ;

        Γ. Jules de Loynes des Vallonnières épousa la fille aînée de M. *de Fontrose de Chanseaulme* et se retira dans une propriété de son beau-père à Bergerac (?).

GERVAIS DE SALVERT : d'azur, à trois besants d'argent, l'écu bordé de demi-besants de même.

CELLIER :

LE PELLETIER DE GRANDAIR : vairé d'argent et de sinople.

FAURE DE LUSSAC : d'azur, à un soleil d'or en chef, un canon sans affût couché en fasce d'argent, surmonté de deux croissants aussi d'argent et soutenu de quatre boulets de même, aussi rangés en fasce.

DE FONTROSE DE CHANSEAULME :

      c. Catherine-Élisabeth de Loynes des Vallonnières épousa à Saint-Pierre (Martinique), en 1766, Claude-François *d'Alesso*, marquis *d'Esragny,* veuf de Luce-Angélique Cornette, fils d'Alexandre-François d'Alesso et de Marie-Catherine Pocquet de Puylery ;

      d. Françoise-Adélaïde de Loynes des Vallonnières épousa au Vauclin, le 19 mai 1767, le chevalier Joseph-Jean-Michel *Falcon du Clos,* capitaine de bombardiers au régiment de Thou, commandant l'artillerie de la Martinique, né à Colmar.

    B. Catherine-Élisabeth de Loynes des Vallonnières, née vers 1690, décédée au Vauclin le 24 décembre 1765. Elle était veuve de François *Bouchay*.

    C. N... de Loynes des Vallonnières, qui paraît au mariage de son frère Joseph, le 13 octobre 1733, où il signa : « de Luynes, le jeune ».

5° Florent de Loynes, baptisé en l'église Saint-Hilaire d'Orléans le 1er septembre 1673, eut pour marraine Magdeleine de Loynes, fille, de la paroisse Saint-Sulpice. Il fut inhumé en l'église Saint-Hilaire le 23 mai 1676.

6° Antoine de Loynes, baptisé à Saint-Hilaire le 11 février 1676, eut pour parrain noble homme Antoine Bailly, conseiller du Roi et élu en l'élection d'Orléans, et pour marraine Françoise de Loynes, femme de noble homme Jehan Turtin, avocat en Parlement ;

7° Marie de Loynes, baptisée à Saint-Hilaire le 5 février 1678, eut pour parrain Claude Paris et pour marraine Marie de Loynes, femme de Guillaume Sinson ;

8° Augustin, auteur de la branche de la Bouffetière, dont l'article viendra page 71 ;

9° Thérèse de Loynes de Champillou, baptisée le 28 septembre 1683 en l'église Saint-Hilaire, eut pour parrain Jacques de Loynes et pour marraine Thérèse Sinson. Elle épousa, le 13 août 1725, en l'église Saint-Liphard d'Orléans, Barthélemy *Bailly*, lieutenant criminel en l'élection d'Orléans, fils de Me Antoine Bailly, ancien officier en l'élection d'Or-

---

D'ALESSO : d'azur, à un sautoir d'or accompagné de quatre limaçons de même (*alias* d'argent).

FALCON DU CLOS : d'or, à un faucon au naturel chaperonné de gueules longé de même et grilleté d'argent.

BOUCHAY :

BAILLY : voir p. 49.

léans, et d'Anne de Guyenne, en présence de Pierre, Florent, Jacques-Barthélemy et Pierre de Loynes, ses neveux.

10° Fleurant de Loynes, baptisé en l'église Saint-Hilaire d'Orléans le 3 décembre 1685.

XI. Jacques DE LOYNES de Champillou, fils aîné du précédent, baptisé en l'église Saint-Hilaire d'Orléans le 22 avril 1668, eut pour parrain Florent de Guyenne et pour marraine Perrette Jousse. Échevin d'Orléans de 1713 à 1715 [1], il était administrateur de l'hôpital général lorsqu'il décéda le 17 décembre 1762 ; il fut inhumé le 19 en l'église Saint-Paul. Il avait épousé à Saint-Germain, le 7 juillet 1691, Marie-Magdeleine Jogues, fille de Pierre Jogues et de Marie Ganeau, en présence de Jacques de Loynes de Champillou et de Marie de Guyenne, ses père et mère, de Jacques de Loynes-Miron, de Magdeleine de Loynes, ses oncle et tante, etc... (Il est désigné dans plusieurs actes (1694) : « Jacques de Loynes le jeune »).

Ses enfants furent :

1° Jacques de Loynes, baptisé en l'église Saint-Paul le 6 mai 1692, eut pour parrain Jacques de Loynes de Champillou « l'aîné » ;

2° Jacques de Loynes, baptisé en l'église Saint-Paul le 19 avril 1693, eut pour marraine Marie de Guyenne, femme de Jacques de Loynes « l'aîné »; il fut inhumé le 17 octobre 1700 à Saint-Paul, chapelle Saint-Jean ;

3° Marie-Magdeleine de Loynes de Champillou fut baptisée à Saint-Paul le 24 avril 1694 ; elle décéda le 27 et fut inhumée en la même église dans la chapelle Saint-Jean, sous les galeries ;

4° Marie de Loynes de Champillou, baptisée à Saint-Paul le 7 janvier 1696, eut pour marraine Marie de Loynes, femme de Guillaume Sinson; elle décéda rue de la Vieille-Poterie et fut inhumée le 21 août 1713 en l'église Saint-Paul, aile Saint-Michel ;

5° Pierre de Loynes de Champillou, baptisé à Saint-Paul le 28 janvier 1697, eut pour parrain Antoine de Loynes ;

JOGUES : d'or, au chevron de sable chargé de trois étoiles d'or, et accompagné en chef de deux têtes et cols arrachés de cerfs, affrontées, au naturel, et en pointe d'un rocher d'argent, posé à senestre, d'où jaillit une fontaine formant une onde au naturel, sur laquelle nage une cane contournée d'argent.

9

6° Augustin de Loynes de Champillou, baptisé à Saint-Paul le 8 mars 1698,
eut pour parrain Augustin de Loynes ;

7° Florent de Loynes de Champillou, baptisé à Saint-Paul le 7 septembre
1699, eut pour marraine Thérèse de Loynes de Champillou ; il fut conseiller du Roi et son procureur en la garde de Courcy (forêt d'Orléans).
Il épousa Marguerite-Suzanne *Paris*, qui était veuve lorsqu'elle décéda
à l'âge de 59 ans, paroisse Saint-Euverte, le 8 janvier 1761 ; elle fut inhumée au grand-cimetière.

8° Jacques de Loynes de Champillou, baptisé à Saint-Paul le 31 décembre 1700 ;

9° Antoine de Loynes de Champillou, baptisé à Saint-Paul le 21 février
1702, eut pour parrain Antoine Jogues et pour marraine Marie Miron,
femme de Jacques de Loynes ; il fut inhumé en l'église Saint-Paterne
le 1er février 1703 ;

10° Jacques de Loynes, baptisé à Saint-Paul le 6 août 1703 ;

11° Jacques-Barthélemy, qui suit ;

12° Marie-Magdeleine de Loynes, baptisée à Saint-Paul le 18 février 1708 ;

13° Pierre de Loynes de Champillou, baptisé en l'église Saint-Paul le
16 avril 1709, assistait aux funérailles de son père à Saint-Paul le 19
décembre 1762. Il fut administrateur de l'Hôtel-Dieu de Beaugency, où
il décéda le 18 mai 1775 (?).

14° Marie-Magdeleine de Loynes, baptisée à Saint-Paul le 17 septembre
1710, eut pour parrain Charles de Guyenne et pour marraine Marie de
Loynes.

XII. Jacques-Barthélemy DE LOYNES de Champillou, baptisé à Saint-
Paul le 27 décembre 1705, eut pour parrain Barthélemy Bailly, conseiller
du Roi, lieutenant criminel en l'élection d'Orléans, et pour marraine
Marie-Magdeleine Colas, épouse de Pierre Jogues, bourgeois d'Orléans.
Il épousa, le 30 juin 1732, à Saint-Pierre-Empont, Marie-Magdeleine
JACQUE, fille de François Jacque et de Marie-Magdeleine Fleureau, en
présence de Pierre et Florent de Loynes de Champillou, de Barthélemy
Bailly, ancien lieutenant criminel en l'élection d'Orléans, son oncle, de
Thérèse de Loynes, épouse du sieur Bailly, sa tante, et de Guillaume

---

PARIS : voir p. 11.
JACQUE : d'azur, au chevron d'or, accompagné de trois coquilles de même.

Miron, beau-frère de l'épouse. Marguiller de la paroisse Saint-Paul en 1756, il y décéda le 5 mars 1769 et fut inhumé le 7 dans ladite église.

Ses enfants furent :

1º Marie-Magdeleine de Loynes de Champillou, baptisée à Saint-Paul le 11 juin 1733, eut pour parrain Jacques de Loynes de Champillou;

2º Marie-Magdeleine-Françoise de Loynes de Champillou, baptisée à Saint-Paul le 16 mai 1734, eut pour parrain Pierre de Loynes de Champillou ; elle décéda à Orléans, 16, rue de la Clouterie, le 7 mai 1817, sur la déclaration de Jacques-Barthélemy de Loynes de Champillou, âgé de 63 ans, et de Jean Rojon, ancien officier, âgé de 34 ans, demeurant tous deux 10, rue de l'Évêché, l'un frère, l'autre neveu de la défunte ;

3º Jacques de Loynes de Champillou, décédé à l'âge de 12 ans et demi et inhumé dans l'église Saint-Paul, le 2 décembre 1747, en présence de Magdeleine de Loynes, sa sœur ;

4º Thérèse de Loynes de Champillou, baptisée à Saint-Paul le 4 septembre 1736, eut pour marraine Thérèse de Loynes, épouse de Mᵉ Barthélemy Bailly ; elle décéda à Orléans, 16, rue de la Clouterie, le 30 octobre 1809 ;

5º Jérôme-Barthélemy de Loynes de Champillou, baptisé à Saint-Paul le 3 novembre 1737 ; il décéda paroisse Notre-Dame de Recouvrance le 2 novembre 1739;

6º Catherine-Monique de Loynes de Champillou, baptisée le 18 octobre 1738 à Saint-Paul, eut pour parrain Barthélemy Bailly, conseiller du Roi et son lieutenant criminel en l'élection d'Orléans; elle décéda paroisse Notre-Dame de Recouvrance le 2 décembre 1739;

7º Jacques-Barthélemy-Guillaume de Loynes de Champillou, baptisé à Saint-Paul le 25 novembre 1739, eut pour parrain Guillaume Miron et pour marraine Marie-Anne de la Mainferme, femme de Louis Bailly du Bignon. Il assistait aux funérailles de son père le 7 mars 1769. Négociant à Paris, il y décéda le 8 ventôse an VIII (27 février 1800). Il avait épousé Marie-Victoire *Degrez*, qui demeurait à Paris, 93, Faubourg Saint-Denis, en 1816. De ce mariage :

A. Victoire-Rosalie de Loynes de Champillou, née à Bouray (Seine-et-Oise) le 15 septembre 1785. Elle était domiciliée à Orléans, 10, rue de l'Évêché, lorsqu'elle y épousa, le 12 septembre 1816 (en

DEGREZ :

présence de Jacques-Barthélemy de Loynes de Champillou, propriétaire, âgé de 64 ans, demeurant 10, rue de l'Évêché, son oncle
paternel, et de Nicolas Raguenet, propriétaire, âgé de 47 ans, demeurant 36, rue du Bourdon-Blanc), son cousin Jean *Rojon,* ex-
lieutenant d'artillerie à cheval, chevalier de l'ordre royal de la
Légion d'honneur, âgé de 33 ans, né à Mayenne (Mayenne) et domicilié à Montargis (Loiret), fils de Jean Rojon, pharmacien, et de
Marie-Claire Roche.

   B. Pierre-Barthélemy-Léon de Loynes de Champillou, né en 1798,
   était commis négociant à Paris à l'âge de 21 ans ; il figura comme
   témoin au décès de Jacques-Barthélemy de Loynes de Champillou,
   son oncle, le 13 janvier 1819.

8° Monique-Agathe de Loynes de Champillou, baptisée à Saint-Paul le
25 février 1741, décédée à Orléans en la même paroisse le 26 mai 1779
et inhumée en présence de Pierre-Noël de Loynes de Champillou, prêtre
chanoine de l'église royale de Saint-Aignan, et de Barthélemy de Loynes
de Champillou, ses frères ;

9° Daniel de Loynes de Grandvilliers, baptisé à Saint-Paul le 5 juin 1742,
eut pour parrain Daniel Jousse, conseiller au bailliage et siège présidial d'Orléans, et pour marraine Thérèse Sinson de Grandvilliers ; il
habitait en 1790 et 1791 à l'Arcahaye (Saint-Domingue) et était député
suppléant de cette paroisse à l'assemblée coloniale de l'île ;

10° Louis-Augustin de Loynes de Champillou, baptisé à Saint-Paul le
14 janvier 1744, eut pour parrain Louis Bailly du Bignon et pour marraine Jeanne Bellegarde, épouse de Mre François Jacque de Mainville ;
il assistait aux funérailles de son père le 7 mars 1769, à Saint-Paul ;

11° Charles-Sylvestre de Loynes de Champillou, baptisé à Saint-Paul le
11 février 1745, eut pour parrain Charles-Pierre Petau ;

12° Pierre-Noël de Loynes de Champillou, baptisé à Saint-Paul le 24 décembre 1746, eut pour parrain Pierre Fleureau, maître de la garde de
Goumas (forêt d'Orléans) ; il était prêtre chanoine de l'église royale de
Saint-Aignan en 1778 et 1779 et décéda le 8 février 1808 à Orléans, 3,
rue des Carmélites ;

13° Michel-Jacques de Loynes de Champillou, baptisé à Saint-Paul le
11 février 1748, décéda paroisse Saint-Paterne le 24 juin suivant ;

14° Jacques-Barthélemy de Loynes de Champillou, baptisé à Saint-Paul

ROJON :

le 13 janvier 1752. Il habitait à l'Arcahaye (Saint-Domingue) en 1790 et 1791. Il décéda à Orléans, 3, rue de l'Évêché, le 13 janvier 1819, sur la déclaration de Pierre-Barthélemy-Léon de Loynes, négociant, âgé de 21 ans, et de Jean Rojon, lieutenant d'artillerie en retraite, chevalier de la Légion d'honneur, âgé de 36 ans, tous deux ses neveux.

15º Louis-François-de-Sales de Loynes de Champillou, baptisé à Saint-Paul le 14 février 1753, inhumé le 5 juin suivant dans l'église de Notre-Dame de Recouvrance;

16º Françoise-Henriette de Loynes de Champillou, baptisée à Saint-Paul le 16 septembre 1756, eut pour parrain Charles-Robert Petau, avocat en Parlement, et pour marraine Marie-Magdeleine-Françoise de Loynes de Champillou. Elle décéda paroisse Saint-Maclou le 30 mai 1787.

BRANCHE DE LA BOUFFETIÈRE

XI. Augustin DE LOYNES, huitième enfant de Jacques de Loynes de Champillou et de Marie de Guyenne (voir page 64), baptisé à Saint-Hilaire d'Orléans le 16 juin 1681, alla se fixer à Nantes, où il se livra au commerce. Écuyer, seigneur de la Bouffetière en Ligné, il fut nommé consul de 1727 à 1729, et juge-consul de 1747 à 1748 ; on le trouve aussi conseiller secrétaire du Roi audiencier près la chancellerie de Bretagne en 1739 et 1751. Il décéda en son domicile à Nantes, sur le Port-au-Vin, le 9 février 1765, et fut inhumé le 11 en l'église Saint-Nicolas, sous le chapitreau, en présence de noble homme Jacques-Pierre de Loynes, son cousin, et de noble homme Michel Guillet de la Brosse, son cousin. Il avait épousé vers 1711, probablement à Vitré, où elle habitait, Renée-Marie GUILLET DE LA BROSSE, fille de noble homme René Guillet de la Brosse, conseiller du Roi, receveur des consignations de ladite ville.

De ce mariage :

1º Marie-Thérèse de Loynes, née le 16 novembre 1712, baptisée le lendemain à Saint-Nicolas de Nantes ; elle eut pour parrain noble homme René Guillet de la Brosse, conseiller du Roi, receveur des consignations à Vitré, son aïeul, et pour marraine Thérèse de Loynes de Champillou, sa tante, non mariée. Elle épousa en 1729 Joseph-Martin *de Goyon,* seigneur de l'Abbaye, en Chantenay, près Nantes, général des finances de Bretagne en 1739, fils d'Arnaud de Goyon (ou du Gouyon), seigneur de la Mellinière et de l'Abbaye, et d'Émilie-Bernardine Geffrard.

2º Augustin, qui suit ;

3º Renée de Loynes, née et baptisée paroisse Saint-Nicolas de Nantes le 29 août 1715, épousa en 1736 Arnaud-François *de Goyon,* frère cadet du précédent, chevalier, seigneur des Hurlières, du Bois-Cornillé èt de

---

GUILLET DE LA BROSSE : d'azur, au sautoir d'argent, accompagné d'une fleur de lys d'or (*aliàs* d'un croissant d'argent) en chef, de deux étoiles d'or en flanc, et d'un tiercelet aussi d'or en pointe.
DE GOYON : de gueules, au lion d'or.

la Motte-Roussel, etc., près Vitré, avocat général à la Chambre des
Comptes de Bretagne ;

4° Marie-Madeleine de Loynes, née le 15 août 1716, baptisée le lendemain à Saint-Nicolas.

XII. Augustin DE LOYNES, écuyer, seigneur de la Bouffetière, né le
18 janvier 1714, baptisé le 20 du même mois à Saint-Nicolas de Nantes.
Associé d'abord à son père, il lui succéda à la tête de sa maison. Consul
de 1745 à 1747, juge de 1758 à 1759, il mourut à Nantes le 2 juillet 1779.

Il avait épousé Françoise-Geneviève-Catherine MERGER, qui décéda à
l'âge de 52 ans le 3 avril 1780.

De ce mariage :

1° Augustin-Louis, qui suit ;

2° Charles-Joseph de Loynes des Varreux, baptisé le 8 janvier 1745 à
Saint-Nicolas de Nantes, eut pour parrain Mre Joseph-Martin de Goyon,
seigneur de l'Abbaye, et pour marraine Charlotte Merger, oncle et cousine. Il épousa, le 16 février 1773, en l'église paroissiale de Saint-Denis
de Nantes, Jeanne-Perrine-Marthe *Hamart,* née le 4 mars 1757, fille de
noble homme Jean Hamart, directeur général des postes à Nantes, et
de Jeanne-Rose Duchemin-Favardière [1].

Officier dans l'armée vendéenne, sous les ordres de d'Ésigny, il fut
fait prisonnier au siège de Nantes, condamné à mort par une commission révolutionnaire siégeant en cette ville, le 28 frimaire an II (18 décembre 1793) [2], et fusillé en janvier 1794 [3].

Jeanne-Perrine-Marthe Hamart vivait encore à cette époque.

Ils laissèrent une fille unique :

Jeanne-Rose-Augustine de Loynes des Varreux, née en 1773, épouse
de Benjamin-René-Joseph-Marie *du Boüays,* comte *de Couësbouc,*
né le 20 octobre 1771, paroisse de Saint-Étienne d'Izé, près
Rennes, fils d'Alexis-Louis-Gordien du Boüays de Couësbouc,
chevalier, seigneur de Couësbouc, Saint-Gondran et autres lieux,

---

MERGER :
HAMART : d'argent, à un sanglier de sable passant en fasce accompagné de six mer-
lettes de même posées trois en chef et trois en pointe.
DU BOÜAYS DE COUËSBOUC : de sable, à la fasce d'argent, bordée de gueules.

et de Renée-Thérèse de Goyon des Hurlières ; décédé au château de Couësbouc, à Saint-Gondran (Ille-et-Vilaine), le 5 décembre 1847. Jeanne-Rose-Augustine de Loynes des Varreux décéda au même lieu le 10 octobre 1848.

3º Louise-Catherine de Loynes, baptisée le 11 octobre 1746 à Saint-Nicolas de Nantes. Elle épousa Jean-Baptiste *Rousseau*, chevalier, seigneur des Fontenelles.

4º Jean-Baptiste-Antoine de Loynes de la Bouffetière, né le 26 août 1749, baptisé le lendemain à Saint-Nicolas, eut pour parrain, par permission spéciale, son frère Augustin, âgé de six ans, et pour marraine Gertrude Rousseau des Fontenelles. Il fut consul de 1780 à 1782. Il épousa, le 21 janvier 1772, à Nantes, dans la chapelle de Saint-Julien-de-la-Bourse, Marie-Joséphine-Louise *Chaurand*, âgée de 18 ans, fille d'Honoré Chaurand, écuyer, seigneur du Chaffault, conseiller secrétaire du Roi, maison et couronne de France, négociant et consul, et de Marie Portier de Lantino ; il eut pour témoins Mre Jean-Baptiste Rousseau des Fontenelles, son beau-frère, et Mre Charles-Joseph de Loynes des Varreux, son frère.

De ce mariage :

Marie-Augustine de Loynes, née le 26 avril 1773, baptisée le lendemain à Sainte-Croix de Nantes.

5º Catherine-Augustine de Loynes, baptisée le 14 décembre 1750 ;

6º Julie-Angélique de Loynes, née le 26 juin 1752, baptisée le lendemain à Saint-Nicolas ; elle eut pour parrain haut et puissant seigneur Messire Jean-Georges-Jules de Talleyrand-Périgord, vicomte de Talleyrand-Périgord, brigadier des armées du Roi, mestre-de-camp d'un régiment de cavalerie de son nom, oncle de l'enfant (par sa mère), et pour marraine Angélique de Goyon des Hurlières, cousine germaine [1] ;

7º Marie-Françoise de Loynes, baptisée à Saint-Nicolas de Nantes le 30 septembre 1754, eut pour parrain et marraine deux pauvres trouvés à la porte de l'église ; elle décéda le 21 juin 1756 ;

8º Michel-René de Loynes, né le 20 janvier 1756, baptisé le lendemain à Sainte-Croix ; il fut inhumé à Saint-Nicolas le 15 septembre 1786 ;

9º Julie-Françoise de Loynes, née le 26 juin 1757, baptisée le lendemain

---

ROUSSEAU : fascé de six pièces d'or et de sinople, au lion brochant d'azur, couronné et lampassé de gueules.
CHAURAND : d'azur, au lion d'or, posé sur une terrasse de sinople, accompagné à dextre d'un chat d'or.

à Sainte-Croix de Nantes. Elle épousa en cette même église, le 28 septembre 1773, « vu la dispense de consanguinité du quatrième degré entre les parties, Messire Antoine-François-Jacques *Lhuillier,* écuyer, seigneur de Touchaillou, de Ligny, des Fiefs, du Grand-Marolles et autres lieux, de la paroisse Saint-Paul d'Orléans, fils majeur de feu Mre Antoine-François Lhuillier, écuyer, conseiller du Roi, lieutenant particulier au bailliage et sénéchaussée de la ville d'Orléans, et d'Henriette Simsien de Gouvillier ». Julie-Françoise de Loynes décéda paroisse Saint-Pierre-Ensentelée, à Orléans, et fut inhumée au grand-cimetière de cette ville le 16 novembre 1777 en présence d'Augustin-Guillaume Jogues de Guédreville, écuyer, conseiller secrétaire du Roi, son cousin.

XIII. Augustin-Louis DE LOYNES, chevalier, seigneur de la Bouffetière, la Pommeraye, la Rairie, etc., fut baptisé à Saint-Nicolas de Nantes le 15 août 1743 ; il eut pour parrain son aïeul Augustin de Loynes, écuyer, et pour marraine Catherine Merger. Capitaine au régiment du Roi-Dragons, il donna sa démission après son mariage.

Par décret du 7 prairial an XI (27 mai 1803), il fut nommé maire de la ville de Nantes et installé avec ses adjoints le 26 prairial (15 juin) dans ces fonctions qu'il occupa jusqu'au 17 avril 1805. L'Empereur Napoléon Ier le créa chevalier de l'Empire et membre de la Légion d'honneur[1]. Il décéda à Nantes le 8 avril 1808.

Il avait épousé Marie DROUET DES ISLES (ou DES ISLETZ), qui décéda avant lui.

De ce mariage :

1º Augustin-Louis de Loynes de la Bouffetière, né le 28 mai 1774 et baptisé le même jour en l'église Sainte-Croix de Nantes, eut pour parrain Messire Augustin de Loynes, son aïeul, et pour marraine Louise-Catherine de Loynes, épouse de Mre Jean-Baptiste Rousseau des Fontenelles, sa tante ; il fut officier et décéda aux Invalides, à Paris, en 1835 ;

LHUILLIER : de gueules, à la fasce d'or accompagnée en chef de trois croissants en fasce renversés d'argent.
DROUET DES ISLES : de sinople, au lion d'argent, au chef d'or chargé d'une fleur de lys d'azur, accostée de deux étoiles de même.

2º Catherine-Marie-Constance de Loynes, née à Pont-Saint-Martin, près Nantes, le 19 septembre 1775, décédée à la Bouffetière, cᵐᵉ de Ligné, le 29 octobre 1860 ;

3º Modeste-Jeanne de Loynes, baptisée à Sainte-Croix de Nantes le 20 octobre 1776, eut pour parrain Jean-Baptiste Merger, chevalier de l'ordre royal et militaire de Saint-Louis, son oncle, et pour marraine Françoise-Geneviève-Catherine Merger, son aïeule ;

4º Eugénie de Loynes, décédée en 1781 ;

5º Marie-Michelle de Loynes, née à Nantes le 31 mai 1782, baptisée à Sainte-Croix le même jour, eut pour parrain Michel-René de Loynes, son oncle, et pour marraine Catherine-Marie-Constance de Loynes, sa sœur ; elle décéda à la Bouffetière, cᵐᵉ de Ligné, le 20 décembre 1824 ;

6º Angélique-Augustine de Loynes, née à Nantes le 22 novembre 1783, baptisée le lendemain à Sainte-Croix ;

7º Charles-Désiré de Loynes, baptisé le 13 janvier 1785 à Sainte-Croix, eut pour parrain Mʳᵉ Charles Merger, capitaine de dragons au régiment de Durfort, cousin germain de son père, et pour marraine Modeste-Jeanne de Loynes, sa sœur ;

8º Henri-Maximilien de Loynes, né à Nantes le 7 février 1786, baptisé le lendemain à Sainte-Croix.

BRANCHE D'AUTROCHE

IX. Jehan DE LOYNES, deuxième fils de Guillaume de Loynes et de Claude Trippe (voir p. 48), fut baptisé le 3 octobre 1612, à Orléans, en l'église Saint-Maclou ; il eut pour marraine Claudine Daniel, veuve de Guilles de Loynes. Décédé en mars 1664, il fut inhumé à Saint-Pierre-Empont « sous les bancs du chœur, du costé de la chaire ».

Il avait épousé 1°, à Saint-Pierre-Ensentelée, le 30 janvier 1634, Estiennette LE BRASSEUX, fille d'hon^ble homme Pierre Le Brasseux, bourgeois d'Orléans, et d'Estiennette Boullard. Leur contrat avait été passé la veille devant Daniel et Desfournieulx, notaires à Orléans, en présence de Guillaume de Loynes, père, et de dame Magdeleine Charron, sa troisième femme ; de François de Loynes, frère, et d'Anne Humery, sa femme ; de Guillaume de Loynes le « jeune », frère, et de Thérèse Chauvreux, sa femme, de Magdeleine de Loynes, femme d'hon^ble homme François Loys, sœur, de Jacques de Loynes, frère, et de Marie Blanquet, sa femme, de Denis Provenchère, bourgeois d'Orléans, oncle, à cause de défunte Judith de Loynes, sa femme ; 2°, par contrat passé devant Basly et Buisson, notaires à Orléans, le 20 juillet 1636, « après midi, en l'hôtel de noble et circonspecte personne Messire Guillaume Chartier, docteur régent de l'Université d'Orléans, grand-père de la future, » Marie ROUSSEAU, fille de défunt noble homme Nicolas Rousseau, avocat en Parlement, et de Marguerite Chartier. Elle était veuve lorsqu'elle abandonna en 1666 à Jehan de Loynes, son fils, des terres et vignes sises à Aunay, près Meung-sur-Loire. Elle décéda le 21 avril 1690 paroisse Saint-Pierre-Empont et fut inhumée le 22 dans cette église proche son mari, en présence de Jehan de Loynes, écuyer, conseiller du Roi, président trésorier de France au bureau des finances de la généralité d'Orléans, son fils, et de Daniel Feuillette de Fay, écuyer, sieur de Cornay, son gendre.

LE BRASSEUX : voir p. 61.
ROUSSEAU : de gueules, à une fasce d'or accompagnée de trois besans de même.

De ce second mariage seulement, Jean de Loynes laissa :

1º Jehan qui suit ;

2º Magdeleine de Loynes, qui épousa à Saint-Donatien, le 8 janvier 1657, noble homme Michel *Paris,* sieur de Bellesbat, avocat en Parlement, conseiller du Roi et son procureur en la prévôté d'Orléans, fils de noble homme Claude Paris, en présence de Jehan de Loynes, son père, et de François et Jacques de Loynes, ses frères. Elle décéda paroisse Saint-Aignan et fut inhumée le 4 novembre 1659 à Saint-Marc « hors les murs », lieu de sépulture de la famille Paris.

3º Marie de Loynes, baptisée à Saint-Donatien le 4 juin 1642, eut pour marraine Catherine Moireau, troisième femme de Guilles de Loynes ;

4º Élisabeth de Loynes, baptisée à Saint-Donatien le 20 mai 1644 ;

5º Catherine de Loynes, baptisée à Saint-Donatien le 10 octobre 1646, épousa Estienne *Le Brasseux* ; elle en était veuve en 1698, paroisse Saint-Pierre-Lentin ;

6º Nicolas de Loynes, baptisé à Saint-Donatien le 13 janvier 1650 ; il fut inhumé à Saint-Pierre-Empont, sous le banc et proche la chaire, le 24 septembre 1669 ;

7º Marie de Loynes, baptisée à Saint-Donatien le 1er décembre 1654, eut pour marraine Marie de Loynes, femme de Guillaume Sinson. Elle épousa en l'église Saint-Sulpice, le 23 septembre 1675, noble homme Daniel *Feuillette* (ou *Feullette*), écuyer, seigneur de Fay et de la châtellenie de Cornay, fils de Daniel Feullette, écuyer, seigneur desdits lieux, commissaire général de l'artillerie, poudres et salpêtres de France, et de Geneviève de Fournillon, de la paroisse Saint-Louis de Paris, en présence de Marie Rousseau, sa mère, de Jehan de Loynes, écuyer, sieur de la Porcellerie, trésorier de France en la généralité d'Orléans, son frère, et de noble homme Jacques de Loynes, son oncle paternel.

X. Jehan DE LOYNES, écuyer, seigneur de la Porcellerie (paroisse de Talcy [1]) et de Hauteroche, fut baptisé à Saint-Donatien d'Orléans le 27 septembre 1637. A la mort de Mre Jacques des Essarts, il fut, par acte du 15 mars 1670, présenté « à cause de sa capacité et fidélité » par Philippe, duc d'Orléans, à l'office de conseiller du Roi, trésorier général de France

---

PARIS : voir p. 11.
LE BRASSEUX : voir p. 61.
FEUILLETTE : d'azur, à trois massues d'or posées en pal 2 et 1.

au bureau des finances en la généralité d'Orléans. Il y fut en effet nommé par le Roi à la date du 26 mars 1670 et reçu le 4 novembre. Le 4 février 1697, il fit enregistrer ses armoiries conformément à l'édit du mois de novembre 1696[1]. Il se démit de sa charge en faveur de son fils qui obtint des lettres de provisions royales le 19 novembre 1702. Il reçut des lettres d'honneur et de vétérance données à Versailles le 9 décembre 1702[2]. Jehan de Loynes, président trésorier de France, etc., décéda « d'une mort imprévue », à l'âge de 80 ans, et fut inhumé le lundi 13 mars 1717, sur les 10 heures du matin, en l'église Saint-Michel, sa paroisse, dans le chœur, au pied des bancs, près le confessionnal[3].

Il avait épousé, le 10 avril 1673, à Saint-Michel, Jeanne POCHON, fille de Mre Hector Pochon, chevalier, seigneur de Beauregard, conseiller du Roi, trésorier général de France en la généralité d'Orléans, et de Marie Saichet, en présence de Marie Rousseau, sa mère, de noble homme Paris, sieur de Bellesbat, conseiller du Roi et son procureur en la prévôté d'Orléans, beau-frère, de Jacques de Loynes, oncle, et de Marie de Loynes, sœur. Le contrat fut passé le 9 avril 1673 en la maison dudit sieur de Beauregard devant Basly et Buisson, notaires à Orléans, en présence des susnommés et « de Vénérend Père en Dieu Messire Pierre de Cambout de Coislin, conseiller du Roi en ses conseils et son premier aumônier, Évesque d'Orléans ».

Jeanne Pochon survécut à son mari ; elle vivait encore le 19 mai 1722, rue des Cures, paroisse Saint-Michel. (Bibl. nat. Cabinet des titres, *Loynes*.)

Leurs enfants furent :

1º Marie de Loynes, baptisée à Saint-Pierre-Empont le 21 février 1674. Elle épousa en 1698 Messire Adrien *du Houlley*, chevalier, baron châtelain d'Ouilly, seigneur de Firfol et de la Lande, conseiller en la Cour

---

POCHON : d'azur, au chevron d'or, au lion de même en pointe, au chef d'argent chargé de trois hermines.
DU HOULLEY : d'azur, à trois étoiles ou comètes d'or ; la première de cinq rais, la deuxième de six et la troisième de sept.

des Aides de Paris. Ils habitaient la rue Vieille-du-Temple, à Paris, en 1705. Elle décéda en 1726.

2° Jehan, qui suit;

3° Anne-Jeanne de Loynes, baptisée à Saint-Michel le 24 août 1678, eut pour parrain noble homme Jacques de Loynes et pour marraine Anne Pochon, femme de Thomas Colas de Marolles, chevalier, seigneur dudit lieu, conseiller du Roi, trésorier général de France au bureau des finances d'Orléans.

XI. Jehan DE LOYNES, écuyer, seigneur d'Autroche, Estrée et autres lieux, né le 30 mai 1675 et baptisé le même jour en l'église de Saint-Pierre-Empont d'Orléans, eut pour parrain Hector Pochon, chevalier, seigneur de Beauregard, conseiller du Roi, trésorier de France et général de ses finances en la généralité d'Orléans, et pour marraine Marie Rousseau, veuve de Jehan de Loynes. Il fut présenté à l'office de conseiller du Roi trésorier général de France au bureau des finances de la généralité d'Orléans par Philippe, duc d'Orléans, le 11 novembre 1702, et nommé par le Roi le 19 du même mois[1]. Le 29 octobre 1757, il rendit foy et hommage à Mgr Woldemar, comte de Lowendal et du Saint-Empire, colonel du régiment de son nom, infanterie allemande, chevalier des ordres du Roi de France et seigneur de ladite Ferté-Lowendal, pour le lieu seigneurial d'Èstrée, la Goronnière, Chartraine et la Mercerie. Doyen des présidents trésoriers de France au bureau des finances de la généralité d'Orléans, il décéda à l'âge de 94 ans et fut inhumé le 31 juillet 1769 dans le chœur de l'église Saint-Michel. Ses biens furent partagés entre ses enfants par devant Ragu et Odigier, notaires au châtelet d'Orléans, le 22 septembre 1770.

Jehan de Loynes avait épousé, le 1er septembre 1710, à Saint-Michel, après contrat passé le 29 août devant Ducloux et Hubert, notaires à Orléans, Marie-Thérèse CHARTIER, fille de Claude Chartier, écuyer, seigneur de la Maisonrouge, conseiller du Roi, trésorier de France au bureau des finances de la généralité d'Orléans, et de Thérèse Sinson. Elle avait été

CHARTIER : voir p. 58.

baptisée le 28 mai 1690 à Saint-Sulpice (parrain Jacques de Loynes, de la paroisse Saint-Donatien, et marraine Madeleine Chartier, femme d'Antoine Duchon, écuyer, seigneur de Mézières, de la paroisse Saint-Michel). Elle décéda paroisse Saint-Michel le 3 mars 1758.

Leurs enfants furent :

1º Jehan (ou Jean), qui suit ;
2º Claude de Loynes, chevalier, seigneur de la Mothe-Vailly (ou Vély, ou la Mothe-Saint-Cyr), Gautray et autres lieux, fut baptisé en l'église Saint-Michel d'Orléans le 6 janvier 1715. Il eut pour parrain Claude Chartier, écuyer, seigneur de la Maisonrouge, et pour marraine Jeanne Pochon, épouse de Jehan de Loynes. Capitaine au régiment de la Sarre-infanterie, il fut chevalier de l'ordre royal et militaire de Saint-Louis en 1767. Échevin d'Orléans en 1772 (*Arch. comm. d'Orléans*, CC. 111), il décéda en cette ville, 99, rue des Minimes, le 17 thermidor an XII (5 août 1804)[1]. Il avait épousé à Saint-Michel, le 2 juillet 1765, Adélaïde-Thérèse *de Troye*, fille de Mre Henry-Sulpice de Troye, seigneur de la Motte et de Gautray, et de Madeleine-Claude-Françoise Sinson de Sevestreville ; décédée à Orléans le 26 juillet 1817[2]. De ce mariage :

A. Claude de Loynes, baptisé à Saint-Paterne le 23 août 1766 ;
B. Marie-Jeanne de Loynes, baptisée à Saint-Paterne le 26 septembre 1767, inhumée dans le chœur de l'église Saint-Pierre-Ensentelée le 16 avril 1769 ;
C. Adélaïde-Madeleine de Loynes, baptisée à Saint-Paterne le 8 novembre 1768, demeurait 99, rue d'Illiers, lorsqu'elle épousa à Orléans, le 25 nivôse an II, Antoine-Joseph *Robert de la Matholière*, âgé de 27 ans, fils de Pierre Robert et de Marie-Anne-Marguerite Leblanc. Elle en était veuve lorsqu'elle décéda rue Saint-Martin-de-la-Mine le 30 juin 1831.
D. Marie-Louis de Loynes de Gautray, baptisé le 10 septembre 1770, eut pour parrain Louis de Loynes de Morett, écuyer, colonel d'infanterie, chevalier de l'ordre royal et militaire de Saint-Louis, alors à Venise, chargé des affaires du Roi près de cette République. Il

---

DE Troye : d'azur, au chevron componé d'or et de gueules, accompagné en chef de deux étoiles d'or et en pointe d'un cerf couché de même.
Robert : de sinople, à la bande d'argent bordée de huit étoiles et de huit cœurs de gueules alternés, accompagnée en chef d'un rencontre de taureau d'or et en pointe d'une gerbe de blé du même.

11

épousa, le 1ᵉʳ floréal an IV, Louise-Eustachie *Tassin-Hudault*, âgée de 21 ans, fille de Pierre-François Tassin et de Louise-Adélaïde Hudault. Il décéda, rue de la République, à Orléans, le 15 février 1841.

Il eut une fille :

Élisabeth-Louise de Loynes de Gautray, née à Orléans, 8, Marché à la Volaille, le 17 thermidor an V. Elle décéda sans alliance à Orléans, 1, rue Macheclou, le 9 novembre 1830 (témoins : Daniel de Loynes de Gautray, âgé de 58 ans, et Jules-Robert Douville, avocat, le premier oncle, le second cousin de la défunte).

E. Daniel de Loynes de Gautray, baptisé à Saint-Pierre-Ensentelée le 30 juillet 1772, décéda célibataire, 56, rue d'Illiers, à Orléans, le 31 décembre 1853 ;

F. Adélaïde-Rosalie de Loynes de Gautray, baptisée à Saint-Pierre-Ensentelée le 6 février 1779, eut pour parrain Marie-Hector de Loynes de Milbert, oncle paternel, et pour marraine Adélaïde-Madeleine de Loynes de Gautray, sa sœur. Elle fut dame des pauvres et décéda à Orléans, 12, rue Parisis, le 2 mai 1865.

3° François de Loynes d'Autroche, baptisé à Saint-Michel le 25 janvier 1716, fut prêtre, bachelier de Sorbonne et chanoine de l'église d'Orléans, et décéda à Paris, paroisse Saint-Merry, le 13 mai 1765 ;

4° Marie-Thérèse de Loynes, baptisée à Saint-Michel le 16 janvier 1718, assista au contrat de mariage de Jean, son frère, du 5 mai 1742 ;

5° Jacques de Loynes, baptisé à Saint-Michel le 14 novembre 1719 ;

6° Jeanne de Loynes d'Autroche, baptisée à Saint-Michel le 23 juin 1721 ; décédée sans avoir été mariée, paroisse Saint-Michel, le 16 février 1781 ;

7° Charles de Loynes d'Autroche de Talcy, écuyer, seigneur de Charbonnière, baptisé à Saint-Michel le 13 décembre 1722. Docteur en théologie de la Faculté de Paris et de la maison et société de Navarre ; pourvu de l'office de conseiller au bailliage et siège présidial d'Orléans par lettres royales du 27 février 1751 enregistrées le 28 mai suivant ; doyen du chapitre de l'église cathédrale d'Orléans, vicaire général du diocèse, official de l'évêché, archidiacre de Pithiviers ; membre de la société royale d'agriculture [1]. Il fut électeur aux États-Généraux de 1789 et présida en cette occasion le corps du clergé orléanais. Le chapitre de l'église d'Orléans le délégua pour assister à la cérémonie de la Fédération

---

TASSIN : d'argent, au chevron de gueules, sommé d'un croissant de gueules, et accolé de deux étoiles d'azur, à l'aigle éployée au naturel en pointe, le chef contrecantonné.

générale, le 14 juillet 1790[1]. Il décéda « ex-chanoine » à l'âge de 74 ans, à Orléans, enceinte du temple de l'Être suprême, section J.-J. Rousseau, le 25 ventôse an III.

8° Pierre-Hector de Loynes, baptisé à Saint-Michel le 17 mai 1727;

9° Louis de Loynes d'Autroche de Morett, auteur de la branche de Loynes d'Estrées, rapportée plus loin (page 101);

10° Marie de Loynes d'Autroche, baptisée à Saint-Michel le 5 octobre 1730, décédée le 20, paroisse Notre-Dame du Chemin;

11° Daniel de Loynes, chevalier, seigneur de Mazère, auteur des branches du Houlley et de Fumichon, rapportées plus loin (page 109);

12° Marie-Hector de Loynes, chevalier, seigneur de Milbert, de Moléon (1772), de Thorigny et du Petit-Boucis, baptisé à Saint-Michel le 5 mars 1734. Il fut mousquetaire de la 1re compagnie de la garde ordinaire du Roi et échevin d'Orléans en 1784. Il prit part, le 18 mars 1789, à l'assemblée de la noblesse du bailliage d'Orléans pour l'élection des députés aux États-Généraux. « En vertu de l'art. 3 de la loi du 17 septembre 1793 sur les suspects, l'agent national de la commune arrêta son incarcération... Détenu comme suspect orléanais, il fut mis en liberté le 27 août 1794 (10 fructidor an II), — attendu qu'il n'existe aucun délit qui mérite la traduction au tribunal révolutionnaire ni une plus longue détention, et que le détenu a d'ailleurs expié ses fautes par plusieurs mois d'incarcération. » (Lottin, op. cit., 2e partie, T. III, p. 15 et 175.) Il décéda, 10, rue des Basses-Gouttières, à Orléans, le 27 juin 1818. Il avait épousé à Sainte-Catherine, le 15 juin 1762, après contrat passé la veille devant Odigier et Danglebermes, notaires à Orléans, Marie-Catherine *Nouël des Élus,* fille de Jacques Nouël, écuyer, sieur des Élus, conseiller du Roi, président trésorier de France au bureau des finances de la généralité de Poitiers, et de Marie-Madeleine Le Grand de Melleray. De ce mariage :

A. Marie-Jeanne de Loynes de Milbert, baptisée à Sainte-Catherine le 1er septembre 1763, eut pour marraine Jeanne de Loynes d'Autroche, sa tante. Elle épousa à Sainte-Catherine, le 23 mars 1784, Léon *de Saint-Mesmin,* écuyer, capitaine de cavalerie, garde du

---

Nouël : d'azur, au chêne enraciné d'or, à la fasce d'argent, chargée d'un cœur et de deux losanges de gueules, brochante sur le tout.

de Saint-Mesmin : d'azur, à la croix componée d'argent et de gueules, cantonnée de quatre fleurs de lys d'or et chargée en cœur d'une croisette du champ.

corps du Roi, chevalier de l'ordre royal et militaire de Saint-Louis,
fils de François de Saint-Mesmin de la Haute-Maison et de Marie-
Madeleine Coulombeau. Elle décéda veuve, 4, rue Bretonnerie, à
Orléans, le 4 juillet 1842.

B. Marie-Madeleine de Loynes de Milbert, baptisée à Sainte-Catherine
le 19 juin 1764, eut pour parrain Jean de Loynes, écuyer, sieur
d'Autroche, chevalier d'honneur au bailliage et siège présidial d'Orléans. D'une taille au-dessous de la moyenne, elle fut connue sous
le nom de Mademoiselle de Beaumont et décéda sans avoir été
mariée, 4, rue Bretonnerie, à Orléans, le 2 janvier 1841.

C. Louis-Hector de Loynes de Milbert, né le 27 avril 1766 et baptisé
à Sainte-Catherine le lendemain, eut pour parrain Louis-François
Nouël, écuyer, sieur de Buzonnière, etc., et pour marraine Adélaïde-Thérèse de Troye, épouse de Claude de Loynes de Gautray.
Ancien officier au régiment de la Sarre, chevalier de l'ordre royal
et militaire de Saint-Louis, il décéda, 4, rue Bretonnerie, à Orléans,
sans avoir contracté d'alliance, le 21 octobre 1842.

D. Adélaïde-Rosalie de Loynes de Milbert, baptisée à Sainte-Catherine
le 29 avril 1768, épousa, le 1er jour du 2e mois de l'an II, Michel-
Augustin-Thérèse *de la Place de Montevray,* premier président de
la Cour royale d'Orléans, chevalier de la Légion d'honneur, président de la société des sciences, belles-lettres et arts d'Orléans, fils
d'Augustin de la Place et de Marie Daubichon. Elle en était veuve
lorsqu'elle décéda, 1, rue Croix-de-Malte, à Orléans, le 28 octobre 1854.

E. Claude-Hector de Loynes de Milbert, baptisé à Sainte-Catherine
le 2 février 1771, décédé paroisse Saint-Euverte le 14 septembre 1772;

F. Marie-Jeanne-de-Chantal de Loynes, baptisée à Sainte-Catherine
le 21 mai 1772, décédée le 7 décembre, paroisse Saint-Vincent;

G. Augustin-Jérôme de Loynes de Moléon, chevalier, fut baptisé à
Sainte-Catherine le 15 mars 1774. Il épousa à Orléans, le 1er septembre 1808, Marie-Émilie *Nouël de Buzonnière,* âgée de 16 ans 1/2,
fille de François-Louis Nouël de Buzonnière et de Jacques-Jean-

---

DE LA PLACE DE MONTEVRAY : d'argent, à un chevron de gueules, accompagné de trois
cornes de même renversées ou la pointe en haut, deux
en chef, une en pointe.

NOUËL : voir p. 83.

François-Marie-Catherine-Victoire de la Place. Il décéda sans avoir eu d'enfants, 4, rue des Anglaises, à Orléans, le 12 janvier 1859. Sa veuve décéda le 17 octobre 1881.

Les *Généalogies manuscrites* de Chérin mentionnent : « N.... de Loynes, fils de Jehan de Loynes et de Marie-Thérèse Chartier, capitaine au régiment du Soissonnois, mort au service du Roy. »

XII. Jean DE LOYNES, chevalier, seigneur d'Autroche, de Montrieux, de Lalay, de la Margottière et autres lieux, fut baptisé à Saint-Michel d'Orléans le 1er octobre 1713 ; il eut pour parrain Jean de Loynes, écuyer, conseiller du Roi, président trésorier de France à Orléans, et pour marraine Thérèse Sinson, épouse de Claude Chartier, écuyer, seigneur de la Maisonrouge, conseiller du Roi, trésorier de France. Il fut échevin d'Orléans en 1757. (*Arch. comm. d'Orléans,* CC. 107.) Sur la présentation du duc d'Orléans il fut nommé, par lettres royales enregistrées le 27 mars 1751, à l'office de : « notre conseiller, chevalier d'honneur au présidial d'Orléans, par la considération que méritent sa noblesse et les services que nous ont rendus depuis plus de 80 années dans la charge de notre conseiller trésorier de France et général de nos finances à Orléans nos Amés et Féaux le sr Jehan de Loynes, son ayeul, et le sieur Jean de Loynes, son père, qui en remplit encore actuellement les fonctions avec beaucoup de probité, d'exactitude et de distinction » [1]. Il fit résignation en faveur de son fils, le 9 décembre 1786, de cet office qu'il avait acquis de Pierre-Claude Bigot, chevalier, seigneur de la Touanne, le 12 janvier 1751.

Jean de Loynes décéda le 20 avril 1788, paroisse Saint-Michel, et fut inhumé le 22, au cimetière Saint-Vincent, en présence de Claude de Loynes, son fils, et de ses frères. Il avait épousé à Saint-Michel, le 7 mai 1742, Marie-Thérèse DU COING, fille de Claude du Coing, écuyer, seigneur de la Porte et autres lieux, et de Marie-Thérèse Rousseau ; leur contrat avait été signé le 5 du même mois. Elle décéda à 34 ans le 1er septembre

---

DU COING : d'azur, au chevron d'or, chargé de trois coquilles de gueules, accompagné de trois coings d'or;

aliàs : d'azur à trois coings d'or.

1749 et fut inhumée dans le chœur de l'église Saint-Michel. Partage de leurs biens fut fait sous seing privé, le 4 mars 1775, et un autre partage des biens de Jean de Loynes fut fait entre ses enfants par devant Laurent Leroy, procureur fiscal et régisseur de la terre de Lamotte-Beuvron, le 3 décembre 1788.

Leurs enfants furent :

1º Claude de Loynes d'Autroche, baptisé à Saint-Michel le 1er janvier 1744 par Mre de Loynes d'Autroche, prêtre chanoine de l'église d'Orléans, bachelier de Sorbonne. Il eut pour parrain Claude du Coing, écuyer, seigneur de la Porte, et pour marraine Thérèse Sinson, veuve de Mre Claude Chartier, écuyer, trésorier de France au bureau des finances de la généralité d'Orléans. Seigneur d'Autroche, de la Porte et du Mesnil, il assista, le 18 mars 1789, à la réunion des électeurs de la noblesse aux États-Généraux ; il est ainsi désigné sur la liste de ces électeurs : « Claude de Loynes d'Auteroche, chevalier d'honneur au présidial d'Orléans, seigneur d'Auteroche, paroisse de Tremblevif » [1].

« Versificateur laborieux, il a publié, en 1788, une traduction des odes d'Horace, dont les remarques sont très estimées des gens de lettres ; en 1803, il fit imprimer une traduction de l'*Énéide ;* et, en 1812, une traduction du *Paradis perdu* de Milton et de la *Jérusalem délivrée,* du Tasse ; il traduisit encore les psaumes qui furent son dernier ouvrage. Quel que soit le nombre de ses écrits, il ne dépassa point celui de ses œuvres vertueuses ; citoyen bienfaisant, il secourut l'indigence en lui procurant de l'ouvrage ; c'est ainsi qu'il embellit le château de la Porte et sa maison d'Orléans, rue des Anglaises ; la maison de la Providence, dont il fut le fondateur, fut pour lui l'occasion de faire connaître la bonté de son cœur et sa piété. » (Lottin, *op. cit.*, 3e partie, T. II, p. 179) [2].

Il décéda à Orléans, 3, rue des Anglaises, le 17 novembre 1823. Son inhumation eut lieu au cimetière Saint-Vincent [3].

Il avait épousé à Orléans, en la paroisse de l'Alleu-Saint-Mesmin, le 20 novembre 1769, après contrat passé ledit jour devant Odigier et Danglebermes, notaires, Charlotte-Thérèse *de Sailly*, fille de Charles-Joseph, marquis de Sailly, chevalier, seigneur de Theuvy, Aschères, etc., capitaine au régiment du Maine, chevalier de l'ordre royal et mi-

---

DE SAILLY : d'azur, à une fasce d'or, chargée de trois croisettes de sable et accompagnée de trois têtes de butor d'or, deux en chef, une en pointe.

litaire de Saint-Louis, et de Marie-Charlotte Laisné de Sainte-Marie,
née le 14 mai 1750. Ils fondèrent la maison de la Providence à Orléans [1]. Ils n'eurent pas d'enfants.

2° Marie-Thérèse de Loynes d'Autroche, baptisée le 1er novembre 1745 à
Saint-Michel, décédée le 14 septembre 1750 et inhumée dans le chœur
de l'église Saint-Michel ;

3° Jean-Jacques, qui suit.

XIII. Jean-Jacques DE LOYNES d'Autroche, chevalier, seigneur des Marais, Thierville, Villechauve, Laumonière, né le 25 août 1749 et baptisé
le même jour en l'église Saint-Michel d'Orléans, eut pour parrain
Mre Jacques du Coing, écuyer, seigneur de Jouy, et pour marraine Marie-
Thérèse Chartier, son aïeule paternelle. Il devint capitaine aux gardes
françaises, lieutenant-colonel d'infanterie, chevalier de l'ordre royal et
militaire de Saint-Louis, et il prit part, le 18 mars 1789, à l'assemblée
de la noblesse du bailliage d'Orléans pour l'élection des députés aux
États-Généraux. Pendant la Révolution il émigra au delà du Rhin et s'enrôla dans l'armée de Condé. Il décéda le 31 mai 1807. Il avait épousé à
Saint-Michel d'Orléans, le 12 août 1778, Adélaïde-Marie D'ORLÉANS, née
en 1762, fille de haut et puissant seigneur Mre Pierre-Augustin, comte
d'Orléans, chevalier, seigneur de Villechauve et de la Turpinière, gentilhomme de Mgr le duc d'Orléans, et de haute et puissante dame Louise-
Marie-Violette de Beaumarchais ; sœur utérine d'Étienne Laureault de
Foncemagne, sous-gouverneur du duc de Chartres, et l'un des Quarante
de l'Académie française. Elle décéda le 2 novembre 1845 [2].

De ce mariage :

1° Jean-Camille, qui suit ;

2° Aurélie-Félicité de Loynes d'Autroche des Marais, baptisée à Saint-
Michel le 8 janvier 1785, épousa, le 12 floréal an XIII (2 mai 1805), à
Orléans, Jacques-Marie, comte d'Orléans, propriétaire, âgé de 27 ans,
demeurant 4, rue Croix-de-Malte, fils de Jacques-Guillaume, comte

D'ORLÉANS : d'argent, à trois fasces de sinople, accompagnées de sept tourteaux de
gueules, 3 et 3 entre les fasces et 1 en pointe.

d'Orléans, seigneur de Rère, lieutenant des maréchaux de France au
département de Romorantin, et de Marie-Paule-Félicité Bidé de Chezac;
3º Charlotte-Pierre-Esther de Loynes d'Autroche des Marais, baptisée à
Saint-Michel le 4 septembre 1787, épousa à Orléans, le 25 mars 1811,
Constant-Jean-Baptiste-Pierre, comte *de Suzannet,* propriétaire, âgé
de 39 ans, fils de Pierre-Alexandre-Gabriel, comte de Suzannet, propriétaire, et de Louise-Angélique-Charlotte de Caumont. Elle décéda
le 30 octobre 1859.

XIV. Jean-Camille DE LOYNES, comte d'Autroche, seigneur de Charray,
Thierville, Écoman, Moncé et Touchaillou, fut baptisé le 15 juin 1779 à
Saint-Michel d'Orléans. Il épousa à Paris, le 22 avril 1817, par contrat
passé le 19 devant Rousse, notaire à Paris, Cécile-Élisabeth DE CHAS-
TENET DE PUYSÉGUR, fille d'Armand-Marc-Jacques de Chastenet, marquis
de Puységur, vicomte de Buzancy, maréchal de camp au corps royal
d'artillerie, et de Marguerite Baudart de Saint-James. Jean-Camille de
Loynes décéda, le 14 avril 1848, au château de Touchaillou, et sa femme,
le 20 octobre de la même année. Ils laissèrent :

1º Marie-Herminie de Loynes d'Autroche, née le 31 janvier 1818, épousa,
le 17 octobre 1838, Charles-Louis-Guillaume, baron *de Marguerit,* capitaine au corps royal d'état-major, chevalier de la Légion d'honneur,
commandeur de Saint-Grégoire le Grand, fils de Nicolas-Guillaume,
baron de Marguerit, ancien officier de cavalerie, chevalier de l'ordre
royal et militaire de Saint-Louis, et de la Légion d'honneur, et d'Anne-
Charlotte de Flavigny. Elle décéda à Florence le 18 mars 1870.
2º Jean-Camille-Edmond, qui suit ;
3º Henri-Paul-Godefroy de Loynes, vicomte d'Autroche, né le 5 juin

DE SUZANNET : d'argent, à trois merlettes de sable, 2 et 1.
DE CHASTENET DE PUYSÉGUR : écartelé, au premier quartier d'argent, au lion de
           gueules, à la bordure du champ, chargée de huit
           écussons de sinople surchargés chacun d'une fasce
           d'argent ; au 2 de gueules, à trois flèches d'argent
           fûtées d'or, posées en pal ; au 3 de gueules, à trois
           pommes de pin d'or ; au 4 d'azur, à trois étoiles d'or ;
           et, sur le tout, d'azur, au chevron d'argent, accom-
           pagné en pointe d'un lion léopardé de même, au
           chef d'or.
DE MARGUERIT : de gueules, à trois fleurs de marguerite d'argent.

1822, décédé le 24 mars 1868. Il avait épousé, le 28 décembre 1853, Marie-Cécile-Noémi *de La Porte,* fille d'Achille-Charles de La Porte et de Charlotte-Palmyre d'Artois de Bournonville. De ce mariage : Charles-Marie-Lionel de Loynes, vicomte d'Autroche, né le 5 mai 1856, décédé à Paris le 23 mai 1884, sans avoir été marié.

4° Paul-Marie-Émilien, dont l'article viendra page 97 :

XV. Jean-Camille-Edmond DE LOYNES, comte d'Autroche, né à Orléans le 4 janvier 1820, chef d'escadrons au 2e régiment de hussards, chevalier de la Légion d'honneur, décéda à Paris le 6 octobre 1887. Il avait épousé à Paris, le 24 février 1854, Cornélie BALBIANI, fille du comte Gérard Balbiani, consul de Hambourg à Haïti, et de Jeanne Virginie Busquet de Sinville. Depuis son veuvage, elle est religieuse de la congrégation de Notre-Dame, chanoinesse régulière de Saint-Augustin.

De ce mariage sont issus :

1° Jean-Charles-Emmanuel, qui suit ;
2° Maurice de Loynes d'Autroche, né à Sevran (Seine-et-Oise) en octobre 1858, décédé à Paris le 28 mars 1860 ;
3° Jean-Raymond-Félicien-Gérard, qui suivra (page 93) ;
4° Jeanne-Valentine-Clotilde de Loynes d'Autroche, née à Paris le 15 janvier 1862 ; elle est entrée le 17 janvier 1883 dans l'Ordre de Marie Réparatrice.

XVI. Jean-Charles-Emmanuel DE LOYNES, comte d'Autroche, naquit à Paris le 26 août 1855. Élève de l'école spéciale militaire de Saint-Cyr le 24 octobre 1874, sous-lieutenant au 3e régiment de dragons en 1876, lieutenant au 14e régiment de la même arme le 20 septembre 1881, puis capitaine-commandant au 13e régiment de dragons le 14 mai 1888. Il est décédé à Paris le 19 août 1893.

Il avait épousé, le 30 avril 1884, par contrat passé le 28 devant Forard,

---

DE LA PORTE : d'azur, au sautoir d'argent cantonné à dextre et à senestre d'une coquille d'argent ; en chef et en pointe d'un croissant aussi d'argent.
BALBIANI : écartelé : aux 1 et 4 d'or à l'aigle éployée de sable ; aux 2 et 3 de gueules au dauphin couronné d'or, et en abîme d'azur à la couronne d'Empire d'or.

notaire à Paris, Léonie-Alexandrine-Marie CHÉRONNET-CHAMPOLLION, fille
d'Amédée Chéronnet et de Zora Champollion (fille unique de l'illustre
égyptologue). De ce mariage :

> Lionel-Léonce-Emmanuel-René de Loynes d'Autroche, né à Paris le
> 4 octobre 1885.

CHÉRONNET : d'argent, à une croix de gueules.

XVI. Jean-Raymond-Félicien-Gérard DE LOYNES, vicomte d'Autroche, troisième fils de Jean-Camille-Edmond de Loynes, comte d'Autroche, et de Cornélie Balbiani (voir page 89), né à Paris le 14 novembre 1860 ; sous-lieutenant au 12ᵉ régiment de chasseurs le 30 décembre 1887, lieutenant au même régiment le 1ᵉʳ août 1891. Il a épousé, le 17 juin 1889, à Rouen, par contrat passé le 15 devant Dumort, notaire, Madeleine LIZÉ, née à Elbeuf le 3 mai 1865, fille de Charles-Hyacinthe Lizé, propriétaire, et de Léonie-Marguerite Lainé-Condé.

De ce mariage :

1º Guy-René-Marie de Loynes d'Autroche, né à Rouen le 22 juin 1890 ;
2º Odette-Marie-Clotilde de Loynes d'Autroche, née à Rouen le 19 juillet 1891.

LIZÉ :

XV. Paul-Marie-Émilien, comte DE LOYNES, baron d'Autroche, quatrième enfant de Jean-Camille de Loynes, comte d'Autroche, et de Cécile-Élisabeth de Chastenet de Puységur (voir page 89), né le 9 novembre 1825, capitaine des mobiles d'Eure-et-Loir pendant la guerre de 1870-71 ; décédé à Versailles le 7 janvier 1895. Il avait épousé, le 4 novembre 1852, par contrat passé devant Bournisien, notaire à Chartres, en octobre de la même année, Berthe DE CHASTILLON DE MARCONNAY, fille de Louis-Ernest de Chastillon, marquis de Marconnay, ancien capitaine d'infanterie, chevalier de la Légion d'honneur, et d'Auguste de Gondrecourt.

De ce mariage :

1º Pierre-Marie-Auguste, qui suit ;
2º Renée-Marie-Jeanne de Loynes d'Autroche, née à Touchaillou le 6 septembre 1855, mariée, le 14 mars 1882, par contrat passé le 10 du même mois devant Deherpe, notaire à Colombes, à Alexandre *de Saillenfest de Cachy de Sourdeval*, capitaine breveté d'état-major à Évreux, au 74e régiment d'infanterie, depuis chef de bataillon au 68e régiment d'infanterie, chevalier de la Légion d'honneur, fils d'Achille-Édouard de Saillenfest de Cachy de Sourdeval et d'Augustine-Élisa Béatrix ;
3º Robert-Marie-Albéric-Auguste, vicomte de Loynes d'Autroche, né à Touchaillou le 29 octobre 1856, sous-lieutenant au 12e chasseurs le 13 octobre 1886, lieutenant au même régiment le 1er mai 1891 ;
4º Marie-Alice de Loynes d'Autroche, née à Paris le 5 mars 1868, y est décédée le 8 mai suivant.

XVI. Pierre-Marie-Auguste, comte DE LOYNES d'Autroche, né au château de Touchaillou (cne de Thiville, Eure-et-Loir) le 28 août 1853, engagé le 27 novembre 1870 aux zouaves pontificaux, sous-lieutenant au 6e régiment d'infanterie le 2 juillet 1878, lieutenant au 1er régiment d'infanterie de marine le 11 septembre 1883, a pris part en cette qualité à la campagne du Tonkin ; promu capitaine en avril 1889 ; capitaine de réserve au 6e régiment de la même arme le 23 septembre 1892.

DE CHASTILLON DE MARCONNAY : de gueules, à trois pals de vair, au chef d'or.
DE SAILLENFEST DE CACHY DE SOURDEVAL : de gueules, au chevron d'argent, accompagné de trois feuilles de trèfle tigées de sinople.

Il a épousé à Lorient, le 21 août 1888, par contrat passé le 19 du même mois devant Deschiens, notaire en cette ville, Marguerite DE LA MONNE-RAYE, fille du comte Jean-Léon de la Monneraye et de Sara-Marie-Lucy Foullioy.

De ce mariage :

Raymond de Loynes d'Autroche, né à Saïgon en juin 1889, décédé à Paris le 19 novembre 1891.

DE LA MONNERAYE : d'or, à une bande de gueules chargée de trois têtes de lion ar-rachées d'argent et accompagnée de deux dragons d'or.

BRANCHE DE MORETT ET D'ESTRÉES

XII. Louis DE LOYNES d'Autroche de Morett, neuvième enfant de Jehan de Loynes d'Autroche et de Marie-Thérèse Chartier (voir page 83), chevalier, seigneur de Morett, l'Estrée, Villedart et autres lieux, fut baptisé en l'église Saint-Michel d'Orléans le 3 août 1728.

Ayant embrassé la carrière des armes, il fut, en 1741, enseigne de la colonelle du régiment d'infanterie de la Sarre, puis lieutenant en 1743 et capitaine en 1745 au même régiment. Chevalier de Saint-Louis en 1756, il fut la même année aide-de-camp du maréchal d'Estrées et prit part en 1757 à la bataille d'Hastenbeck. On raconte que pendant cette bataille il sauva la vie au maréchal qui, pour lui témoigner sa reconnaissance, pria le chevalier de Morett de faire porter le nom d'*Estrées* à son fils ; mais ce fils ne naquit que six ans après la mort du maréchal. Employé en qualité d'aide maréchal des logis pendant la campagne de Flandre en 1758 et désigné l'année suivante pour l'expédition projetée contre les côtes d'Angleterre, pendant la guerre de Sept ans, il servit, en 1760 et 1761, en qualité de volontaire à l'armée russe commandée par le général Romanzow et assista aux prises de Berlin et de Colberg ; créé chevalier de l'ordre de Sainte-Anne de Russie, il fut chargé par Romanzow de porter la nouvelle de la prise de Colberg au roi de France qui le fit colonel en janvier 1762. C'est en cette qualité qu'il servit comme volontaire à l'armée autrichienne jusqu'au printemps de 1763. Après diverses missions en Allemagne, à Dresde, à Varsovie, à Londres et dans plusieurs cours d'Italie, il fut, à partir du 1er octobre 1768, chargé des affaires du Roi près la République de Venise, pendant la mission et en l'absence du marquis de Paulmy, ambassadeur. Le 5 juin 1770, il reçut ses lettres de créance en cette qualité ; le 22 octobre de la même année, il reçut l'ordre de rentrer en France et quitta Venise le 21 décembre. Sa mission diplomatique prit fin le 23 juin 1771 par la nomination d'un nouvel ambassadeur et il envoya au Doge et au Sénat de Venise ses lettres de récréance[1]. Au mois de novembre 1772, il reçut «comme premier gentilhomme d'ambassade une médaille de 4000 livres avec les chaînes d'or».

Nommé par la suite gouverneur et lieutenant du Roi en la ville de
Cléry, il reçut, le 1er mars 1780, le grade de brigadier des armées du Roi
et maréchal de camp, puis fut nommé gouverneur et lieutenant du Roi
en la ville d'Orléans. Le 18 mars 1789, il prit part à l'assemblée de la
noblesse, dans la salle du châtelet, pour l'élection des députés aux États-
Généraux. Élu échevin d'Orléans, il remplit les fonctions de maire inté-
rimaire en 1789-90 [1].

Louis de Loynes de Morett a droit à la reconnaissance des Orléanais
pour avoir soustrait à la profanation et conservé chez lui pendant la
période révolutionnaire les reliques de saint Aignan [2].

En vertu de l'art. 3 de la loi du 17 septembre 1793 sur les suspects,
l'agent national de la Commune décida son incarcération. Il fut en conséquence arrêté et détenu pendant quatre mois aux Minimes, et sa
femme au séminaire. Le 27 août 1794, il fut remis en liberté, « attendu
qu'il n'existe aucun délit qui mérite la traduction au tribunal révolutionnaire ni une plus longue détention, et que les détenus ont d'ailleurs
expié leurs fautes par plusieurs mois d'incarcération. » (Lottin, *loc. cit.*)

Le reste de son existence se passa à améliorer la terre de Villedart
qu'il avait achetée le 10 novembre 1773 du comte de Bragelongne. Il
mourut à Orléans, 6, rue Sainte-Anne, âgé de 86 ans, le 9 février 1815.

Il avait épousé, le 13 décembre 1773, en l'église Saint-Michel, après
contrat passé devant Mariette, notaire au châtelet d'Orléans, Marie Tassin,
fille de Mre Charles-François Tassin, chevalier, seigneur de Charsonville,
de la Chaussée, Villemain, Montcourt, Authon, la Renardière, Montaigu,
Messilly, Arpilly, Rosette, etc..., conseiller du Roi en ses conseils, grand-
maître enquêteur et réformateur général des eaux et forêts au département d'Orléans, et de Marie-Anne Colas des Francs. Elle décéda à
Orléans le 13 décembre 1819.

De ce mariage :

1º Louis-Jean-Marie, qui suit ;
2º Marie-Chantal de Loynes de Morett, baptisée à Saint-Paterne le 15 no-

---

Tassin : voir p. 82.

vembre 1779, eut pour parrain Charles-François Tassin, conseiller du
Roi en ses conseils, seigneur de Charsonville, grand-maître des eaux et
forêts de la généralité d'Orléans, et pour marraine Jeanne de Loynes
d'Autroche. Elle épousa à Orléans, le 17 nivôse an V, par contrat passé
le 4 janvier 1797 devant Cabart, notaire à Orléans, Jacques *Seurrat de
la Boulaye,* écuyer, seigneur des Coudreceaux et des Trays, fils de
Jacques-Isaac Seurrat de la Boulaye, écuyer, seigneur des Coudreceaux,
Meraville, les Poitevins, Villecoulon, Brulart, etc... député de la noblesse du bailliage d'Orléans aux États-Généraux de 1789, et d'Anne-
Renée Renault. Leur mariage religieux fut célébré en l'hôtel de M. de
Morett par l'abbé Desparrin, prêtre inassermenté, qui y vécut caché jusqu'à la réouverture des églises. Marie-Chantal de Loynes de Morett était
veuve lorsqu'elle décéda, 134, rue Bannier, à Orléans, le 24 février 1855.
3º Maria-Catherine de Loynes de Morett, baptisée en l'église Saint-Paterne
à Orléans le 18 janvier 1782, épousa en cette ville, le 15 pluviôse an IX,
par contrat passé le 14 devant Rabelleau et Cabart, notaires à Orléans,
Jacques *Miron de l'Espinay,* écuyer, âgé de 18 ans, depuis président du
tribunal civil d'Orléans, fils de Charles Miron et de Cécile-Gertrude
Lasneau. Elle décéda à Orléans, 9, rue du Battoir-Vert, le 16 février 1810,
et fut inhumée au cimetière Saint-Vincent (12ᵉ carré).
4º Catherine-Marie-Thérèse de Loynes de Morett, baptisée à Saint-Paterne
le 23 janvier 1786, épousa, le 19 floréal an XI (9 mai 1803), par contrat
passé ledit jour devant Bruère, notaire à Orléans, Charles *Colas de Brouville des Ormeaux,* chevalier, fils de Charles Colas de Brouville des
Ormeaux, chevalier, et de Julie Boillève, âgé de 22 ans 1/2, demeurant
Quai-Neuf à Orléans. Elle mourut à Orléans le 16 novembre 1872. Son
mari était décédé le 12 octobre 1855.

XIII. Louis-Jean-Marie DE LOYNES d'Estrées, chevalier, baptisé en l'é-
glise Saint-Michel d'Orléans le 11 septembre 1777, épousa, le 30 messidor an IV (18 juillet 1796), par contrat passé la veille devant Bottet,
notaire à Orléans, Marie-Magdeleine DE LA FONS D'ISY, baptisée à Saint-

---

SEURRAT : voir p. 40.
MIRON : voir p. 55.
COLAS : d'or, au chêne de sinople, terrassé de même, au sanglier passant de sable et
      brochant sur le fût de l'arbre.
DE LA FONS : fascé d'or et de gueules de six pièces, au lion armé et lampassé de
      même, de l'un en l'autre.

Pierre-Ensentelée le 18 mai 1773, fille de Marc de la Fons, écuyer, seigneur d'Isy, de la Rivière et autres lieux, chevalier de l'ordre royal et militaire de Saint-Louis, capitaine au régiment de la Marche-Prince-infanterie, et de Marie-Charlotte Longuet. Louis de Loynes d'Estrées habita sa propriété de Villedart, et fut maire de la commune d'Yvoy du 1er mars 1809 jusqu'à sa mort survenue subitement le 4 octobre 1815, 6, rue de l'Évêché, à Orléans. Marie-Magdeleine de la Fons décéda le 2 janvier 1844, rue des Anglaises, en la même ville.

Leurs enfants furent :

1º Marie-Florentine de Loynes d'Estrées, née le 18 fructidor an IX, rue Sainte-Anne, 6, à Orléans; elle y décéda le 31 août 1807 ;

2º Marie-Alphonsine de Loynes d'Estrées, née à Orléans le 21 prairial an XI (10 juin 1803), décéda à Paris le 21 septembre 1829, sans avoir contracté d'alliance ;

3º Marie-Caroline de Loynes d'Estrées, née à Orléans, 6, rue Sainte-Anne, le 15 fructidor an XIII (2 septembre 1805, déclaration faite par Mre François-Balthazar Desparrin, chanoine de Sainte-Croix, âgé de 56 ans). Elle demeurait 9, rue des Anglaises, lorsqu'elle épousa, le 9 février 1830, en l'église Saint-Pierre-Ensentelée, après contrat reçu la veille par Bordas, notaire, Timothée *Colas de Brouville de Malmusse,* chevalier, garde du corps du Roi, capitaine au 7e régiment de chasseurs à cheval, âgé de 35 ans, fils de Pierre Colas de Brouville de Malmusse, chevalier, et de Marie-Marguerite-Catherine Jacques Chancerel d'Ardaine. Elle en était veuve lorsqu'elle décéda au château de Mousseau, cne de Chaumont-sur-Tharonne (Loir-et-Cher), le 25 septembre 1875.

4º Marie-Aimée-Thaïs de Loynes d'Estrées, née à Orléans le 26 septembre 1807, y décéda le 28 du même mois ;

5º Marie-Hélène-Thaïs de Loynes d'Estrées, née à Orléans le 10 mai 1811, épousa, le 11 décembre 1832, à Orléans, Eugène *Groult de la Planche,* âgé de 28 ans, domicilié à Oinville-Saint-Lyphard (Eure-et-Loir), fils de Michel-François Groult, ancien capitaine d'infanterie, chevalier de l'ordre royal et militaire de Saint-Louis, et de Catherine-Louise de

---

COLAS : voir p. 103.
GROULT DE LA PLANCHE : de sable, à trois têtes de léopard d'or.

Sabrevois. Elle décéda au château de Montevran, c^ne de Chaumont-sur-Tharonne (Loir-et-Cher), le 16 juin 1862.

6º Louis-Marie, qui suit.

XIV. Louis-Marie DE LOYNES d'Estrées, chevalier, né à Orléans le 6 avril 1814, élevé au collège des jésuites de Saint-Acheul, puis de Fribourg (Suisse). Il se consacra à l'amélioration de sa terre de Villedart, en Sologne, et fut maire d'Yvoy-le-Marron depuis le 24 juillet 1857 jusqu'à sa mort ; son administration dota cette commune de six routes qui firent la prospérité du pays. Il décéda le 3 mars 1879 à Orléans, 5o, rue du Bourdon-Blanc.

Il avait épousé à Orléans, le 27 novembre 1838, par contrat passé la veille devant Bordas, notaire, Anne-Marie-Louise DE LA TAILLE, née à Orléans le 13 septembre 1814, domiciliée 2, rue du Pot-de-Fer, fille de Charles-Gabriel-Ephrem de la Taille, chevalier, ancien conseiller à la Cour royale d'Orléans, et d'Anne-Renée-Félicité de Loynes de Fumichon.

De ce mariage :

1º Louise-Marie-Magdeleine de Loynes d'Estrées, née à Orléans, 7, rue de Semoy, le 18 août 1840, épousa, le 12 janvier 1864, en l'église Saint-Paterne d'Orléans, après contrat passé le 3o décembre 1863 devant Berceon, notaire à Paris, Célestin-Alfred *Delfau de Pontalba,* veuf de Cécile de Parseval, et fils de Célestin Delfau, baron de Pontalba, et de Micaëla-Léonarda Almonaster y Roxas. Il décéda à Orléans le 18 janvier 1877.

2º Anne-Marie de Loynes d'Estrées, née à Orléans, 2, rue du Pot-de-Fer, le 15 avril 1846, épousa, le 19 avril 1869, en l'église Saint-Paterne, après contrat passé la veille devant Bordas, notaire à Orléans, Joseph *de Champeaux de la Boulaye,* né et domicilié à Autun (Saône-et-Loire), fils de Paulin de Champeaux de la Boulaye et d'Hedwige Salomnier de Varenne;

3º Marie-Joseph-Aignan-Eugène, qui suit.

DE LA TAILLE : voir p. 36.

DELFAU DE PONTALBA : de gueules, à deux faulx d'argent posées en sautoir et renversées, au chef de sinople chargé de deux rocs d'échiquier d'argent.

DE CHAMPEAUX : d'azur, à un cœur d'argent, accompagné de trois étoiles d'or, deux en chef et une en pointe.

14

XV. Marie-Joseph-Aignan-Eugène DE LOYNES d'Estrées, chevalier, né
à Orléans, 2, rue du Pot-de-Fer, le 19 août 1853, sous-lieutenant de réserve au 76e et au 82e régiment d'infanterie, puis lieutenant, officier
d'ordonnance de réserve du général commandant la 10e division d'infanterie.

Il a épousé en premières noces, le 26 février 1878, par contrat passé
la veille devant Rœllinger, notaire à Bray-sur-Seine, Claire-Marie-
Thérèse BERTHEMY, fille du chevalier Edouard-Alexis-Auguste-Ernest
Berthemy, ancien garde général des forêts de la couronne, et de Marie
Bernard Dutreil ; elle décéda à Orléans, 3, rue Croix-de-Malte, le 31 janvier 1879, à l'âge de 20 ans ; et en secondes noces, par autorisation du
président de la République en date du 2 mars 1880 et par contrat passé
devant ledit Rœllinger le 5 avril 1880, Marthe-Marie-Caroline BERTHEMY,
sa belle-sœur, née à Laval (Mayenne) le 11 janvier 1860, domiciliée au
château des Aulins, cne de Mouy-sur-Seine (Seine-et-Marne).

Ses enfants furent :

Du premier lit :

1º Marie-Paul-Aignan de Loynes d'Estrées, né à Orléans le 23 janvier 1879,
3, rue Croix-de-Malte, décédé en cette ville, 5o, rue du Bourdon-Blanc,
le 6 février suivant ;

Du second lit :

2º Jehan-Marie-Louis-Joseph de Loynes d'Estrées, né aux Aulins, cne de
Mouy-sur-Seine, le 10 janvier 1881 ;

3º Marie-Paul-Jacques de Loynes d'Estrées, né à Fontainebleau, 2, place
d'Armes, le 16 décembre 1882, y décéda le 4 février suivant ;

4º Louis-Marie-Aignan de Loynes d'Estrées, né à Orléans, 5o, rue du
Bourdon-Blanc, le 11 mai 1885 ;

5º Marthe-Marie-Thérèse-Louise de Loynes d'Estrées, née à Orléans le
22 décembre 1889 ;

6º Marie-Monique-Paule-Anne de Loynes d'Estrées, née à Fontainebleau
le 25 janvier 1893.

BERTHEMY : d'or, à l'épée de sable accompagnée de trois têtes de chevaux allumées
de gueules, à la fasce de gueules brochante sur le tout.

BRANCHE DE MAZÈRE ET DU HOULLEY

XII. Daniel DE LOYNES, chevalier, seigneur de Mazère, de la Thau-
dière et autres lieux, onzième enfant de Jehan de Loynes d'Autroche et
de Thérèse Chartier (voir page 83), fut baptisé à Saint-Michel le 3 septembre 1732. Il fut capitaine au régiment de Blois ou de la Sarre et
chevalier de l'ordre royal et militaire de Saint-Louis en 1767. Il fut
représenté à l'assemblée de la noblesse du bailliage d'Orléans en 1789.
Resté à Orléans pendant l'émigration, il obtint, le 5 juin 1793, la radia-
tion de son nom de la liste des émigrés du département du Calvados et
main-levée du séquestre apposé sur ses biens dans les départements du
Calvados et d'Eure-et-Loir. Il décéda à Mazère (cⁿᵉ de Nouan-le-Fuzelier),
à l'âge de 70 ans, le 28 vendémiaire an XI (22 octobre 1802).

Il avait épousé en la paroisse Saint-Gervais de Paris, le 15 mai 1764,
Anne-Renée-Cécile DU HOULLEY, née le 18 octobre 1743, fille de haut et
puissant seigneur Mʳᵉ Jean du Houlley, chevalier, baron châtelain haut-
justicier de Saint-Martin-du-Houlley, seigneur honoraire de Firfol, Saint-
Martin-du-Houlley, Saint-Léger-du-Houlley, seigneur de la Lande, etc...,
conseiller du Roi en sa cour du Parlement, et de dame Jeanne-Anne
Herment, baronne de Fumichon, dame de Saint-Pierre-de-Chanteloup,
Chilliers, Barrat, Baudet, Bellemare, etc... Elle décéda à Orléans le 9 floréal an XIII (27 avril 1805).

Leurs enfants furent :

1º Alexandre-Jean-Louis-Anne, qui suit ;
2º Agnès-Cécile-Marie de Loynes de Mazère, baptisée le 3 mars 1766 à
Saint-Gervais de Paris, eut pour parrain Laurent-Marie Chappe, chevalier, seigneur de Fumichon, et pour marraine Agnès-Élisabeth-Henriette
Le Roy, épouse de François Duval, chevalier, conseiller du Roi au
châtelet de Paris. Elle mourut le 20 du même mois à Paris, paroisse
Saint-Paul.
3º Jean de Loynes de Mazère, baptisé le 16 avril 1768 à Saint-Pierre-

DU HOULLEY : voir p. 79.

Lentin d'Orléans, fut confirmé, paroisse Saint-Michel, le 22 juin 1780, par Mgr l'évêque de Fréjus en l'église des RR. PP. Jacobins.

« Faisant partie de la garde nationale d'Orléans, il était dans l'intérieur de la maison commune à l'effet de marcher à la première réquisition lorsqu'une flammèche qui s'était détachée de l'allumette (lance à feu) qui était entre les mains d'un canonnier a mis le feu à la poudre qui était restée sous les canons rentrés à la maison commune : ce feu s'est communiqué au caisson, de là à la lumière et a fait partir un canon; Jean de Loynes de Mazère (le jeune) fut tué avec huit de ses compagnons, le 17 septembre 1792. » (Lottin, *op. cit.*, 2e partie, T. I, p. 410.)

4° Claude de Loynes de Mazère, seigneur de Fumichon, auteur de la branche des de Loynes de Fumichon, qui sera rapportée ci-après (page 117).

XIII. Alexandre-Jean-Louis-Anne DE LOYNES, chevalier, baron du Houlley, fut baptisé le 25 février 1765 en l'église Saint-Gervais de Paris. Il eut pour parrain Jean de Loynes, chevalier, seigneur d'Autroche, chevalier d'honneur au bailliage et siège présidial d'Orléans, représenté par Mre Louis de Loynes de Morett, chevalier de l'ordre royal et militaire de Saint-Louis, colonel d'infanterie, et pour marraine Jeanne-Anne Herment, baronne de Fumichon, veuve de Mre Jean du Houlley et « actuellement épouse de Mre Laurent Chappe, chevalier, conseiller du Roy en son grand Conseil ».

Baron du Houlley (Normandie), seigneur de Mazère (Sologne) et autres lieux, il fut lieutenant au régiment de la Sarre-infanterie en 1789, et décéda à Orléans, 16, place de l'Étape, le 13 octobre 1830. Il avait épousé (contrat passé le 20 octobre 1793 devant Bruère et Julien, notaires à Orléans), le 1er jour du second mois de l'an II, Élisabeth-Zoé COLAS DES FRANCS, née le 3 août 1778, fille de Pierre-François Colas des Francs, chevalier, et de Marie-Thérèse-Françoise Miron. Elle décéda à Orléans le 19 août 1828 et fut inhumée au cimetière Saint-Vincent.

De ce mariage :

1° Adélaïde-Zoé de Loynes du Houlley, née à Orléans le 8 floréal an III

COLAS : voir p. 103.

(27 avril 1795), 18, faubourg de la Liberté, épousa, par contrat passé devant Bottet, notaire à Orléans, le 22 janvier 1813, Charles-Jérôme-Gabriel *Baguenault de Viéville*, propriétaire, fils de Gabriel-Pierre Baguenault, écuyer, et de Marie-Félicité de Laage de Meux ; elle décéda à Orléans, 62, rue Bretonnerie, âgée de 56 ans ;

2º Alexandre-Ernest, qui suit ;

3º Aimée-Esther de Loynes du Houlley, née à Orléans, 18, faubourg Bannier, le 29 fructidor an IX, épousa le comte *de Muralt*, officier de la garde suisse, à Paris, et décéda en son hôtel à Berne le 13 mars 1886, âgée de 85 ans ;

4º Anne-Léonie de Loynes du Houlley, née à Orléans le 15 mai 1809. Elle épousa, le 7 avril 1828, après contrat passé la veille devant Courmont, notaire à Orléans, Gabriel-Joseph *Baguenault*, âgé de 23 ans, fils de Gabriel-Pierre Baguenault, écuyer, membre du conseil municipal d'Orléans, et de Marie-Félicité de Laage de Meux ;

5º Albéric-Gaston de Loynes du Houlley, né à Orléans, 18, faubourg Bannier, le 16 mars 1812, décédé le 6 juillet 1862 au château de Mazère, commune de Nouan-le-Fuzelier (Loir-et-Cher), et inhumé au cimetière Saint-Vincent, à Orléans.

XIV. Alexandre-Ernest DE LOYNES, chevalier, baron du Houlley, né à Orléans, 18, faubourg de la Liberté, le 29 germinal an VI, épousa en premières noces, avec dispenses, à Orléans, le 7 avril 1828, après contrat reçu par Pélerin, notaire en cette ville, Thaïs COLAS DES FRANCS, sa cousine germaine, âgée de 18 ans, fille d'Albin-Gabriel-Jules Colas des Francs, chevalier, et d'Anne-Aglaë Tassin de Montcourt. Elle décéda à Orléans le 15 avril 1832, et fut inhumée au cimetière Saint-Vincent. Il épousa en secondes noces, par contrat passé devant Vergne, notaire à

BAGUENAULT : d'argent, au chevron de gueules, accompagné de deux étoiles d'azur en chef, et d'une foy au naturel parée de gueules surmontée d'un lys au naturel en pointe, au chef cousu d'or chargé de trois merlettes de sable.

DE MURALT : d'azur, à la muraille crénelée d'argent, maçonnée de sable, accompagnée de quatre fleurs de lys d'or, une en chef, deux en flanc et une en pointe.

BAGUENAULT : comme ci-dessus.

COLAS : voir p. 103.

Bourges, le 26 février 1834, Marie-Jeanne-Émilie ANJORANT, née à Bourges, fille du vicomte Jacques Anjorant et de Henriette-Marie-Geneviève de Gamaches ; elle décéda à Orléans le 9 mars 1885, à l'âge de 78 ans. Alexandre-Ernest de Loynes du Houlley était décédé en la même ville, 12, rue des Anglaises, le 7 janvier 1852, laissant :

Du premier lit :

1º Alexandre-Georges de Loynes, chevalier, baron du Houlley, né à Orléans, 16, place de l'Étape, le 21 août 1829. Propriétaire du château de Montour, cⁿᵉ de Jouy-le-Pothier (Loiret), il épousa, par contrat passé le 8 juillet 1854 devant Desbois, notaire à Orléans, Berthe *de Montaudoüin*, fille d'Émile de Montaudoüin, propriétaire, demeurant au château des Quatre-Vents (cⁿᵉ d'Olivet), et de Marie-Amélie de Bodin de Boisrenard.

Il décéda au château des Quatre-Vents, le 7 décembre 1886, et fut inhumé au cimetière Saint-Vincent, à Orléans.

2º Élisabeth de Loynes du Houlley, née à Orléans, 12, rue des Anglaises, le 17 novembre 1831 ; elle y décéda, 7, rue Saint-Martin-du-Mail, le 18 mai 1833 ;

Du second lit :

3º Marie-Henriette de Loynes du Houlley, née à Bourges, décéda à Orléans, âgée de 4 ans 1/2, le 29 février 1840 ;
4º Alexandre-Marie-Jacques-Émilien, qui suit.

XV. Alexandre-Marie-Jacques-Émilien DE LOYNES, chevalier, baron du Houlley, né à Orléans, 53, rue de la Bretonnerie, le 14 janvier 1841 ; capitaine commandant un escadron territorial de chasseurs, à Vendôme, le 16 octobre 1875. Propriétaire du château de Cherupeau (cⁿᵉ de Tigy, Loiret), il a épousé, par contrat passé le 29 avril 1867 devant Morin, notaire à Tours, Suzanne LE BRETON DE VONNE, fille d'Hippolyte Le Breton de Vonne, chevalier, propriétaire du château de la Chevrière, et d'Amélie Bacot.

ANJORANT : d'azur, à trois fleurs de lys au naturel tigées d'argent.
DE MONTAUDOÜIN : d'azur, à une montagne de six coupeaux d'argent.
LE BRETON DE VONNE : d'azur, au chevron d'or, accompagné en chef de deux étoiles d'argent et en pointe d'un croissant de même.

De ce mariage :

1º Marie-Gaston-Ernest de Loynes du Houlley, né à Orléans, 54, rue de la Bretonnerie, le 23 avril 1868 ;

2º Marie-Jean-Hippolyte-Jacques de Loynes du Houlley, né à Orléans le 10 août 1874, élève de l'école spéciale militaire de Saint-Cyr.

BRANCHE DE FUMICHON

XIII. Claude DE LOYNES de Mazère, chevalier, seigneur baron de Fumichon, quatrième enfant de Daniel de Loynes, seigneur de Mazère, et d'Anne-Renée-Cécile du Houlley (voir page 110), fut baptisé à Saint-Pierre-Lentin d'Orléans le 9 août 1770. Il habitait à Orléans, 1, place de la Réunion, lorsqu'il épousa, le 29 nivôse an V (18 janvier 1797), Félicité SEURRAT DE LA BOULAYE, baptisée à Orléans, le 1er avril 1773, paroisse Notre-Dame de Recouvrance, domiciliée 15, rue de Recouvrance, fille de Jacques-Isaac Seurrat de la Boulaye, écuyer, seigneur des Coudreceaux, Meraville, les Poitevins, Villecoulon, Brulart et autres lieux, avocat au Parlement de Paris, juge magistrat au bailliage et siège présidial d'Orléans, député de la noblesse du bailliage d'Orléans aux États-Généraux, et de Marie-Anne-Renée Renault. Claude de Loynes de Fumichon décéda à Orléans, 74, rue Bretonnerie, le 2 janvier 1822.

Ses enfants furent :

1º Anne-Renée-Félicité de Loynes de Fumichon, née à Orléans, 1, place de la Réunion, le 14 germinal an VI (2 avril 1798). Elle demeurait 33, rue de la Bretonnerie, lorsqu'elle épousa à Orléans, le 14 avril 1813, Charles-Gabriel-Ephrem *de la Taille*, propriétaire, conseiller à la Cour royale d'Orléans, fils de Georges-Antoine-Hector de la Taille, chevalier, seigneur du Boulay et de Lolinville, capitaine au régiment de Beauce, et de Marie-Louise Dumont. Elle en était veuve lorsqu'elle décéda, 39, rue de Gourville, à Orléans, le 29 avril 1869.

2º Adrien-Jacques, qui suit;

3º Bathilde-Marie-Thérèse de Loynes de Fumichon, née à Orléans, 4, cloître Saint-Aignan, le 21 messidor an XIII (10 juillet 1805). Elle demeurait 35, rue du Tabourg, lorsqu'elle épousa à Orléans, le 28 octobre 1843, Solon *de Romand,* ancien garde du corps du Roi, vérificateur, chef du service des douanes au Moule (Guadeloupe), fils de Laurent de Romand, chevalier, colonel au corps royal de gendarmerie, chevalier de

---

SEURRAT : voir p. 40.
DE LA TAILLE : voir p. 36.
DE ROMAND : d'azur, à cinq besans d'or, 2 et 3.

Saint-Louis, et de Marie-Magdeleine-Catherine-Louise-Françoise Le Tourtier du Portail. Elle en était veuve lorsqu'elle décéda à Orléans, 72, rue Bretonnerie, le 14 mai 1884.

XIV. Adrien-Jacques DE LOYNES, baron de Fumichon, né à Orléans, 1, place de la Réunion, le 11 thermidor an VIII (29 juillet 1799), fut chef de bataillon de la garde nationale, maire de Chilleurs-aux-Bois (Loiret). Il décéda le 9 février 1858 au château de Pauchien (cⁿᵉ de Luynes, Indre-et-Loire).

Il avait épousé en premières noces, le 17 février 1842, par contrat passé les 15 et 16 du même mois devant Fougeu, notaire à Orléans, Marie-Élisabeth-Clarisse DE SAINTONGE, née le 31 octobre 1817 à Cléry (Loiret), fille de Charles-Pierre-Louis de Saintonge, propriétaire, et de Julie-Eugénie Bruère ; elle décéda à Tours le 17 avril 1847. Et en secondes noces, le 26 mai 1853, par contrat passé le 24 devant Desbois, notaire à Orléans, Louise-Adrienne-Raymonde-Augustine DE TOURNEMINE, née à Lachaux (Cantal) le 16 juillet 1829, fille d'Augustin de Tournemine, lieutenant d'infanterie, officier de la légion du Cantal, et d'Adrienne Raymond de Rigault.

Il eut du premier lit :

1° Adrien de Loynes de Fumichon, décédé à l'âge de 9 mois ;
2° Marie de Loynes de Fumichon, décédée à Tours en bas âge ;
3° Louise-Marie de Loynes de Fumichon, décédée à Tours après les deux précédents, à l'âge de 6 ans, le 9 juin 1852. Sa succession et celle de sa mère furent liquidées par Duvigneaux, notaire à Tours, le 4 décembre 1852.

Du second lit :

4° Marie-Pierre-Adrien, qui suit ;
5° Henri-Dieudonné-Adrien, qui suivra (page 123).

XV. Marie-Pierre-Adrien DE LOYNES, baron de Fumichon, né à Tours le 1ᵉʳ mai 1854, épousa, le 17 novembre 1880, par contrat passé le même

DE SAINTONGE : d'azur, à un chevron d'or accompagné en chef de deux étoiles de même et en pointe d'un croissant d'argent.
DE TOURNEMINE : d'or, à trois bandes de sable, au franc quartier d'hermines et à la bordure de gueules chargée de onze besans d'or.

jour devant Lefèvre, notaire à Bayeux, Anne-Marie-Mathilde DE POM
MEREAU, née à Molay (Calvados) le 31 août 1856, fille d'Édouard-Léonce
de Pommereau et de Clémence-Marie de Chabrol-Crousol.

De ce mariage :

1º Anne-Augustine-Pauline-Marie de Loynes de Fumichon, née à Bayeux
le 4 janvier 1882, décédée à Orléans le 18 août 1891 ;

2º Marie-Joseph-Henri-Pierre de Loynes de Fumichon, né à Orléans le
9 mars 1883 ;

3º Anne-Marie-Jeanne de Loynes de Fumichon, née à Orléans le 14 août
1890.

DE POMMEREAU : d'argent, au pommier de sinople fruité de gueules sur une terrasse
de sable ; au chef d'azur chargé de deux croissants d'or.

XV. Henri-Dieudonné-Adrien DE LOYNES, baron de Fumichon, deuxième enfant d'Adrien-Jacques de Loynes, baron de Fumichon, et de Louise-
Adrienne-Raymonde-Augustine de Tournemine (voir page 118), né à
Luynes (Indre-et-Loire) le 3 juillet 1855, propriétaire du château de
Boucheteau, cne de Saint-Hilaire-Saint-Mesmin (Loiret), épousa, le
25 janvier 1881, par contrat passé le même jour devant Garapin,
notaire à Orléans, Louise-Marie-Alice TASSIN DE CHARSONVILLE, née à
Orléans le 31 mai 1859, fille de Prosper-Étienne-Augustin-Arthur Tassin
de Charsonville et de Marie-Hélène de Lange.

De ce mariage :

1o Robert-Marie-Richard de Loynes de Fumichon, né au château du
Bailly (cne de Mézières, Loiret) le 26 septembre 1883 ;
2o Maurice-Marie-Gaston de Loynes de Fumichon, né au château du
Bailly le 16 octobre 1884 ;
3o Edgard-Marie-Adrien de Loynes de Fumichon, né au château du
Bailly le 11 juillet 1886 ;
4o Marguerite-Marie-Mathilde de Loynes de Fumichon, née à Orléans
le 5 septembre 1887 ;
5o Élisabeth-Marie-Cécile de Loynes de Fumichon, née le 16 novembre
1888 au château de Boucheteau ;
6o Roger-Marie-Joseph de Loynes de Fumichon, né le 14 décembre 1889
au château de Boucheteau.

TASSIN : voir p. 82.

BRANCHE DE LA ROYAUTÉ

VI. Claude DE LOYNES, deuxième fils de Gentien de Loynes et de Marguerite Coignet (voir page 40), bourgeois d'Orléans, fut procureur échevin de 1538 à 1540[1]. Il épousa vers 1520 Marie COMPAING, fille de Jean Compaing et de Guillemette de la Saussaye, et petite-fille de Pierre Compaing, écuyer, et de Marie Lhuillier. « Marie Compaing, étant veuve, passa procuration, le 9 août 1561, avec ses enfants et Madeleine Compaing sa sœur, femme d'honorable homme Jacques Alleaume, bourgeois et marchand d'Orléans, pour composer avec le sieur baron de Clervaut des profits de fief à cause de l'acquisition par eux faite de dame Olive Saussoye, veuve de Me Guillaume Poisson, vivant procureur du Roy au bailliage de Blois, des deux cinquièmes parties du lieu et terre de Saintinville, paroisse de Neufvy en Dunois. » (Bibl. nat. Cabinet des titres, *Loynes.*)

Leurs enfants furent :

1º Marguerite de Loynes, femme de Claude *Paris,* bourgeois d'Orléans, fils de Guillaume Paris, bourgeois d'Orléans, et de Perrette Courtin. Elle était veuve en 1561 (paroisse Sainte-Catherine), décéda le 24 mars 1594 et fut inhumée en l'église Saint-Paul[2].

2º Gentien, qui suit ;

3º Marie de Loynes, femme de Philippe *Poirier,* bourgeois d'Orléans, en 1561 et 1563 (paroisse Sainte-Catherine) ;

4º Noël de Loynes, sieur de la Barre, bourgeois et marchand d'Orléans, décédé en 1570, avait épousé, par contrat du 9 juin 1560, Barthélemie *Bailly,* fille de Barthélemy Bailly, sieur de Varennes, dont il eut, entre autres enfants :

    A. Marguerite de Loynes, première femme de Charles *des Frisches,*

COMPAING : voir p. 40.
PARIS : voir p. 11.
POIRIER :
BAILLY : voir p. 49.
DES FRISCHES : d'azur, à la bande d'argent chargée de trois défenses de sanglier de sable, et accompagnée de deux croisettes d'argent encloses en un annelet d'or.

sieur des Valins, échevin d'Orléans en 1612, receveur en 1610, mort la même année, fils de Pierre des Frisches, sieur de Saint-Lyé, maire d'Orléans en 1584, et d'Anne Petau;

B. Marie de Loynes, baptisée à Sainte-Catherine le 15 décembre 1563, eut pour marraines Marguerite de Loynes, femme de Claude Paris, et Marie de Loynes, femme de Philippe Poirier;

C. Anne de Loynes, baptisée à Sainte-Catherine le 7 février 1570, eut pour parrain Philippe Poirier et pour marraine Marie Le Roy, femme de Gentien de Loynes.

5° Pierre de Loynes, époux de Huguette *des Frisches,* qui en était veuve le 9 juillet 1575.

De ce mariage il avait eu trois enfants :

A. Esther de Loynes, mariée à François *Cahouet,* marchand-bourgeois d'Orléans, fils de Guillaume Cahouet, bourgeois d'Orléans, et d'Élisabeth de Champeaux;

B. François de Loynes, mort avant le 9 juillet 1575;

C. Pierre de Loynes, âgé d'environ dix-huit ans le 9 juillet 1575, se trouvait alors sous la curatelle de Nicolas des Frisches, et, en 1582, sous la tutelle de Jehan Le Maire; il avait des propriétés à Charsonville. (Bibl. nat. Cab. des titres, *Loynes.*)

6° Madeleine (ou Marguerite) de Loynes, femme de Jehan *Le Maire,* bourgeois et marchand d'Orléans, en 1561.

VII. Gentien DE LOYNES, écuyer, sieur de la Royauté, fut nommé en 1564 juge-président de la juridiction consulaire d'Orléans, qui avait été établie l'année précédente. En 1583, il assista en qualité de notable à la réformation de la coutume du duché d'Orléans. Élu échevin de 1567 à 1569, procureur de 1566 à 1568 [1], et receveur, il fut capitaine des volontaires de la ville, député au conseil d'État tenu à Laon le 22 novembre 1591 sur la réformation et les affaires de la ville d'Orléans (Lemaire cité par Bimbenet, IV, p. 20) ; enfin élu maire au mois d'avril 1597 par le suffrage des habitants et agréé dans cette place importante par le Roi

DES FRISCHES : voir p. 127.
CAHOUET : d'azur, à un sautoir dentelé d'or, accompagné de quatre besans de même ; au chef d'or chargé d'un chevron renversé de gueules.
LE MAIRE : d'azur, au chevron d'or, à l'arbre déraciné en pointe.

Henri IV [1], qui lui écrivit au sujet de son élection une lettre très honorable le 28 avril 1597 [2] ; il en reçut une autre des plus flatteuses du duc
de Villeroy le 7 mai de la même année [3]. « Henri IV connaissoit effecti-
vement le mérite personnel de Gentien de Loynes qu'il avoit vu plusieurs
fois et M. de la Neufville (Villeroy) l'estimoit et en avoit fait l'éloge en
plein conseil. » *(Gén. man.)*

Gentien de Loynes de la Royauté, qui avait prêté serment le 2 mai [4],
tomba malade quelques jours après son installation dans la charge de
maire d'Orléans et mourut le 29 juin 1597.

Il avait épousé Marie LE ROY, dame de la Royauté [5] (ce fut probable-
ment elle qui apporta ce fief à son mari—*Gén. man.*), née à Blois, fille de
Jehan Le Roy et de Louise Bernard ; elle décéda le 21 février 1585.
Tous deux furent inhumés à Sainte-Catherine d'Orléans [6].

Leurs enfants furent :

1º Claude, qui suit ;
2º Antoine de Loynes, auteur de la branche cadette de la Royauté, rapportée plus loin (page 135) ;
3º Gentien de Loynes, auteur de la branche de la Barre, également rapportée plus loin (page 175) ;
4º Marie de Loynes, première femme de noble homme Jehan *Petau*, seigneur des Grandes et des Petites Touches [7], contrôleur ordinaire des
guerres, fils de Charles Petau et de Michelle Roillart ; décédée le
17 mars 1598, paroisse Saint-Sulpice, et inhumée à Sainte-Catherine.
Jehan Petau décéda paroisse Saint-Sulpice le 12 février 1612.
5º Huguette de Loynes, femme de François *Cahouet*, dont elle était veuve
en décembre 1613 (Sainte-Catherine) ;
6º Louise de Loynes, femme de Jehan *Callouet*, demeurant à Paris en
1593 ; elle en était veuve en 1610 et vivait encore le 15 juillet 1632
(Sainte-Catherine) ;

LE ROY : d'argent, à trois cottes d'armes de sable 2 et 1 ;
aliàs : parti d'or et de sable, chargé d'une aigle éployée de l'un en autre ; au
chef de vair.
PETAU : d'azur, à l'aigle éployée d'or et à trois étoiles de même en chef.
CAHOUET : voir p. 128.
CALLOUET : d'or, à trois fers à cheval de gueules ; à la fleur de lys du même en
cœur.

17

7° Anne de Loynes, baptisée le 15 août 1565 à Sainte-Catherine, eut pour parrain Jehan Alleaume et pour marraines Magdeleine Compaing et Magdeleine de Loynes ;

8° Magdeleine de Loynes, mariée à Gilles *Salomon.*

VIII. Claude DE LOYNES, écuyer, sieur de la Royauté, échevin d'Orléans en 1606, 1612 et 1614 [1], épousa Marie BOUCQUIN, fille de Jacques Boucquin, bourgeois d'Orléans, et de Michelle Boillève.

De ce mariage :

1° Claude qui suit ;

2° Nicolas de Loynes, baptisé à Sainte-Catherine le 5 septembre 1590, eut pour parrains noble homme Jacques Bernard Vanyer, sieur de la Rivière-Bardon, et noble homme Claude Barbezeau, sieur d'Ambray, et pour marraine Marie de Loynes, femme de Jehan Petau, contrôleur ordinaire des guerres ; il fut chanoine de Saint-Aignan d'Orléans (?) ;

3° Magdeleine de Loynes, baptisée à Sainte-Catherine le 2 février 1593, eut pour marraine Louise de Loynes, femme d'hon[ble] homme Jean Callouet, demeurant à Paris ;

4° Louis de Loynes, baptisé à Sainte-Catherine le 27 août 1594, eut pour marraine Marguerite de Loynes, veuve de Claude Paris ;

5° Jacques de Loynes, baptisé à Sainte-Catherine le 18 décembre 1598, eut pour parrain Gentien de Loynes et pour marraine Simonne Sachet, veuve d'Antoine de Loynes ; il fut religieux de Marmoutier ;

6° François de Loynes, baptisé à Sainte-Catherine le 21 octobre 1601 ;

7° Gentien de Loynes, baptisé à Sainte-Catherine le 30 avril 1604 ; il fut chanoine de Saint-Aignan ;

8° Ysabel ou Élisabeth de Loynes, baptisée à Sainte-Catherine le 15 juillet 1606, eut pour parrain noble homme Jacques Duchon, seigneur de Mézières, avocat du Roi au bailliage d'Orléans, et pour marraines Suzanne Le Bert, femme de Gentien de Loynes, et Marie Gasnier, femme de Gentien de Loynes. Elle épousa noble homme Antoine *Legrant*, qui fut « eslu contrôleur en l'élection de Romorantin » en 1631, « eslu en l'élection d'Orléans » en 1649, receveur et payeur des gages de MM. les

SALOMON : voir p. 45.

BOUCQUIN : d'or, à trois rameaux d'olivier de sinople.

LEGRANT : d'azur, à un chevron d'or, accompagné en chef de trois étoiles d'or et en pointe d'un cœur d'or sur lequel est un croissant de gueules.

officiers du siège présidial ; il décéda à Orléans le 2 septembre 1664,
âgé de 65 ans, et Ysabel de Loynes, le 11 août 1651 ; ils furent inhumés
tous deux au grand-cimetière [1].

9° Gentien de Loynes, baptisé à Sainte-Catherine le 27 juillet 1609, eut
pour marraine Catherine Colas.

IX. Claude DE LOYNES (dit le jeune), écuyer, sieur de la Royauté, épousa,
le 18 juin 1612, à Sainte-Catherine, Claude NOUËL, fille de Claude Nouël,
sieur de Bel-Air, échevin d'Orléans en 1610 et 1622 et receveur en 1627,
et d'Anne Bugy. Il mourut avant le 19 février 1634.

De ce mariage :

    1° Anne de Loynes, baptisée à Sainte-Catherine le 22 août 1614, eut pour
parrain Claude de Loynes. Elle épousa à Sainte-Catherine, le 20 février 1634, après contrat passé le 19 devant Laurent Bordes, notaire au
châtelet d'Orléans, Jacques *Hurault*, sieur de Grenneville ou Grigne-
ville, chef de paneterie de la maison du Roi, fils de Guy Hurault,
bourgeois d'Orléans, et de Catherine Daniel. Anne de Loynes était veuve
en 1685. Elle fut inhumée en l'église Saint-Paul, le 9 décembre 1693.

    2° Claude de Loynes, baptisée à Sainte-Catherine le 25 août 1615, eut
pour marraine Louise de Loynes, veuve de Jehan Callouet ; elle fut
religieuse ursuline à Beaugency ;

    3° Louis de Loynes, baptisé à Sainte-Catherine le 13 janvier 1617, eut
pour parrain noble homme Robert Bugy, procureur du Roi au bailliage et siège présidial d'Orléans ; il était chanoine de Saint-Aignan
d'Orléans le 23 juin 1655 et en 1688 [2] ;

    4° Nicolas, qui suit ;

    5° Jacques de Loynes, baptisé à Sainte-Catherine le 6 juillet 1623, eut
pour marraine Élisabeth de Loynes ;

    6° Gentien de Loynes, baptisé à Sainte-Catherine le 12 octobre 1626, eut
pour parrain Gentien de Loynes et pour marraine Anne Bugy. Il était
chanoine de Saint-Aignan d'Orléans le 24 mai 1688 [2].

X. Nicolas DE LOYNES, sieur de Marambault, baptisé à Sainte-Catherine
d'Orléans le 4 mai 1620, eut pour parrain Nicolas de Loynes, chanoine
de l'église Saint-Aignan, et pour marraine Marie Bugy. Il fut conseiller

---

NOUËL : voir p. 83.
HURAULT : d'or, à la croix d'azur, contournée de quatre ombres de soleil de gueules.

du Roi, contrôleur élu en l'élection de Beaugency, en 1667, 1668 et 1669.
Il avait épousé Marguerite Bernard (de Montebise), ou, d'après le ch^ne Hubert, Marguerite de Belisle, dont il eut :

    1° André, qui suit ;
    2° Claude de Loynes, qui paraît au mariage de son frère en 1688 ; elle
        avait épousé Antoine *Rougeon,* de la ville de Beaugency ;
    3° Nicolas de Loynes ;
    4° Louis de Loynes ;
    5° Madeleine de Loynes ;
    6° Marguerite de Loynes.

XI. André de Loynes, sieur de Bel-Air, noble homme, receveur du
domaine de Romorantin [1], épousa, le 24 mai 1688, âgé de 31 ans environ,
à Saint-Pierre-le-Puellier d'Orléans, Élisabeth Perserant, âgée de 28 ans,
fille de noble homme Jacques Perserant, seigneur de la Mothe-Saran, et
d'Élisabeth Chenu, en présence de Louis de Loynes, prêtre et chanoine
de l'église royale de Saint-Aignan d'Orléans, de Gentien de Loynes,
prêtre et chanoine de cette même église, et qui célébra le mariage, ses
oncles, de Marguerite Bernard, veuve de Nicolas de Loynes, sa mère,
d'Antoine Rougeon, bourgeois de Beaugency, son beau-frère, et de Claude
de Loynes, sa sœur.

De ce mariage :

    1° Marie-Élisabeth de Loynes, baptisée à Saint-Paul le 15 février 1689,
        eut pour parrain vénérable et discrète personne Mre Louis de Loynes
        de la Royauté, prêtre et chanoine de l'église royale de Saint-Aignan
        d'Orléans, et pour marraine Marie Godefroy, veuve de Jacques Perserant, seigneur de la Mothe-Saran ;
    2° André, qui suit ;

Bernard : d'azur, à une licorne passante d'argent.
de Belisle : d'argent, à un chevron d'azur chargé d'une étoile d'or et au chef de
    gueules chargé de trois merlettes d'argent.
Rougeon :
Perserant : d'azur, à six annelets d'or enfilés 3 et 3 à deux bâtons d'argent posés
    en fasce l'un sur l'autre.

XII. André DE LOYNES de la Royauté, écuyer, seigneur de la Mothe-Saran, fut baptisé le 6 juin 1692 à Saint-Paul et eut pour marraine Anne de Loynes, veuve de noble homme Jacques Hurault. Il épousa à Saint-Liphard, le 17 mai 1718, Marie-Madeleine HARDOUIN DU MAS, fille de François Hardouin, chevalier, seigneur du Mas, grand-maître des eaux et forêts au duché d'Orléans, et de Marguerite Boylotte. Ils moururent avant 1749.

De ce mariage :

1º Anne de Loynes de la Royauté, née en 1720, épousa à Saint-Pierre-Ensentelée, le 11 février 1749, par contrat passé la veille devant Goullons, notaire au châtelet d'Orléans, Charles *Goullu du Plessis,* officier d'infanterie, veuf de Marie Nouël de Tourville, fils de Mre Florent Goullu du Plessis, conseiller du Roi, doyen des docteurs régents de l'Université d'Orléans, et de Marie-Françoise Peigné ; elle décéda paroisse Saint-Donatien et fut inhumée au grand-cimetière d'Orléans le 24 décembre 1782 ;

2º Marie-Elisabeth de Loynes de la Royauté, dame de la Mothe-Saran, épousa à Saint-Pierre-Ensentelée, le 18 février 1749, Mre Philippe-Victor *Chardon,* écuyer, licencié et bachelier en droit, seigneur de la Mothe-Saran, Chesne-Moreau, etc..., fils de Claude Chardon, écuyer, sieur de Beauvais, ancien lieutenant général de police à Romorantin, et d'Agnès Malhomet ; elle décéda vers 1758, et son mari le 28 novembre 1787 en sa terre de Chesne-Moreau, près Romorantin ;

3º Marie-Magdeleine-Charlotte de Loynes de la Royauté, qui assista aux mariages de ses sœurs les 11 et 18 février 1749, à Saint-Pierre-Ensentelée.

HARDOUIN : d'azur, au chevron d'or accompagné de deux étoiles de même en chef, et en pointe d'un lion d'or armé et lampassé de gueules.
GOULLU DU PLESSIS : d'argent, à un écusson d'azur chargé d'une tête de loup arrachée d'or, accompagné de huit têtes de mouton de gueules posées en orle.
CHARDON : de gueules, au chevron d'or, accompagné de trois étoiles de même.

VIII. Antoine DE LOYNES, écuyer, deuxième fils de Gentien de Loynes, sieur de la Royauté, et de Marie Le Roy (voir page 129), épousa Simonne SACHET, fille de Louis Sachet et de dame Simonne Guimoneau. Elle était veuve en 1598 et habitait la paroisse Saint-Paul d'Orléans.

De ce mariage :

1º Gentien, qui suit ;

2º Antoine de Loynes, baptisé à Sainte-Catherine le 15 août 1587, eut pour parrains hon^ble homme François Petau, seigneur de la Picasnière, et Jean Callouet ; il épousa à Sainte-Catherine, le 1er juillet 1613, Jehanne *Le Maire*, dont il eut :

  A. Marie de Loynes, baptisée à Sainte-Catherine le 8 septembre 1618, eut pour marraines Simonne Sachet, alors veuve, et Marie Gasnier, femme de Gentien de Loynes ;

  B. Claude de Loynes, baptisé à Sainte-Catherine le 27 novembre 1619, eut pour parrain Gentien de Loynes ; prêtre de l'Oratoire, il était en 1679 curé de Saint-Pierre-Ensentelée à Orléans. Il fit enregistrer ses armoiries vers 1700.

  C. Louise de Loynes, baptisée à Sainte-Catherine le 4 janvier 1621, eut pour parrain Claude de Loynes, marchand de soie, et pour marraine Louise de Loynes, veuve de Jean Callouet.

    L'une de ces deux sœurs fut religieuse ursuline à Sainte-Marie de Montargis (Hubert) ou de Beaugency (Courcelles).

IX. Gentien DE LOYNES, « le jeune », surnommé le « dauphin », écuyer, sieur de la Royauté, baptisé à Sainte-Catherine le 23 mars 1586, eut pour parrains Gentien de Loynes, « l'aîné », et Jean Petau, et pour marraine Simonne Guimoneau. Il fut élu échevin d'Orléans en 1626 [1], 1634 et 1640, échevin et receveur des deniers communs de la ville de 1642 à 1644, puis échevin de 1662 à 1664 et de 1666 à 1668. Il décéda en cette même année et ses funérailles furent faites aux frais de la ville [2].

Fiancé le 6 juin 1606 à Saint-Sulpice, il avait épousé en cette église, le

---

SACHET : d'or, au lion de sable, armé, lampassé et couronné de gueules.
LE MAIRE : voir p. 128.

26 du même mois, Marie GASNIER, fille de François Gasnier et de Marie Jahaniau. Elle décéda paroisse Sainte-Catherine le 6 avril 1669.

Ils eurent pour enfants :

1° Marie de Loynes, baptisée à Sainte-Catherine le 15 novembre 1610, eut pour marraines Simonne Sachet, veuve d'Antoine de Loynes, et Louise de Loynes, veuve de Jean Callouet ; elle épousa à Sainte-Catherine, le 26 juillet 1631, Charles *des Frisches,* fils de Charles des Frisches, sieur des Valins, et de Marguerite de Loynes ;

2° Antoine de Loynes, baptisé à Sainte-Catherine le 28 mai 1612, eut pour parrains Claude et Antoine de Loynes et pour marraine Marie Jahaniau, femme de François Gasnier ; il épousa à Sainte-Catherine, le 21 février 1639, Marie *Masson (du Monceau),* dont il eut :

A. Gentien de Loynes, baptisé à Saint-Sulpice le 12 septembre 1640 ;

B. Marie de Loynes, qui épousa à Saint-Paul, le 14 février 1661, par contrat passé ce même jour devant Lefèvre, notaire à Orléans, Philippe *Miron,* fils de Louis Miron et de Suzanne Mariette, négociant et bourgeois d'Orléans. Elle en était veuve lorsqu'elle décéda le 26 juin 1726, et fut inhumée à Saint-Paul.

C. Catherine de Loynes (?).

3° Gentien de Loynes fut baptisé à Sainte-Catherine le 19 mars 1614 ; il eut pour parrain hon^ble homme Gentien de Loynes « l'aisné ». Il fut peut-être religieux récollet.

4° François de Loynes, baptisé à Sainte-Catherine le 22 septembre 1615, eut pour marraine Jehanne Le Maire, femme d'Antoine de Loynes. Le 16 mai 1656 il demeurait paroisse Saint-Paul et était chanoine de Saint-Pierre-Empont. Il assista en cette qualité, en 1650, au mariage de Charles de Loynes, son frère, avec Magdeleine de Goillons, et, en 1669, au mariage du même Charles de Loynes avec Françoise Goury.

5° Claude de Loynes, baptisé le 27 novembre 1619 à Sainte-Catherine, eut pour parrain Gentien de Loynes. Il épousa, le 26 mai 1653, à Saint-Paul, par devant François de Loynes, prêtre chanoine de Saint-Pierre-

GASNIER :

DES FRISCHES : voir p. 127.

MASSON (DU MONCEAU) : d'azur, à un chiffre d'or composé d'un A, d'une F et d'une M entrelacés.

MIRON : voir p. 55.

Empont, son frère, Marguerite *de Goillons-Vinot,* fille de Claude de
Goillons-Vinot et de Marie Le Normand. Il fut inhumé à Saint-Paul,
le 11 décembre 1672, en présence de Claude et de Gentien de Loynes,
ses fils. Il laissa pour enfants :

A. Claude de Loynes, noble homme, baptisé à Saint-Paul le 21 septembre 1654; le 22 novembre 1677, en présence de Marguerite de
Goillons, veuve de Claude de Loynes, sa mère, et de Gentien de
Loynes, son frère, il épousa à Saint-Paul Catherine *Sévin,* âgée
de 19 ans, qui le rendit père de :

    a. Claude de Loynes, baptisé le 21 janvier 1679 à Saint-Paul, eut
       pour marraine Marguerite de Goillons-Vinot, femme de Claude
       de Loynes; il décéda rue de la Hallebarde, le 27 novembre
       1708, et fut inhumé en l'église Saint-Paul;

    b. Catherine de Loynes, baptisée à Saint-Paul le 8 mai 1680,
       épousa Robert *Paris de Mondonville;* elle mourut veuve à
       l'âge de 72 ans et fut inhumée dans la chapelle de Saint-Charles,
       à Saint-Pierre-Ensentelée;

    c. Marie de Loynes, baptisée à Saint-Paul le 15 février 1683;

    d. Marguerite-Thérèse de Loynes, baptisée à Saint-Paul le 21
       août 1684;

    e. Claude de Loynes, baptisé à Saint-Paul le 26 février 1686, eut
       pour parrain Charles de Loynes; il se noya par accident dans
       la Loire et fut inhumé en l'église Saint-Paul le 17 août 1706;

    f. Jean de Loynes, baptisé à Saint-Paul le 12 septembre 1687;

    g. Françoise de Loynes, baptisée à Saint-Paul le 12 juillet 1689;

    h. Joseph de Loynes, baptisé à Saint-Paul le 30 décembre 1690,
       eut pour marraine Marie Masson, veuve d'Antoine de Loynes;

    i. Marie-Anne de Loynes, baptisée à Saint-Paul le 28 juillet 1693,
       eut pour marraine Marie de Flacourt, femme de Gentien de
       Loynes;

    j. Magdeleine de Loynes, baptisée à Saint-Paul le 17 novembre
       1694, épousa à Saint-Pierre-Ensentelée, le 17 janvier 1719,
       Jean-Baptiste *Girard des Roches,* fils de Gilles Girard des Ro-

---

DE GOILLONS-VINOT : de gueules, à une fasce d'or chargée d'un cœur d'azur.
SÉVIN : d'azur, à la gerbe debout d'or, liée de gueules.
PARIS : voir p. 11.
GIRARD DES ROCHES : d'azur, à trois flammes d'or 2 et 1, au chef de même chargé de
    trois geais de sable.

ches, entrepreneur des ouvrages du Roi, et d'Anne Villeneuve;

k. François de Loynes, baptisé à Saint-Paul le 20 octobre 1696, épousa, le 3 août 1730, à Sainte-Catherine, Marie-Magdeleine *Couriace*, veuve de Michel Douville ; il en était veuf lorsqu'il décéda paroisse Saint-Victor le 12 juillet 1767. Il fut inhumé à Sainte-Catherine.

l. Guillaume de Loynes, baptisé à Saint-Paul le 1er décembre 1698, eut pour parrain Gentien de Loynes, sieur du Rondeau, aide d'échansonnerie du Roi. Il décéda étudiant de philosophie au collège d'Orléans, le 8 août 1715, paroisse Saint-Paterne.

B. Gentien de Loynes, fils de Claude de Loynes et de Marguerite de Goillons-Vinot, fut baptisé à Saint-Paul le 16 mai 1656 par vénérable et discrète personne François de Loynes, prêtre chanoine de Saint-Pierre-Empont. Il épousa (après trois sommations faites à dame Marguerite de Goillons-Vinot, veuve de Claude de Loynes, sa mère), le 6 septembre 1689, à Saint-Éloi, Marie *de Flacourt*, âgée de 28 ans environ, fille d'hon^ble homme François de Flacourt, bourgeois d'Orléans, et de Françoise Cahouet. Gentien de Loynes décéda le 28 février 1709, paroisse Saint-Paul, et fut inhumé au grand-cimetière.

De ce mariage :

a. Claude de Loynes, baptisé à Saint-Paul le 13 janvier 1691, eut pour marraine Marguerite de Goillons-Vinot ;

b. Marie de Loynes, baptisée à Saint-Paul le 16 février 1692, eut pour parrain et marraine Charles de la Gueulle et Françoise Cahouet, femme de François de Flacourt. Elle épousa à Saint-Paul, le 17 avril 1719, Jacques *de Loynes,* âgé de 29 ans, fils d'hon^ble homme Jacques de Loynes et de Catherine Monsire. Elle décéda paroisse Saint-Victor le 28 février 1758, et fut inhumée en cette église, dans la chapelle de la Sainte-Vierge.

c. Gentien de Loynes, baptisé à Saint-Paul le 17 avril 1693, eut pour parrain hon^ble homme Claude de Loynes, marchand-bourgeois ;

d. Jean-Baptiste-Gentien de Loynes, baptisé à Saint-Paul le 8 décembre 1694, eut pour marraine Marie-Marguerite de Loynes,

---

Couriace :
DE FLACOURT : d'or, au sautoir de gueules cantonné de quatre merlettes de sable.
DE LOYNES : voir p. 3.

femme d'hon^ble homme Charles de la Gueulle, marchand-bourgeois. Il fut chanoine de Saint-Aignan. (Bibl. d'Orléans, ms.).

    e. Jacques de Loynes(?), baptisé à Saint-Paul le 21 octobre 1698.

C. Marguerite de Loynes, baptisée à Saint-Paul le 31 octobre 1660, eut pour parrain Pierre de Loynes ;

D. Charles de Loynes, baptisé à Saint-Paul le 4 août 1663 ;

E. Marie-Marguerite de Loynes, baptisée à Saint-Paul le 20 août 1665, eut pour marraine Marie Masson, veuve d'hon^ble homme Antoine de Loynes, marchand à Orléans ; elle épousa en présence de sa mère, de Claude de Loynes, son frère, de Catherine Sévin, sa belle-sœur, et de Charles de Loynes, son oncle, le 9 août 1683, à Saint-Paul, Charles *de la Gueulle,* échevin d'Orléans, âgé de 38 ans, fils d'hon^ble homme Charles de la Gueulle, marchand-bourgeois, et de Marie Goury. Il décéda le 24 mars 1721, âgé de 63 ans, paroisse Saint-Pierre-Ensentelée, et fut inhumé le 26 au grand-cimetière.

F. Jean-Baptiste de Loynes, baptisé le 3 août 1666 à Saint-Paul, eut pour marraine Marie de Loynes, femme d'hon^ble homme Charles des Frisches, marchand.

6° Pierre, qui suit ;

7° Robert de Loynes, baptisé le 3 juillet 1621 à Sainte-Catherine, épousa à Saint-Liphard, le 25 juin 1646, Catherine *Boullé,* fille d'hon^ble homme Joachim Boullé, marchand-bourgeois, et de défunte Catherine Godefroy.

    De ce mariage :

A. Marie de Loynes, baptisée à Sainte-Catherine le 30 octobre 1647, eut pour parrain Gentien de Loynes « l'aisné » ; elle épousa à Sainte-Catherine, le 3 février 1670, Jehan *Gorrant,* fils de défunt hon^ble homme Jacques Gorrant, marchand d'Orléans, et d'Espérance de la Gueulle. Elle décéda paroisse Saint-Victor le 27 septembre 1681, et fut inhumée le 28 en l'église de la Conception, proche ses ancêtres.

B. Catherine de Loynes, qui épousa, le 22 mai 1679, à Sainte-Cathe-

---

DE LA GUEULLE : d'azur, au cheval Pégase d'or accompagné en pointe d'un cœur d'argent.

BOULLÉ : d'azur, au chevron d'argent, accompagné de trois besants de même.

GORRANT : voir p. 51.

rine, François *Philippe,* veuf de Marie Cahouet, en présence de Jehan Gorrant et de Marie de Loynes, beau-frère et sœur ;

C. Magdeleine de Loynes.

8° Charles de Loynes, dont l'article viendra page 169 ;

9° Eusèbe de Loynes, prêtre chanoine de Saint-Pierre-Empont, décéda à l'âge de 52 ans, paroisse de l'Alleu-Saint-Mesmin, et fut inhumé dans l'église de Saint-Pierre-Empont, le 26 février 1680, en présence de Charles de Loynes, son frère, et de Gentien de Loynes, son neveu ;

10° Magdeleine de Loynes, baptisée à Sainte-Catherine le 13 mars 1629, eut pour parrain Guillaume de Beausse et pour marraine Magdeleine des Frisches ;

11° Anne de Loynes, religieuse carmélite (?).

X. Pierre DE LOYNES, baptisé le 14 mars 1620 à Sainte-Catherine, eut pour parrain Pierre Boillève, bourgeois d'Orléans, et pour marraine Suzanne Lebert, femme de Gentien de Loynes. Il fut l'un des capitaines de la ville d'Orléans. Il épousa à Saint-Germain, le 20 février 1646, après contrat passé le 16 du même mois devant Colas, notaire à Orléans, Anne ROUCELLET, fille de Jacques Roucellet et de Françoise Mariette, en présence de Gentien de Loynes, son père, etc. Il assista, le 23 novembre 1676, à Saint-Pierre-Ensentelée, au mariage de Magdeleine de Loynes, sa nièce, avec Pierre de la Guelle. « L'établissement de la maison de la rue du Bourdon-Blanc lui est cédé par son oncle Robert Boillève, qui avoit épousé Françoise Gasnier, sœur de sa mère. » *(Gén. man.)* Il mourut le 20 mai 1681, et sa femme le 18 août 1709. Tous deux furent inhumés au grand-cimetière d'Orléans [1].

Leurs enfants furent :

1° Anne de Loynes, baptisée à Saint-Euverte le 16 juillet 1649, eut pour marraine Marie Gasnier, femme de Gentien de Loynes ;

2° Françoise de Loynes, baptisée à Saint-Euverte le 5 juillet 1650, épousa à Sainte-Catherine, le 26 mai 1692, Jean *Mithonneau,* marchand-

---

PHILIPPE : d'azur, à un fuseau d'or couché en fasce et accompagné de trois têtes et cols d'autruche d'argent, 2 et 1.

ROUCELLET ou ROUSSELET : d'or, au chêne terrassé de sinople.

MITHONNEAU : d'azur, à un J et une M entrelacés d'or.

bourgeois, homme veuf de la paroisse Saint-Sauveur de Paris ; elle vivait veuve à Paris en 1700 et 1708 (Bibl. nat. Cabinet des titres, *Loynes*) ;

3° Pierre de Loynes, baptisé le 18 septembre 1652, eut pour parrain Charles de Loynes ; il décéda à Saint-Euverte le 20 mai 1681 ;

4° Anne de Loynes, baptisée à Saint-Euverte le 25 mars 1654 ; décédée le 1er novembre 1669, inhumée à Saint-Euverte, côté de l'Évangile ;

5° Thérèse de Loynes, baptisée à Saint-Euverte le 24 février 1656, épousa, le 9 janvier 1678, à Saint-Euverte, après contrat passé devant de Beausse, notaire à Orléans, le 27 décembre 1677, Jean *Guinebaud,* en présence de ses père et mère, de Pierre et Joseph de Loynes, ses frères, de Pierre Guillon, son beau-frère, de Magdeleine et Françoise de Loynes, ses sœurs, de Charles de Loynes, son oncle, de Jacques-Noël Alleaume, oncle (?), de Marie Masson, Marie Gombault (?), Marguerite de Goillons-Vinot, Magdeleine de la Guelle (?), tantes et belles-tantes. Thérèse de Loynes décéda paroisse Saint-Benoît-du-Retour le 25 mars 1689, et fut inhumée le 27 au grand-cimetière.

6° Pierre, qui suit ;

7° Marie de Loynes, née en 1659, épousa, le 2 juin 1676, à Saint-Euverte, après contrat passé la veille devant de Beausse, notaire à Orléans, et en présence de Pierre et Joseph de Loynes, ses frères, et de Thérèse, Magdeleine et Françoise de Loynes, ses sœurs, Pierre *Guillon.* Elle en était veuve lorsqu'elle décéda à Orléans, paroisse Saint-Donatien, le 17 octobre 1722 ; elle fut inhumée le 19.

8° Joseph de Loynes, baptisé à Saint-Euverte le 18 septembre 1660, eut pour marraine dame Marie Masson, veuve d'honble homme Antoine de Loynes ;

9° Magdeleine de Loynes, baptisée à Saint-Euverte le 18 juin 1662, épousa à Sainte-Catherine, le 24 octobre 1690, après contrat passé devant Mitonneau, notaire à Orléans, le 23 octobre 1690, Pierre *Guinebaud,* sieur de la Grillonnière, homme veuf, fils de Jean Guinebaud et de Catherine Louvet. Elle en était veuve lorsqu'elle décéda en la paroisse Saint-Paul ; elle fut inhumée le 18 janvier 1745.

GUINEBAUD ou GUINEBAULT : d'or, à la fasce partie d'azur et de gueules, accompagnée de trois roses parties d'azur et de gueules, deux en chef et une en pointe.
GUILLON : losangé d'or et d'azur.
GUINEBAUD : comme ci-dessus.

10° Joseph de Loynes, sieur de Quasnon (ou Couasnon), baptisé à Saint-Euverte le 25 avril 1666, épousa à Saint-Paul, le 5 novembre 1691, après contrat passé la veille devant Guichard, notaire à Orléans, Françoise *Claveau,* fille d'Estienne Claveau, bourgeois d'Orléans, et de Françoise Hubert, en présence de Pierre, Marie, Magdeleine et Françoise de Loynes, ses frère et sœurs. Il décéda paroisse Saint-Paul et fut inhumé le 17 novembre 1738 au grand-cimetière, en présence de Jean-Pierre de Loynes, son fils, et d'Antoine de Loynes (Le Roy), son neveu.

Ses enfants furent :

A. Anne-Françoise de Loynes, baptisée à Saint-Paul le 26 mars 1694, eut pour marraine Anne Roucellet, femme de Pierre de Loynes;

B. Marie-Thérèse de Loynes, baptisée à Saint-Paul le 6 août 1695, eut pour parrain Pierre de Loynes;

C. Joseph de Loynes, baptisé à Saint-Paul le 13 mars 1697, eut pour marraine Marie de Loynes, veuve de Pierre Guillon;

D. Marie-Anne de Loynes, baptisée à Saint-Paul le 29 septembre 1698, eut pour parrain N... Roucellet, écuyer, conseiller du Roi, trésorier contrôleur ordinaire des guerres, et pour marraine Anne Guinebaud, femme d'hon^ble homme Pierre de Loynes, marchand-bourgeois d'Orléans; elle décéda paroisse Saint-Pierre-Ensentelée et fut inhumée le 26 avril 1762 au grand-cimetière, en présence de Jean-Pierre de Loynes de Quasnon-Perret, son frère;

E. Jean de Loynes, baptisé à Saint-Paul le 4 août 1702;

F. Marie-Magdeleine de Loynes, baptisée à Saint-Paul le 18 août 1703, eut pour marraine dame Magdeleine de Loynes, femme d'hon^ble homme Pierre Guinebaud, sieur de la Grillonnière, marchand-bourgeois d'Orléans;

G. Jean-Pierre de Loynes de Quasnon, baptisé à Saint-Paul le 4 avril 1705, eut pour parrain hon^ble homme Pierre Guinebaud et pour marraine demoiselle Catherine Picard, femme de noble homme Estienne Claveau, chef de gobelet chez madame la duchesse de Bourgogne; il décéda paroisse Saint-Pierre-Ensentelée et fut inhumé au grand-cimetière le 28 décembre 1762, en présence de Pierre de Loynes-Perret, son cousin germain (?);

CLAVEAU : d'azur, à une clef de gueules suspendue à une chaînette d'azur mouvante du chef et accostée de deux branches de laurier de sinople, les tiges passées en sautoir en pointe.

H. Marie-Madeleine de Loynes, baptisée à Saint-Paul le 4 novembre
1706, eut pour parrain Jacques Germé, écuyer, fourrier des logis
du Roi, et pour marraine dame Catherine Dosson, épouse d'hon^ble
homme Jean-Pierre Guinebaud, marchand-bourgeois d'Orléans;
elle décéda rue des Grands-Carmes, paroisse Saint-Paul, le 25
août 1711;

I. Louis de Loynes, baptisé à Saint-Paul le 21 juillet 1708, eut pour
parrain hon^ble homme Jean-Baptiste Goron, marchand-bourgeois
d'Orléans, et pour marraine demoiselle Anne-Françoise de Loynes;
il décéda rue des Carmes, paroisse Saint-Paul, et fut inhumé le
15 juin 1712 au grand-cimetière;

J. Claude de Loynes, baptisé à Saint-Paul le 13 décembre 1709, eut
pour parrain hon^ble homme Denis de Loynes et pour marraine Marie-
Thérèse de Loynes; il décéda paroisse Saint-Paul et fut inhumé le
29 juillet 1737;

K. Agnès de Loynes, baptisée à Saint-Paul le 30 août 1711;

L. Pierre-Augustin de Loynes, baptisé à Saint-Paul le 16 mars 1714,
eut pour parrain Pierre de Loynes, marchand-bourgeois d'Orléans;

M. Étienne de Loynes, baptisé à Saint-Paul le 17 octobre 1715, eut
pour parrain Pierre Guillebon et pour marraine Magdeleine de
Goillons-Vinot, femme de Pierre de Loynes;

N. Louis-Charles de Loynes, baptisé à Saint-Paul le 7 janvier 1718.

XI. Pierre DE LOYNES, marchand-bourgeois d'Orléans, baptisé à Saint-
Euverte le 17 février 1658, eut pour parrain hon^ble homme Jacques-
Noël Alleaume et pour marraine dame Françoise de Loynes. Il épousa,
le 16 avril 1682, à Saint-Benoît-du-Retour, par contrat passé la veille
devant de Beausse, notaire à Orléans, Marie-Anne GUINEBAULT (GUI-
NEBAUT ou GUINEBAUD), fille d'hon^ble homme Jean Guinebault, administrateur de l'hôpital général, décédé paroisse Saint-Pierre-Lentin le
21 avril 1696, et de dame Catherine Louÿs (Loyré ou de Loynes), en
présence d'Anne Roucellet, sa mère, de Pierre Guillon, marchand à
Orléans, beau-frère, de Marie, Thérèse, Madeleine, Françoise et Joseph
de Loynes, sœurs et frère, etc. Elle mourut paroisse Saint-Euverte, le
23 octobre 1715, âgée de 49 ans; son époux était mort en la même

GUINEBAULT : voir p. 141.

paroisse le 21 février 1703. Ils furent inhumés au grand-cimetière [1].
Leurs biens furent partagés le 1er mai 1716 entre leurs onze enfants
vivants (Bibl. nat. Cabinet des titres, *Loynes*) ; ils en avaient eu 17,
qui furent :

1º Jean-Pierre de Loynes, sieur de Bel-Air, baptisé à Saint-Euverte le
30 avril 1683, eut pour marraine dame Anne Roucellet, veuve de Pierre
de Loynes ;

2º Catherine de Loynes, baptisée à Saint-Euverte le 9 mai 1684, épousa
à Saint-Euverte, le 5 septembre 1707, Jean-Baptiste *Gorrant,* marchand-
bourgeois de la paroisse Saint-Victor, fils d'hon^ble homme Édouard
Gorrant et de dame Françoise Jogues, en présence de Marie-Anne Gui-
nebaut, sa mère, de Pierre de Loynes, son frère, etc. Elle fut inhumée le 5 décembre 1726 en l'église Saint-Victor. Jean-Baptiste Gorrant
fut inhumé en la même église le 16 mai 1758.

3º Marie-Anne de Loynes, baptisée à Saint-Euverte le 7 juin 1685, eut
pour marraine Marie de Loynes, femme de Pierre Guillon. Elle épousa
Étienne *Le Brasseux*, suivant acte de décès du 20 avril 1778 (Saint-
Euverte et Saint-Liphard).

4º Pierre de Loynes, baptisé à Saint-Euverte le 29 août 1686, eut pour
parrain Pierre Guinebault, marchand à Orléans, et pour marraine Thérèse de Loynes. Il fut grand-gager en la paroisse Saint-Euverte et major
de la bourgeoisie. Il décéda le 21 novembre 1724 en sa maison de la
rue du Bourdon-Blanc, paroisse Saint-Euverte, « après avoir reçu les
droits de l'église que sa maladie a permis de lui administrer, » et fut
inhumé le 23 au grand-cimetière, en présence du « prieur et des religieux de Saint-Euverte, des frères et sœurs, beaux-frères et belles-sœurs,
oncles et cousins en grand nombre et quantité d'officiers et bourgeois,
amis et voisins ». Il avait épousé, le 9 février 1711, à Sainte-Catherine,
Marie-Magdeleine *de Goillons-Vinot* [2], fille d'hon^ble homme Simon
de Goillons-Vinot, marchand-bourgeois d'Orléans, et d'Espérance
Martin. Elle décéda veuve à l'âge de 42 ans, paroisse Saint-Euverte, et
fut inhumée le 2 septembre 1731 au grand-cimetière.

Ils eurent pour enfants :

GORRANT : voir p. 51.
LE BRASSEUX : voir p. 61.
DE GOILLONS-VINOT : voir p. 137.

A. Madeleine de Loynes, baptisée à Saint-Euverte le 10 novembre
1711, eut pour parrain Denis de Loynes, son oncle, et pour marraine Claude Daniel ; elle décéda le 12 du même mois, paroisse
Saint-Euverte ;

B. Marie-Anne de Loynes, baptisée à Saint-Euverte le 29 septembre
1712, eut pour marraine Marie-Anne Guinebaud-de Loynes ; elle
décéda paroisse Saint-Euverte et fut inhumée au grand-cimetière
le 29 janvier 1735, en présence d'Antoine, Pierre, Augustin et
François de Loynes, ses oncles ;

C. Magdeleine de Loynes, baptisée à Saint-Euverte le 22 mars 1715,
eut pour marraine Catherine de Loynes, épouse de Jean Gorrant.
Elle se maria à Saint-Euverte, le 7 janvier 1740, après contrat passé
devant Poulin, notaire à Orléans, le 29 décembre 1739, et en présence de Pierre de Loynes, son oncle, à Jean-Martin-Clément Le
Vassor, écuyer, conseiller du Roi, président trésorier de France au
bureau des finances de la généralité d'Alençon, veuf d'Anne-Mar-
guerite Girault, et fils d'Adrien Le Vassor et de Catherine Costé.
Elle mourut subitement le 17 avril 1780, paroisse Saint-Paul, et
fut inhumée le lendemain en l'église Saint-Paul, en présence de
Pierre de Loynes, administrateur de l'Hôtel-Dieu, son cousin
germain.

D. Pierre de Loynes, baptisé à Saint-Euverte le 16 mars 1716, eut
pour parrain et marraine Antoine de Loynes et Marie de Loynes,
ses oncle et tante ; décédé avant 1727 ;

E. Elisabeth de Loynes, baptisée à Saint-Euverte le 27 mars 1717,
épousa en présence de Jean-Clément Le Vassor, son beau-frère, le
6 juillet 1745, à Saint-Pierre-Empont, Jean Jousse, conseiller en
l'élection de Paris, fils majeur de Charles Jousse et de Madeleine
Polluche. Elle décéda paroisse Saint-Victor le 12 septembre 1747,
et fut inhumée au grand-cimetière en présence de Pierre de Loynes,
son oncle.

5º Denis (ou César) de Loynes de la Fosse, baptisé à Saint-Euverte le
3 octobre 1687, eut pour marraine Magdeleine de Loynes ; il décéda
paroisse de la Conception le 7 octobre 1722. Il avait épousé, par contrat

---

Le Vassor : voir p. 50.
Jousse : d'azur, à deux canons affutés d'or posés en sautoir, accompagnés de deux
boulets aussi d'or, un en chef et l'autre en pointe.

passé devant Gaudin, notaire à Orléans, le 21 avril 1721, Claude *Hazon*,
fille de Jean Hazon, bourgeois d'Orléans, et de Marie Chau. Il en eut :
  Claude de Loynes, baptisée à Notre-Dame de la Conception le 3 mai
    1722, eut pour marraine Catherine de Loynes et s'allia, le 10 octobre
    1740, à Saint-Paterne, après contrat passé la veille devant Jullien,
    notaire à Orléans, avec Amy *Hanapier*, « escuyer, seigneur d'Ormes,
    conseiller du Roy, commissaire ordinaire des guerres, » veuf de
    Marie-Thérèse Massoneau. Elle était veuve en 1786 et décéda le
    17 brumaire an X à Saint-Jean-de-Braye.
6° Joseph de Loynes, baptisé à Saint-Euverte le 22 janvier 1689, eut pour
    parrain Joseph de Loynes ; il se maria, et mourut à Marseille sans
    laisser de postérité ;
7° Jacques-Antoine de Loynes, baptisé à Saint-Euverte le 29 mars 1690,
    y décéda le 2 décembre 1739. Il avait épousé à Saint-Paul, le 20 avril
    1716, Élisabeth *Le Roy*, fille de Charles Le Roy et d'Élisabeth Thias ;
    elle était veuve lorsqu'elle décéda, paroisse Saint-Liphard, à l'âge de
    84 ans ; elle fut inhumée au grand-cimetière le 20 avril 1778, en pré-
    sence d'Augustin de Loynes, prieur de la Conception, et de Charle-
    magne de Loynes (Aubry), ses enfants, et d'Estienne Le Brasseux, son
    beau-frère.

    Leurs enfants furent :

  A. Charles-Antoine de Loynes, baptisé à Saint-Euverte le 27 janvier
     1717, eut pour marraine Catherine de Loynes, tante paternelle ;
  B. Pierre de Loynes, baptisé à Saint-Euverte le 28 mai 1718, eut pour
     parrain Pierre de Loynes « l'aisné », oncle paternel ; il décéda
     paroisse Saint-Pierre-le-Puellier le 2 septembre 1719 ;
  C. Élisabeth de Loynes, baptisée à Saint-Euverte le 2 mai 1719, dé-
     céda sans alliance 3, cloître Saint-Étienne, le 12 nivôse an XIII
     (2 janvier 1805) ;
  D. Pierre de Loynes, baptisé à Saint-Euverte le 15 juillet 1720 ;
  E. Georges-Augustin de Loynes, baptisé à Saint-Euverte le 24 juillet
     1721, eut pour parrain Georges de Loynes, oncle paternel. Reli-

---

Hazon : de gueules, à la croix d'argent chargée de onze triangles d'azur et cantonnée
    de quatre molettes d'éperon d'or.
Hanapier : d'azur, à la fasce d'or, accompagnée en chef de deux étoiles de même,
    et en pointe d'une hure de sanglier de sable, aux défenses d'argent,
    armée et allumée de gueules.
Le Roy : voir p. 129.

gieux génovéfain, puis chanoine régulier de l'ordre de Saint-Augustin, congrégation de France, il administra de 1752 à 1762 le célèbre prieuré de Chantelle (Allier). Ce fut lui qui laissa le plus de souvenirs au prieuré : notamment la fondation d'une pharmacie pour les pauvres, les fresques de la salle à manger, la restauration de plusieurs parties du château et du prieuré, et de la cheminée du salon d'honneur. Il fut ensuite prieur-curé de Notre-Dame de la Conception (*aliàs* Saint-Flou), à Orléans (1765, 1774 et 1779), et chanoine de résidence en l'église royale et collégiale de Saint-Aignan, en la même ville (1765).

F. François-Aignan de Loynes, baptisé à Saint-Euverte le 29 janvier 1723, eut pour parrain François de Loynes, oncle paternel ; il épousa à Saint-Liphard, le 20 février 1753, en présence de Charles de Loynes, son frère, et d'Élisabeth de Loynes, sa sœur, Marie-Thérèse *Gidoin*, fille majeure de Macé Gidoin et de Marie-Thérèse Écot. François-Aignan de Loynes décéda le 9 mars 1773 et fut inhumé à Saint-Liphard en présence de Denis de Loynes, prieur de la Conception, de de Loynes-Aubry, ses frères, et d'Estienne Le Brasseux. Marie-Thérèse Gidoin décéda le 10 juin 1782, âgée de 54 ans, et fut inhumée à Saint-Liphard en présence de Charlemagne de Loynes-Aubry, son beau-frère. Ils n'eurent point d'enfants.

G. Paul-Alexis de Loynes, baptisé à Saint-Euverte le 6 juin 1724 ;

H. Jean-Baptiste-Charles de Loynes, baptisé à Saint-Euverte le 21 juin 1725, eut pour parrain hon[ble] homme Jean-Baptiste-Charles de Loynes, marchand, demeurant à Saumur ;

I. Paul-Laurent de Loynes, baptisé à Saint-Euverte le 12 août 1726;

J. Denis de Loynes, chanoine régulier et prieur-curé de Notre-Dame de la Conception à Orléans;

K. Charlemagne de Loynes, baptisé à Saint-Euverte le 28 janvier 1728, eut pour parrain Augustin de Loyhes, enseigne de la bourgeoisie d'Orléans[1]. Il décéda, 14, rue du Hurepoix, à l'âge de 68 ans, le 21 germinal an IV. De son mariage avec Marie-Geneviève *Aubry*, il eut :

   Charles-Pierre de Loynes, baptisé à Saint-Victor le 14 janvier

---

GIDOIN : parti d'azur et d'or, à un sautoir dentelé de l'un en l'autre, chargé d'un autre sautoir alésé et parti de sable et d'azur.

AUBRY : d'argent, à une hure de sanglier de sable allumée et défendue du champ ; au chef denché d'azur, chargé de trois roses d'or.

1758, eut pour marraine Élisabeth Le Roy, veuve d'Antoine de Loynes. Il décéda le 26 du même mois.

L. Marie-Anne de Loynes, baptisée à Saint-Euverte le 21 décembre 1731, eut pour marraine Claude Hazon, veuve de Denis de Loynes;

M. Ambroise-Pierre de Loynes, baptisé à Saint-Euverte le 9 mars 1733.

8º Pierre, qui suit;

9º Claude-François de Loynes, baptisé à Saint-Euverte le 4 octobre 1692, eut pour parrain Claude de Loynes, marchand-bourgeois d'Orléans, et pour marraine Françoise Claveau;

10º Georges de Loynes, dont l'article viendra page 159;

11º Marie-Anne de Loynes, baptisée à Saint-Euverte le 16 août 1695, décédée en ladite paroisse le 30 septembre 1699;

12º Jean-Baptiste-Charles de Loynes, baptisé à Saint-Euverte le 1ᵉʳ janvier 1697;

13º Jean-Charles de Loynes de Bel-Air, baptisé à Saint-Euverte le 18 juillet 1698. Il épousa, par contrat passé devant Jullien, notaire à Angers, le 28 février 1724, Renée *Bridier,* fille de Pierre Bridier et de Renée Hervé. Il en eut entre autres enfants :

A. Charlotte-Dorothée de Loynes de Bel-Air, née à Angers en 1729, assista au mariage de son frère à Saint-Paul d'Orléans le 26 novembre 1776. Elle décéda à Orléans le 24 octobre 1817, 3, rue des Basses-Gouttières, âgée de 88 ans.

B. Pierre de Loynes de Bel-Air, né à Angers en 1734, épousa à Saint-Paul d'Orléans, le 26 novembre 1776, Magdeleine-Félicité *Philippe,* fille majeure de feu Jacques Philippe et d'Ursule Bodichon[1]. Il décéda à Orléans le 3 mars 1808, à l'âge de 74 ans, 3, rue du Grenier-à-Sel.

14º Marie de Loynes, baptisée à Saint-Euverte le 18 octobre 1699, épousa en 1ʳᵉˢ noces François *Crignon de Bonvallet,* marchand-bourgeois d'Orléans, et en 2ᵉˢ noces, à Notre-Dame de la Conception, le 12 novembre 1727, Paul *Mariette de la Perrière,* marchand-bourgeois, veuf d'Anne

---

BRIDIER : d'azur, à une mâcle d'argent cramponnée par le bas et accompagnée de trois étoiles d'or.

PHILIPPE : voir p. 140.

CRIGNON DE BONVALLET : d'azur, à la fasce palée d'or et de gueules de huit pièces, accompagnée en chef d'une étoile d'argent et en pointe d'une ancre du même.

MARIETTE : d'or, au chevron d'azur, accompagné de trois chardons de sinople fleuris de gueules.

Regnaud, en présence d'Antoine, Pierre et Georges de Loynes, ses frères, de J.-B. Gorrand, beau-frère, etc... Veuve de Paul Mariette avant 1744, elle décéda le 14 octobre 1768, à sa maison de campagne des Aydes, et un service solennel pour le repos de son âme fut célébré le 12 novembre suivant à Saint-Donatien.

15° Jacques de Loynes, baptisé le 12 mars 1701 à Saint-Euverte, eut pour parrain Jacques Germé, écuyer, fourrier du Roi;

16° François de Loynes, baptisé en même temps que son frère le 12 mars 1701 à Saint-Euverte, assista aux funérailles de son frère Augustin, le 15 février 1738, à Saint-Euverte;

17° Augustin de Loynes, baptisé à Saint-Euverte le 2 septembre 1702, enseigne de la bourgeoisie d'Orléans en 1728, épousa, le 14 décembre 1733, à Saint-Paterne, après contrat passé le même jour devant Jullien et Godeau, notaires à Orléans, Élisabeth *Houzé*, fille de défunt Toussaint Houzé, marchand-bourgeois d'Orléans, et de Marie-Espérance de Goillons-Vinot, en présence d'Antoine, Pierre, Georges et François de Loynes, ses frères, de Paul Mariette et J.-B. Gorrand, ses beaux-frères, de Marie de Loynes, sa sœur, d'Élisabeth Le Roy, Madeleine Lhuillier, Thérèse Lhuillier, Claude Hazon, ses belles-sœurs... de Jean de Loynes, beau-frère de l'épouse, etc... Augustin de Loynes décéda paroisse Saint-Euverte et fut inhumé le 15 février 1738, en présence d'Antoine, Pierre et François de Loynes, ses frères.

Ses enfants furent :

A. Augustin-Antoine de Loynes, baptisé à Saint-Euverte le 4 septembre 1734, eut pour parrain Antoine de Loynes Le Roy, son oncle. Il épousa, le 7 janvier 1772, à Saint-Hilaire, Thérèse-Victoire *Benoist*, fille de Martin Benoist, négociant, et de Françoise Piniau, en présence de Claude Hazon, veuve de Loynes, et de Marie-Madeleine Lhuillier, veuve de Loynes [1]. Augustin-Antoine de Loynes décéda 13, rue de la Vieille-Poterie, le 4 ventôse an XI (23 février 1803). Il eut pour enfants :

    a. Thérèse-Julie de Loynes, décédée paroisse Saint-Liphard le 21 mai 1773;

    b. Augustin-Jean-Clément de Loynes, baptisé à Saint-Paul le 4 novembre 1774, eut pour parrain Jean-Clément Le Vassor,

---

Houzé : voir p. 51.
Benoist : d'azur, à trois bandes d'or.

conseiller du Roi, président trésorier de France au bureau des finances de la généralité d'Alençon ; il décéda paroisse Saint-Pierre-Ensentelée le 13 juillet 1775 ;

    c. Thérèse de Loynes, baptisée à Saint-Paul le 24 octobre 1775, eut pour marraine Catherine Lhuillier, veuve de Georges de Loynes, sa tante ; elle épousa, à Orléans, le 3 ventôse an II, à l'âge de 18 ans, Pierre-Henri *Marchant*, âgé de 22 ans, fils de Pierre-Etienne Marchant et de dame Claude Marchant, en présence de son père et de Pierre de Loynes-Philippe, son cousin. Elle décéda, 13, rue du Bourdon-Blanc, à l'âge de 65 ans, le 7 janvier 1841 [1].

    d. Augustin-Thomas de Loynes, baptisé à Saint-Paul le 20 janvier 1777, eut pour marraine Magdeleine de Loynes, épouse de Jean-Clément Le Vassor ; il décéda célibataire, 24, quai Cypierre, à l'âge de 78 ans, le 14 mars 1855 [2] ;

    e. Marie-Félicité de Loynes, baptisée à Saint-Paul le 4 juillet 1779, eut pour parrain Pierre de Loynes, négociant ; elle décéda 19, rue du Chat-qui-pêche, le 8 décembre 1820.

B. Marie-Élisabeth-Julie de Loynes, baptisée à Saint-Euverte le 23 mars 1736, eut pour parrain Jean de Loynes, son oncle, et pour marraine Marie de Loynes, sa tante ; elle décéda, 20, rue des Hennequins, à Orléans, à l'âge de 63 ans, le 6 brumaire an VII.

XII. Pierre DE LOYNES, baptisé à Saint-Euverte le 11 août 1691, eut pour marraine dame Marie Masson, veuve d'Antoine de Loynes. Il fut surnommé « le petit Pierre » pour le distinguer de son frère aîné qui portait le même prénom. Il décéda paroisse Saint-Euverte le 1er janvier 1767. Il avait épousé à Saint-Benoît-du-Retour, le 22 mai 1719, après contrat passé ledit jour devant Poulin, notaire à Orléans, Marie-Magdeleine LHUILLIER des Coudereaux, fille de François Lhuillier, colonel de la milice bourgeoise, et de Marie-Anne Polluche. Elle vivait veuve, paroisse Sainte-Catherine, le 3 janvier 1774.

Ils eurent pour enfants :

    1º Pierre, qui suit ;

MARCHANT : voir p. 56.
LHUILLIER : voir p. 74.

2º François de Loynes, baptisé à Saint-Euverte le 3 juillet 1721, eut pour marraine Magdeleine de Goillons-Vinot, tante paternelle ; il décéda paroisse Saint-Euverte le 28 octobre 1722 ;

3º Antoine-François de Loynes, baptisé à Saint-Euverte le 17 mai 1724, eut pour parrain Antoine de Loynes-Le Roy, oncle paternel ; il décéda le 8 août suivant et fut inhumé dans l'église Saint-Pierre-Ensentelée, devant l'œuvre de la Vierge ;

4º Marie-Madeleine de Loynes, baptisée à Saint-Euverte le 26 octobre 1725 ; elle épousa en la même paroisse, le 22 septembre 1773, Jean-Jérôme *Gravet,* fils majeur de Jean Gravet, bourgeois d'Orléans, et de feue Rachel Triquot, en présence de Pierre de Loynes, négociant, et de demoiselle Élisabeth-Angélique-Catherine de Loynes, ses frère et sœur. Elle était veuve lorsqu'elle décéda paroisse Saint-Euverte le 2 août 1785.

5º Georges-Samuel de Loynes, baptisé à Saint-Euverte le 16 octobre 1729, eut pour parrain honᵇˡᵉ homme Georges de Loynes, capitaine de la ville d'Orléans, oncle paternel ;

6º Élisabeth-Angélique-Catherine de Loynes, baptisée à Saint-Euverte le 4 juin 1733, eut pour parrain Augustin de Loynes et pour marraine dame Catherine Lhuillier, épouse de Georges de Loynes. Elle décéda à Orléans, à l'âge de 65 ans, le 9 thermidor an VI.

XIII. Pierre DE LOYNES de Bel-Air, baptisé à Saint-Euverte le 27 avril 1720, eut pour parrain Pierre de Loynes, son oncle. Il décéda à Orléans, le 13 germinal an X (3 avril 1802), en son domicile, 14, rue Sainte-Anne. Il avait épousé à Saint-Euverte, le 13 juillet 1757, Claude-Victoire PARIS, née à Orléans en 1737, fille de Claude Paris, négociant à Rochecorbon (diocèse de Tours), et de Marie Allaire, en présence de Marie-Madeleine de Loynes, d'Élisabeth-Angélique-Catherine de Loynes, ses sœurs, de Marie de Loynes, veuve Mariette, de Catherine Lhuillier, veuve de Loynes, et de de Loynes-Douville, grand-oncle. Elle décéda le 4 janvier 1789 à Orléans, à l'âge de 51 ans, et fut inhumée le 6 au cimetière Saint-Vincent en présence de Pierre de Loynes, son fils, d'Augus-

---

GRAVET : d'azur, à deux fasces ondées, chaque fasce échiquetée et contre-échiquetée d'or et de gueules de douze pièces.
PARIS : voir p. 11.

tin de Loynes et de de Loynes-Aubry, suivant acte de la paroisse Saint-Liphard.

Leurs enfants furent :

1° Marie-Madeleine-Victoire de Loynes, baptisée à Saint-Euverte le 6 avril 1758, eut pour parrain François de Loynes, bourgeois d'Orléans, son grand-oncle, et pour marraine Marie-Magdeleine Lhuillier, sa grand'-mère ; elle épousa, le 20 août 1785, à Paris, en l'église Saint-Eustache, Antoine-Samuel *de Loynes de la Perrière,* bourgeois de Blois, son oncle à la mode de Bretagne, fils de Georges de Loynes des Châtaigniers et de Catherine Lhuillier, veuf d'Anne Cabrol de Négrefeuille (voir page 162);

2° Marie-Émilie de Loynes, baptisée à Saint-Euverte le 25 juin 1759, eut pour parrain son grand-père Pierre de Loynes ; elle décéda à l'âge de quatre mois, paroisse Saint-Marc;

3° Marie-Madeleine-Félicité de Loynes, baptisée à Saint-Euverte le 22 juillet 1761, eut pour marraine Marie-Madeleine de Loynes, sa tante ; elle décéda 1, cloître Saint-Aignan, le 7 septembre 1807;

4° Angélique-Mélanie de Loynes des Coudereaux, baptisée à Saint-Euverte le 20 mars 1763, décédée en cette même paroisse le 28 novembre 1764;

5° Pierre de Loynes, baptisé à Saint-Euverte le 26 juin 1766, décédé le 18 décembre suivant en la même paroisse ;

6° Marie-Madeleine-Catherine de Loynes, baptisée à Saint-Euverte le 17 octobre 1768, décédée le 27 décembre 1769 en la même paroisse ;

7° Marie-Anne-Rosalie de Loynes, baptisée à Saint-Euverte le 1er novembre 1770, eut pour parrain Pierre de Loynes de Bel-Air ; elle épousa, le 2 brumaire an XII (25 octobre 1803), Amy *Hanapier,* propriétaire, âgé de 59 ans, demeurant commune d'Ormes, fils majeur d'Amy Hanapier, commissaire des guerres, et de Claude de Loynes, en présence de Pierre de Loynes-Philippe, propriétaire, âgé de 69 ans, son cousin, demeurant 3, rue du Grenier-à-Sel ; elle décéda, 1, cloître Saint-Aignan, à l'âge de 36 ans, le 29 novembre 1806 (témoin : Antoine Paris de la Bergère, son neveu, âgé de 35 ans);

8° Pierre-Augustin-Jean-Baptiste, qui suit ;

9° Émilie de Loynes, baptisée à Saint-Euverte le 21 février 1773, décédée

DE LOYNES : voir p. 3.
HANAPIER : voir p. 146.

à Orléans, 5, rue de la Vieille-Monnaie, le 3 février 1827. Elle n'avait pas été mariée.

XIV. Pierre-Augustin-Jean-Baptiste DE LOYNES, né à Orléans le 27 janvier 1772 et baptisé le même jour à Saint-Euverte par Denis de Loynes, chanoine régulier, prieur de la Conception, son parrain et cousin, eut pour marraine demoiselle Émilie-Éléonore-Jean-Baptiste Paris, sa tante. Il épousa à Charrais (Vienne), le 3 brumaire an XII (25 octobre 1803), par contrat passé le 1er brumaire (23 octobre) devant Duchateigner l'aîné, notaire à Poitiers, Marie-Rose DE CRESSAC, née à Poitiers le 23 février 1776, fille de Jean-de-Dieu de Cressac et de Marie-Anne de la Badonnière. Le 18 août 1814 il fut décoré de l'ordre du Lys par ordre de S. A. R. Mgr le duc de Berry. Il décéda à Poitiers le 8 janvier 1828, et Marie-Rose de Cressac le 26 juillet 1829 en la même ville.

Leurs enfants furent :

1o Louis-Pierre-Aimé, qui suit ;
2o Louis-Pierre de Loynes, né à Poitiers le 19 juin 1806, décédé le 8 septembre de la même année ;
3o Anne-Marie-Rose-Célina de Loynes, née à Poitiers le 24 septembre 1807, décédée sans alliance en la même ville le 2 février 1886 ;
4o Marie-Émilie de Loynes, née le 15 août 1809, décédée sans alliance ;
5o Édouard de Loynes, né à Poitiers en 1813, y décéda célibataire le 3 mai 1854.

XV. Louis-Pierre-Aimé DE LOYNES, né à Poitiers le 14 brumaire an XIII (5 mars 1804), fut notaire à Poitiers. Il décéda le 28 septembre 1849. Il avait épousé à la Mothe-Saint-Héraye (Deux-Sèvres), le 25 octobre 1840, par contrat passé la veille devant Dubreuil, notaire audit lieu, Marie-

---

DE CRESSAC : écartelé : au 1er, d'or à deux pattes de griffon, qui est de *Bourdeilles ;* au 2e, d'azur à deux lions issants et affrontés d'or soutenant un cœur du même, qui est de *Laval ;* au 3e, de gueules au cèdre d'or, au léopard assis d'argent sur une terrasse de sinople, qui est d'*Estrades ;* au 4e, d'or à deux bœufs regardant de gueules, qui est de *Béarn ;* et en cœur : d'or au monde de gueules, cintré et croisé d'or, surmonté d'une croix pattée de gueules et soutenu d'une fleur de lys de même.

20

Louise-Camille GUIONNET DE LERVEILLE, née le 15 juin 1815 à la Mothe-Saint-Héraye, fille de Pierre Guionnet, sieur de Lerveille, de Bagneau et de la Salle, et d'Adèle Le Lièvre du Val, petite-fille de Charles Le Lièvre, seigneur du Val, lieutenant de milice de la compagnie bourgeoise de la Mothe-Saint-Héraye, nommé à cette charge par arrêt du Conseil d'État du 14 mars 1705.

De ce mariage :

Pierre-Louis-Marie-Paul, qui suit.

XVI. Pierre-Louis-Marie-Paul DE LOYNES, né à Poitiers le 31 octobre 1841, docteur en droit en 1864, agrégé en 1866, nommé la même année professeur à la Faculté de droit de Rennes, puis en 1867 à celle de Poitiers et en 1869 à celle de Douai, où il professa le droit administratif et devint professeur titulaire en mai 1871 ; au mois de novembre de la même année il fut appelé à occuper la chaire de droit civil de la Faculté de Bordeaux. Il est l'auteur de plusieurs ouvrages de jurisprudence. De novembre 1874 au 18 mars 1876 il a été adjoint au maire de Bordeaux. M. P. de Loynes est officier de l'instruction publique, président de la société linnéenne de Bordeaux, vice-président de la société d'horticulture de la Gironde, secrétaire général du comité girondin de la société nationale d'encouragement au bien.

Il a épousé, le 26 avril 1870, par contrat passé devant Boyer, notaire à Poitiers, Louise-Julie-Ermance BERNARD, née le 14 avril 1846, sa cousine, fille d'André-Paul Bernard de Bessines [1] et de Marguerite-Jeanne-Victorine Roux, petite-fille de Philippe Bernard, seigneur de Bessines, chevalier du Lys, procureur près le tribunal de Niort.

De ce mariage :

1° Pierre-Marie-Paul de Loynes, né à Douai (Nord) le 7 décembre 1871, décédé le 18 du même mois ;

GUIONNET DE LERVEILLE : d'azur, à la coupe d'or.
BERNARD : d'argent, à deux bandes de gueules, au chef d'azur chargé de trois étoiles d'or.

2º Marguerite-Adèle-Paule-Ermance-Marie-Rose de Loynes, née à Bordeaux le 21 février 1873, a épousé en ladite ville, le 17 avril 1895, par contrat passé la veille devant Castéja, notaire à Bordeaux, Marie-Émile-Ernest *Morgon*, capitaine-instructeur au 11º régiment de hussards, né à Bourges le 27 octobre 1862, fils de Théodore-Alexandre Morgon, médecin principal en retraite, officier de la Légion d'honneur, et de Marie-Julie-Adèle Beaure de Labussière ;

3º Louise-Marie-Marguerite de Loynes, née à Bordeaux le 28 février 1876, décédée en la même ville le 3 mars 1877 ;

4º Louis-Joseph-Charles-Paul de Loynes, né à Niort le 13 septembre 1881.

MORGON :

XII. Georges DE LOYNES des Châtaigniers, dixième enfant de Pierre de Loynes et de Marie-Anne Guinebault (voir page 148), baptisé à Saint-Euverte le 5 juin 1694, eut pour parrain Jacques Gorrand et pour marraine Marie Roucellet, veuve de Jean Emary. Il épousa en premières noces, à Sainte-Catherine, le 25 juin 1720, Marie-Anne PERRET, fille de Hiérôme Perret, marchand-bourgeois d'Orléans, et d'Anne Jousse, en présence d'hon^ble homme Pierre de Loynes, marchand-bourgeois d'Orléans, son frère, et de dame Magdeleine de Goillons-Vinot, sa sœur, de Denis, Jacques, Antoine et Pierre de Loynes le jeune, ses frères, etc...; et en secondes noces, à Saint-Benoît-du-Retour, le 29 avril 1727, après contrat passé le 14 devant Poulin, notaire à Orléans, Catherine LHUILLIER des Coudereaux, fille de François Lhuillier et d'Élisabeth Pasquier.

Georges de Loynes mourut en 1739, ayant eu pour enfants :

Du premier lit :

1° Georges de Loynes, baptisé à Sainte-Catherine le 10 mars 1722, eut pour parrain Pierre de Loynes, l'aîné, et pour marraine Anne Jousse, veuve de Hiérôme Perret ; il décéda avant 1728 ;

2° Marie-Anne-Catherine de Loynes, baptisée à Sainte-Catherine le 18 janvier 1723, décédée le 18 février suivant, paroisse Saint-Vincent d'Orléans ;

3° Marie-Anne de Loynes, baptisée à Sainte-Catherine, à Orléans, le 28 février 1724, épousa, le 14 juin 1763, dans la chapelle du Bon-Pasteur, paroisse Saint-Nicolas, à Nantes, noble homme Charles-André *Boucher des Roberdières*, négociant, fils majeur de noble homme Armand Boucher, sieur de la Sansonnière, et de dame Catherine Couronnée, en présence de noble homme Georges de Loynes, négociant, son frère, et d'Anne Cabrol, épouse de noble homme Antoine de Loynes de la Perrière, demeurant à la Fosse ;

4° (Autre) Georges de Loynes, baptisé à Sainte-Catherine le 22 octobre 1725. Négociant à Nantes, il décéda en cette ville, rue du Chapeau-Rouge, le 29 décembre 1765. La messe de son inhumation fut célébrée

PERRET :
LHUILLIER : voir p. 74.
BOUCHER : d'azur, au chevron d'or, accompagné en chef de deux têtes de maures tortillées d'argent, et en pointe d'une sirène écaillée et miraillée d'argent.

à Saint-Nicolas le 31 décembre, en présence de Jacques-Pierre de
Loynes et de Charles-André Boucher des Roberdières, son beau-frère.
Il ne laissait pas de postérité.

Du second lit :

5° François-Georges de Loynes des Châtaigniers, baptisé à Sainte-Catherine le 1er octobre 1728, eut pour marraine Marie de Loynes, femme
de Paul Mariette ; il épousa à Saint-Benoît-du-Retour, le 19 avril 1757,
après contrat passé le même jour devant Jullien et Godeau, notaires à
Orléans, Élisabeth *Rou,* fille de Me Guillaume Rou, notaire au châtelet
d'Orléans, et de Marie Bougin, en présence de Lambert de Loynes et
de Madeleine et Monique de Loynes, ses frère et sœurs. François-
Georges de Loynes décéda à Paris le 26 mars 1790, et Élisabeth Rou
en la même ville le 20 frimaire an II. Ils eurent vingt et un enfants
(dont treize moururent avant 1778), parmi lesquels :

A. Marie-Élisabeth de Loynes, baptisée à Sainte-Catherine le 2 mars
1758, eut pour parrain Lambert de Loynes, son oncle ; elle décéda
le 10 août 1758, paroisse Notre-Dame de Recouvrance ;

B. Georges-François de Loynes, baptisé à Sainte-Catherine le 20 janvier 1759, eut pour marraine Catherine Lhuillier, veuve de Georges
de Loynes ;

C. Élisabeth-Thérèse de Loynes, baptisée à Sainte-Catherine le 21 janvier 1760, eut pour parrain Pierre de Loynes et pour marraine
demoiselle Thérèse Rou ; elle décéda le 15 avril 1765, paroisse Sainte-
Catherine ;

D. François-Georges de Loynes, baptisé le 29 septembre 1760 à Sainte-
Catherine, décédé le même jour ;

E. Monique de Loynes, baptisée à Sainte-Catherine le 2 septembre
1761, eut pour parrain Anselme Crignon de Bonvallet, écuyer, secrétaire de la maison du Roi et couronne de France, et pour marraine
Monique de Loynes. Elle fut religieuse augustine attachée à l'Hôtel-
Dieu d'Orléans, où elle mourut, 1, rue Parisis, à l'âge de 51 ans ;
elle constitua à l'Hôtel-Dieu une rente perpétuelle de 200 francs.

F. Georges-Antoine de Loynes, baptisé à Sainte-Catherine le 16 septembre 1762, eut pour parrain Antoine-Samuel de Loynes ;

G. Marie-Sophie de Loynes, baptisée le 12 mars 1764 à Sainte-Catherine ;

Rou :

H. Jean-Baptiste-Prosper de Loynes, baptisé à Sainte-Catherine le 25 février 1765, marié le 24 mai 1796, à Orléans, avec Catherine *Ledebt*, décédée le 21 février 1825 à Orléans, et dont il n'a pas eu d'enfants ;

I. Marguerite-Émilie de Loynes, baptisée à Sainte-Catherine le 18 avril 1766, eut pour marraine Marguerite Le Rasle, femme de Lambert de Loynes ;

J. Louis de Loynes, baptisé à Sainte-Catherine le 3 juin 1767, eut pour marraine Magdeleine de Loynes, femme de Jean-Clément Le Vassor, trésorier de France au bureau des finances de la généralité d'Alençon ;

K. Marie-Eulalie de Loynes, baptisée à Sainte-Catherine le 20 mai 1768, décédée en cette même paroisse le 15 janvier 1774 ;

L. Éléonore de Loynes, baptisée à Sainte-Catherine le 12 juillet 1769, eut pour marraine Claude Hazon, veuve de Loynes ; elle décéda à Orléans, 6, rue des Pastoureaux, à l'âge de 88 ans, sans avoir été mariée ;

M. et N. Augustin de Loynes et Marie-Joseph de Loynes, baptisés tous deux à Sainte-Catherine le 3 janvier 1774 ; le garçon eut pour parrain M[tre] Georges-Augustin de Loynes, prieur-curé de Saint-Flou-la-Conception, et pour marraine Catherine Lhuillier, veuve de Georges de Loynes ; la fille eut pour parrain M[tre] Joseph Lefebvre, garde-marteaux de la maîtrise particulière des eaux et forêts du duché d'Orléans, et pour marraine Marie-Madeleine de Loynes, épouse de Jean-Jérôme Gravet, bourgeois d'Orléans.

Augustin de Loynes fut nommé, le 7 septembre 1784, à une bourse au collège de Louis-le-Grand, auquel a été réuni celui de Boissy[1], comme issu de la famille Chartier par Anne Roucellet, sa trisaïeule, arrière-petite-fille de Perrine Chartier, femme de Ferry Alleaume, sieur de Sainville.

Marie-Joseph de Loynes vivait en 1778.

O. et P. Georges-Félix de Loynes et Eulalie-Élisabeth-Perpétue de Loynes, baptisés tous deux à Sainte-Catherine le 23 mars 1775. Georges-Félix de Loynes décéda paroisse Saint-Paterne le 12 avril suivant. Eulalie de Loynes vivait en 1778.

Q. Clémentine de Loynes, baptisée à Saint-Marceau le 9 juillet 1778,

eut pour parrain Jean-Baptiste Miron et pour marraine Mme Gorrant, épouse de M. Dequoy ; elle épousa, le 22 nivôse an XIII (12
janvier 1805), à Orléans, Alexandre-François *Noiret*, propriétaire,
âgé de 3o ans, fils de Pierre Noiret et de Marie-Anne Chevrier ; elle
décéda à Lorges (Loir-et-Cher) le 15 avril 1864.

6º Antoine-Samuel de Loynes de la Perrière, baptisé à Sainte-Catherine
le 10 janvier 1730, bourgeois de Blois, demeurant faubourg Saint-Jean,
paroisse Saint-Solenne, épousa en premières noces Anne *Cabrol de
Négrefeuille ;* et en secondes noces, en l'église de Saint-Eustache, à Paris,
le 20 août 1785, sa nièce à la mode de Bretagne Marie-Madeleine-Victoire *de Loynes,* âgée de 27 ans, fille de Pierre de Loynes, négociant à
Orléans, et de Marie-Claude-Victoire Paris, (par permission de Me Renard, curé de la paroisse Saint-Liphard d'Orléans, en date du 15 août
1785, et en vertu du bref obtenu de N. S. P. le Pape Pie VI, donné à
Rome à Sainte-Marie-Majeure le 6 juillet précédent, pour lever l'em-
pêchement provenant de la consanguinité, fulminé à Orléans le 6 août .
par Mre de Loynes d'Autroche, docteur en théologie de la Faculté de
Paris, de la maison et société royale de Navarre, doyen et grand-
archidiacre de l'église d'Orléans, vicaire général et official du diocèse
d'Orléans, etc..., en présence du père de l'épouse, de Me François-Louis-
Jacques-Cousin, conseiller du Roi, grennetier au grenier à sel de Blois,
de Paul Le Gros, négociant à Blois, amis et témoins de l'époux, de
Mre Alexandre-Armand-Jules de Lavau, doyen de la Chambre des
Comptes de Bretagne, et de Silvain Allaire, négociant à Rochecorbon
près Tours, cousins et témoins de l'épouse, et de Me Paul Pointeau,
avocat en Parlement, demeurant à Blois.)

7º Catherine-Marie de Loynes, baptisée le 14 juin 1731 à Sainte-Catherine, eut pour marraine Marie-Madeleine Lhuillier, femme de Pierre
de Loynes ; décédée avant 1748 ;

8º Marie-Madeleine de Loynes, baptisée à Sainte-Catherine le 6 août 1732,
eut pour marraine Claude Hazon, veuve de Denis de Loynes ; vivante
en 1748 ;

9º Monique de Loynes, baptisée à Sainte-Catherine le 10 janvier 1734,
eut pour parrain hon^ble homme Pierre de Loynes, marchand-bourgeois, et pour marraine Marie-Magdeleine Lhuillier des Coude-

NOIRET : d'argent, à trois merlettes de sable 2 et 1, au souci de gueules en abîme.
CABROL :
DE LOYNES : voir p. 3.

reaux ; elle décéda, 25, rue des Petits-Souliers, le 27 avril 1809 ;

10° Élisabeth de Loynes, baptisée le 26 août 1735 à Sainte-Catherine, eut pour parrain Augustin de Loynes ; elle décéda le 11 septembre 1739, paroisse Saint-Benoît-du-Retour ;

11° Lambert, qui suit.

XIII. Lambert DE LOYNES des Châtaigniers, baptisé à Sainte-Catherine, à Orléans, le 24 octobre 1736, eut pour parrain Jean-Baptiste Gorrant et pour marraine Marie-Anne de Loynes, sa sœur consanguine. Il alla s'établir à Blois, où il mourut, paroisse Saint-Louis, rue du Palais, le 17 janvier 1828. Il y avait épousé, le 16 juillet 1765, à Saint-Solenne, après contrat passé devant Fourré, notaire à Blois, Marguerite LE RASLE, née à Blois en 1738, fille de défunt François Le Rasle, négociant à Blois, et de défunte Thérèse Daudin, en présence de François-Georges de Loynes et d'Élisabeth Rou, frère et belle-sœur, de Magdeleine de Loynes, sœur de l'époux, etc... Marguerite Le Rasle décéda à Blois, paroisse Saint-Louis, le 16 vendémiaire an XII (9 octobre 1803).

Leurs enfants furent (outre un fils né le 11 mars 1767 et mort le 29 août suivant) :

1° Thérèse de Loynes, baptisée à Saint-Solenne (depuis Saint-Louis) le 30 mai 1769, épousa à Blois, paroisse Saint-Louis, le 17 mars 1794, Henry Le Royer, de la ville de la Flèche ;

2° Madeleine de Loynes (dite Melle de l'Étang), baptisée à Saint-Solenne le 30 mai 1771, morte à Blois, sans alliance, le 5 juillet 1860 ;

3° Pierre-Lambert de Loynes, né le 1er novembre 1773 et baptisé le 2 à Saint-Solenne, habita à Nantes, section 14, rue Racine, et y épousa, le 18 pluviôse an X (7 février 1802), Cécile-Antoinette Gorlier, âgée de 20 ans, fille de Jean-Charles-Benoît-Joseph Gorlier, receveur général du dépt de la Loire-Inférieure, et de Marie-Cécile Pimarc. Pierre-Lambert de Loynes décéda à Nantes le 12 floréal an XI (2 mai 1803), à l'âge de 29 ans ; ce fut après sa mort que naquit de son mariage :
Cécile-Marie de Loynes, née le 2e jour complémentaire an XI (19 sep-

LE RASLE :

LE ROYER : d'azur, à trois roues d'or.

GORLIER :

tembre 1803), à Nantes (déclaration faite par Augustin-Louis de Loynes, âgé de 60 ans, maire de Nantes); morte en bas âge.

4º Étienne, qui suit;

5º Eulalie de Loynes, baptisée à Saint-Solenne le 25 août 1778, épousa à Blois, paroisse Saint-Louis, le 29 nivôse an IX (19 janvier 1801), Nicolas-Louis *Sarrebource,* né à Beaugency le 5 décembre 1774, fils de Louis Sarrebource et d'Anne Chaubert, décédé le 8 juillet 1816. Eulalie de Loynes mourut à Blois le 16 août 1861.

XIV. Étienne DE LOYNES des Châtaigniers, né à Blois le 28 septembre 1775, baptisé le 29 à Saint-Solenne, eut pour parrain Mre Estienne Duchesne, conseiller du Roi et son procureur au bailliage et siège présidial de Blois, et pour marraine Catherine Le Rasle, épouse de Me Paul Pointeau, avocat en Parlement, tante de l'enfant. Il fut receveur des contributions directes à Chouzy-sur-Loire (près Blois), où il décéda le 19 décembre 1845. Il avait épousé à Blois, le 19 novembre 1810, Anne-Françoise BODIN, née à Limeray (Indre-et-Loire) le 25 mai 1784, fille de Pierre-Joseph-François Bodin, (médecin à Limeray, député du département d'Indre-et-Loire, en 1792, à la Convention nationale où il vota contre la mort de Louis XVI [1]; membre du conseil des Cinq-Cents, et, après le 18 brumaire, nommé par le Gouvernement consulaire commandant de la gendarmerie de Loir-et-Cher, mort à Blois en 1809), et d'Emmanuelle Menard. Anne-Françoise Bodin décéda à Mer (Loir-et-Cher) le 11 mars 1863.

Leurs enfants furent :

1º Étienne-Soulange de Loynes, né à Blois le 7 décembre 1811, décédé à la Nouvelle-Orléans le 15 septembre 1835;

2º Madeleine-Françoise de Loynes, née à Nemours le 20 juillet 1814, décédée à Mer le 2 janvier 1880; elle avait épousé à Chouzy, le 27 octobre 1835, René-Mathurin *Samson,* né à Juigné-sur-Loire (Maine-et-Loire) le 1er décembre 1813, fils de René Samson et de Perrine Rideau, percepteur à Chouzy, puis à Mer;

3º Charles-Augustin, qui suit.

SARREBOURCE : d'azur, à la croix ancrée d'or.

BODIN :

SAMSON :

XV. Charles-Augustin DE LOYNES, né à Chouzy le 24 juillet 1817, licencié en droit, avocat à Blois, adjoint au maire de cette ville de 1852 à 1856, juge suppléant au tribunal de 1re instance; décédé à Blois le 12 janvier 1885. Il avait épousé, le 9 février 1847, à Blois, par contrat passé le même jour devant Lemaire et Delagrange, notaires, Marie-Juliette-Isabelle NAUDIN, née en cette ville le 11 février 1826, fille de Théodore-Amédée Naudin, secrétaire général de la préfecture de Loir-et-Cher de 1843 à 1848 et de 1849 à 1864, chevalier de la Légion d'honneur, auteur de différents travaux historiques, et de Céleste Landry. Marie-Juliette-Isabelle Naudin décéda aux Grouëts, près Blois, le 7 octobre 1881.

Ils eurent pour enfants :

1º Marie-Céleste-Thérèse de Loynes, née à Blois le 16 décembre 1847, décédée en la même ville le 14 août 1855 ;
2º Marie-Joseph, qui suit.

XVI. Marie-Joseph DE LOYNES, né à Blois le 8 août 1857, licencié en droit, attaché au ministère des affaires étrangères le 1er février 1881, à l'ambassade de France à Madrid le 12 novembre 1883, secrétaire de 3e classe à la même résidence le 12 janvier 1884, secrétaire de 2e classe à l'ambassade de France à Saint-Pétersbourg le 29 janvier 1889 ; chevalier de la Légion d'honneur, officier d'académie, commandeur des ordres de Saint-Stanislas, d'Isabelle la Catholique, etc... Il a épousé, le 18 octobre 1886, à Boulogne-sur-mer, par contrat passé le même jour devant Bary, notaire en cette ville, Yvonne ADAM, née à Saint-Léonard (Pas-de-Calais) le 5 juillet 1867, fille d'Achille-Charles-Hercule Adam, banquier à Boulogne-sur-mer, député du Pas-de-Calais, ancien membre de l'Assemblée nationale, chevalier de la Légion d'honneur, et d'Alice-Suzanne-Zoé Fontaine.

De ce mariage :

Françoise-Renée-Alice-Marie de Loynes, née à Échinghen (Pas-de-Calais) le 18 juillet 1887.

NAUDIN :
ADAM :

X. Charles DE LOYNES, huitième enfant de Gentien de Loynes, sieur de la Royauté, et de Marie Gasnier (voir page 140), baptisé le 16 novembre 1622 à Orléans, eut pour marraine Marie Sachet. Il épousa en premières noces, le 21 février 1650, à Saint-Paul d'Orléans, Magdeleine de GOILLONS-VINOT, en présence de François de Loynes, chanoine de Saint-Pierre-Empont, de Charles des Frisches, de Pierre, Robert et Claude de Loynes, de Jacques de Goillons-Vinot, etc. (Bibl. nat. Cabinet des titres, *Loynes*). Elle décéda paroisse Sainte-Catherine le 4 janvier 1663, et fut inhumée en l'église Saint-Paul au-dessous de la lampe du maître-autel.

Charles de Loynes épousa en secondes noces, le 8 janvier 1669, à Saint-Victor, Françoise GOURY, fille d'hon^{ble} homme Daniel Goury et d'Aimée Saulger.

Il décéda en la paroisse Sainte-Catherine le 14 avril 1689.

Il avait eu de son premier mariage :

1° Magdeleine de Loynes, baptisée à Sainte-Catherine le 6 octobre 1650, épousa, le 23 novembre 1676, à Saint-Pierre-Ensentelée, en présence de Charles de Loynes, son père, de Françoise Goury, sa belle-mère, et de Pierre de Loynes, son oncle, Pierre *de la Guelle,* fils de Jehan de la Guelle et de Magdeleine Mariette. Décédée paroisse Saint-Donatien, Magdeleine de Loynes fut inhumée le 5 novembre 1691 au grand-cimetière.

2° Gentien de Loynes, sieur du Rondeau, baptisé le 12 octobre 1652 à Sainte-Catherine, eut pour parrain François de Loynes, chanoine de Saint-Pierre-Empont. Officier de la maison du Roi (aide d'échansonnerie), il épousa, le 15 mai 1679, à Saint-Pierre-Ensentelée, en présence de Claude de Loynes, prêtre de l'Oratoire de Jésus et curé de Saint-Pierre-Ensentelée, Magdeleine *Hachin,* fille de Nicolas Hachin et de Michelle Michau. Gentien de Loynes décéda paroisse Saint-Germain et

---

DE GOILLONS-VINOT : voir p. 137.

GOURY : de sable, à une croix recroisetée d'or et à un sautoir alésé d'azur brochant sur le tout.

DE LA GUELLE : d'or, au chevron de gueules, accompagné de trois huchets de sable virolés d'argent et enguichés de gueules.

HACHIN : d'azur, à deux haches adossées d'argent, emmanchées d'or, posées en chef, et au chien passant de même en pointe.

22

fut inhumé le 6 juillet 1720 au grand-cimetière. Son épouse décéda en la même paroisse le 1er mai 1740, âgée de 78 ans.

Du second lit :

3° Françoise de Loynes, baptisée à Sainte-Catherine le 17 avril 1674 ;

4° Charles de Loynes, baptisé à Sainte-Catherine le 20 juin 1675 ;

5° François de Loynes, baptisé à Saint-Pierre-Ensentelée le 26 octobre 1676 en même temps qu'un frère qui décéda le même jour et fut inhumé à Sainte-Catherine ;

6° Françoise de Loynes, baptisée à Sainte-Catherine le 28 décembre 1677, épousa, le 5 septembre 1695, à Sainte-Catherine, après contrat passé le 14 août 1695 devant Louis Couët, notaire au châtelet d'Orléans, Robert *Seurrat,* fils d'Isaac Seurrat, échevin et président des consuls en 1699, et de Madeleine Souchet ; elle décéda le 13 janvier 1750, et fut inhumée en l'église Sainte-Catherine ;

7° Charles, qui suit.

XI. Charles DE LOYNES, baptisé à Sainte-Catherine d'Orléans le 3 février 1679, eut pour parrain honbᵉ homme Gentien de Loynes. Il décéda à l'âge de 51 ans, en 1730, et fut inhumé dans le chœur de l'église Saint-Paul, côté de la Sainte Vierge. Il avait épousé en 1ʳᵉˢ noces, à Saint-Paul, le 3 novembre 1706, Marie-Thérèse CHAUVREUX, âgée de 19 ans, fille de Richard Chauvreux et de Françoise Jeuslin ; et en 2ᵉˢ noces, à Saint-Sulpice, le 26 janvier 1728, Thérèse LE ROY, fille de Pierre Le Roy et d'Anne Mariette, en présence de Gilbert Berroyer, docteur et doyen de l'Université, et de Jacques Charpentier, trésorier de France au bureau des finances de Tours. Ils demeuraient à la Croix-Martin. Charles de Loynes n'eut de ce second mariage qu'un enfant baptisé et décédé paroisse Saint-Paul le 20 octobre 1729 ; mais de son premier mariage il laissa :

1° Marie-Thérèse-Françoise de Loynes, baptisée à Saint-Paul le 24 août 1708, eut pour parrain Gentien de Loynes et pour marraine Françoise

SEURRAT : voir p. 40.
CHAUVREUX : voir p. 44.
LE ROY : voir p. 129.

Jeuslin, sa grand'mère ; elle fut inhumée en l'église Saint-Paul le
8 juin 1709 ;

2º Françoise de Loynes, baptisée à Saint-Paul le 11 avril 1710, eut pour
parrain Jean-Baptiste Chauvreux et pour marraine Françoise de Loynes,
épouse de Robert Seurrat. Elle épousa à Saint-Paul, le 1er décembre
1732, Guillaume-Adrien *Rozier*, lieutenant des ajusteurs de la Monnaie
d'Orléans. Elle fut inhumée en l'église Saint-Donatien le 28 novembre
1755, en présence de Gilbert de Loynes, son frère.

3º Charles-Richard-César-Joseph de Loynes, baptisé à Saint-Paul le 5 octobre 1711 ;

4º Charles-Victor de Loynes, baptisé à Saint-Paul le 11 mai 1713 ;

5º Adrien-Robert-Gentien de Loynes, baptisé à Saint-Paul le 27 juillet
1714, eut pour parrain Robert Seurrat et pour marraine Catherine
Chauvreux, épouse d'Adrien Charbonnier de la Gravette, conseiller au
siège présidial d'Orléans. Il assista à l'inhumation de son père à Saint-
Paul, en 1730.

6º Joseph-Richard de Loynes, baptisé à Saint-Paul le 9 décembre 1715,
décédé en ladite paroisse le 16 du même mois ;

7º Gilbert, qui suit ;

8º Marie-Thérèse de Loynes, baptisée à Saint-Paul le 5 avril 1718, eut
pour parrain Robert-Aignan Seurrat ;

9º Charles-François de Loynes, baptisé à Saint-Paul le 13 juillet 1719 ;

10º Marie-Magdeleine de Loynes, baptisée à Saint-Paul le 12 décembre
1720 ;

11º Altin-Richard de Loynes, baptisé à Saint-Paul le 4 mai 1722 ;

12º Marie-Élisabeth de Loynes, baptisée à Saint-Paul le 13 novembre 1723,
eut pour parrain Louis Charpentier, seigneur de la Cour, officier de la
garde suisse de Mgr le duc d'Orléans ;

13º Charles-François de Loynes, baptisé à Saint-Paul le 6 août 1726 ;

14º Adrien-François de Loynes, baptisé à Saint-Paul le 8 septembre 1727,
eut pour parrain Adrien-Robert-Gentien de Loynes, fils, et pour marraine Françoise de Loynes, fille. Il mourut célibataire à Orléans, 15, rue
du Poirier, le 17 floréal an III (6 mai 1795).

XII. Gilbert DE LOYNES, baptisé à Saint-Paul d'Orléans le 16 janvier
1717, assistait aux funérailles de sa sœur Françoise de Loynes, épouse

d'Adrien Rozier, le 28 novembre 1755, paroisse Saint-Donatien. Il décéda à Orléans, 3, Marché-à-la-crème, à l'âge de 80 ans. Il avait épousé Marie-Marguerite Linger, qui vivait veuve, âgée de 77 ans, le 1ᵉʳ floréal an VI.

De ce mariage :

1° Guillaume-Gilbert de Loynes, baptisé à Saint-Hilaire le 22 décembre 1743, décéda le 24 du même mois, paroisse Saint-Donatien ;
2° Marie-Françoise de Loynes, baptisée à Saint-Hilaire le 17 septembre 1748, décédée le 24 mai 1749 et inhumée dans l'église Sainte-Catherine ;
3° Marie-Marguerite de Loynes, baptisée à Saint-Hilaire le 13 octobre 1749 ;
4° Charles-Michel-Marie de Loynes, baptisé à Saint-Hilaire le 1ᵉʳ septembre 1751, décédé à Orléans le 16 août 1808, avait épousé, le 19 février 1787, à Saint-Vincent, après contrat passé le 15 du même mois devant Louis Cabart, notaire à Orléans, Marguerite-Henriette *Dubois*, fille de François Dubois et de Marie-Marguerite Chartier. De ce mariage :

A. Charles-Michel de Loynes, baptisé le 5 février 1788 à Saint-Hilaire, eut pour parrain Gilbert de Loynes, aïeul paternel, et pour marraine Marie-Marguerite Chartier, femme de François Dubois, aïeule maternelle ; il décéda paroisse Saint-Hilaire et fut inhumé au cimetière Saint-Vincent le 14 mai 1789 ;
B. Charles-François de Loynes, baptisé à Saint-Hilaire le 12 mars 1790, décédé le 28 septembre suivant, paroisse Saint-Laurent ;
C. Charles-Gilbert de Loynes, baptisé à Sainte-Croix le 21 mai 1792, eut pour parrain Guillaume-Gilbert de Loynes-Sarrebourse ; il décéda à l'âge de 4 ans 1/2, le 9 frimaire an V, 3, place du Grand-Marché, à Orléans ;
D. Henriette-Claude-Adèle de Loynes, née à Orléans le 11 prairial an IV, épousa, le 3 juin 1813, Étienne-Jean *Aufrère-Duvernay*, docteur en chirurgie, âgé de 26 ans, fils de Jean Aufrère et de Madeleine Rabillon. Il fut chirurgien en chef de l'Hôpital général

---

Linger : d'azur, chargé d'une patte de lion d'or entortillée d'un serpent de sinople langué et gueulé de gueules, à une étoile de sable en chef, au croissant d'argent en pointe.
Dubois : d'azur, à un chêne arraché d'or.
Aufrère-Duvernay : de sinople, à une fasce d'or accompagnée de trois verres d'argent et d'une boëtte de même en pointe.

d'Orléans, vice-président de la société médicale du Loiret, membre de la société des sciences, belles-lettres et arts d'Orléans. Henriette-Claude-Adèle de Loynes décéda à Orléans, 3, rue des Grands-Ciseaux, le 18 janvier 1871.

5° Marie-Anne de Loynes, baptisée à Saint-Hilaire le 25 septembre 1752, eut pour parrain François de Loynes, clerc tonsuré du diocèse de Bourges; elle fut inhumée en ladite église le 23 octobre 1756;

6° Jean-Baptiste-François de Loynes, baptisé à Saint-Hilaire le 8 mars 1755, inhumé en ladite église le 15 novembre 1756;

7° Guillaume-Gilbert de Loynes de Villiers, baptisé à Saint-Hilaire le 15 octobre 1757, écuyer, épousa à Sainte-Croix d'Orléans, le 9 janvier 1792, Claude-Thérèse *Sarrebourse de Pont-le-Roy*, fille de Philippe Sarrebourse de la Guillonnière et d'Anne Touzé, en présence de Charles-Marie de Loynes, son frère, et de Marguerite-Henriette Dubois, épouse de ce dernier. Guillaume-Gilbert de Loynes en était veuf lorsqu'il décéda le 7 avril 1829 à Orléans, 11, rue du Poirier. Il avait eu de son mariage :

A. Charles-Philippe de Loynes, né le 18 floréal an II, décédé le 16 vendémiaire an III, 10, rue des Petits-Souliers, à Orléans;

B. Marie-Thérèse-Désirée de Loynes, née à Orléans le 1er floréal an VI (20 avril 1798), épousa Jacques-Hilaire *Sarrebourse de la Guillonnière,* chevalier de la Légion d'honneur et de l'ordre royal du Lys. Elle en était veuve lorsqu'elle décéda à Orléans, 26, rue Sainte-Anne, le 1er avril 1872.

8° Alexandre de Loynes, baptisé à Saint-Hilaire le 6 février 1759, décédé paroisse Saint-Vincent le 21 juin de la même année;

9° Jean-Baptiste-Victor de Loynes, baptisé à Saint-Hilaire le 21 juillet 1760.

SARREBOURSE : voir SARREBOURCE, p. 164.

BRANCHE DE LA BARRE

VIII. Gentien DE LOYNES, écuyer, sieur de la Barre, 3e fils de Gentien de Loynes, sieur de la Royauté, et de Marie Le Roy (voir page 129), fut échevin de 1618 à 1620 et de 1626 à 1628, et, pendant cette dernière période, receveur des deniers communs de la ville d'Orléans ; il décéda le 31 mai 1628, ses funérailles furent faites aux frais de la ville (*Arch. comm. d'Orléans*, CC. 580 et 581); il fut inhumé en l'église Sainte-Catherine. Il avait épousé Suzanne LE BERT D'AUBIGNY, fille d'Aignan Le Bert, qui décéda le 29 avril 1622 et fut inhumée en l'église Sainte-Catherine.

Ses enfants furent :

1º Jacques de Loynes, sieur de Coulmiers [1], baptisé à Sainte-Catherine le 17 avril 1589, épousa en 1res noces, vers 1618, Magdeleine *des Frisches,* et en 2es noces, vers 1633, Charlotte *des Frisches,* d'une autre famille que la précédente [2], fille de François des Frisches et de Marie Jousse.

Ses enfants furent :

Du premier lit :

A. Jacques de Loynes, baptisé à Sainte-Catherine le 12 avril 1619, eut pour parrain Gentien de Loynes l'aîné ;

B. Marie de Loynes, baptisée à Sainte-Catherine le 1er mai 1622, eut pour marraines Suzanne Le Bert, femme de Gentien de Loynes, et Marie Foucault, femme de Gentien de Loynes ; elle épousa à Sainte-Catherine, le 22 novembre 1638, Jehan *des Frisches,* fils de Charles des Frisches, sieur des Valins, et de Marguerite de Loynes. Elle en était veuve lorsqu'elle fut inhumée le 4 janvier 1664 en l'église Saint-Paul, dans l'aile de Saint-Michel.

C. Jacques de Loynes, baptisé à Sainte-Catherine le 19 janvier 1623, paraît à Notre-Dame-du-Chemin en 1645;

LE BERT : d'azur, à l'aigle éployée d'or ; au chef cousu de gueules, chargé de trois étoiles d'or.

DES FRISCHES : d'argent, à la bande d'azur chargée de trois besans d'or.

DES FRISCHES : d'azur, à la bande d'argent, chargée de trois défenses de sanglier de sable, et accompagnée de deux croisettes d'argent, encloses en un annelet d'or.

DES FRISCHES : comme ci-dessus.

D. Aignan de Loynes, baptisé à Sainte-Catherine le 8 juin 1625;

E. Jehan de Loynes, baptisé à Sainte-Catherine le 19 avril 1626, eut pour parrain Jehan de Loynes, contrôleur du Roi en l'élection de Berry;

F. Magdeleine de Loynes, baptisée à Sainte-Catherine le 15 juillet 1632, eut pour marraine Louise de Loynes, veuve de Jean Callouet;

Du second lit :

G. Gentien de Loynes, baptisé à Sainte-Catherine le 21 août 1634 (religieux capucin ?);

H. Charles de Loynes, baptisé à Sainte-Catherine le 10 mai 1638;

I et J. Louis et Jean de Loynes, baptisés à Sainte-Catherine le 30 mai 1639.

2° Marie de Loynes, baptisée à Sainte-Catherine le 15 mai 1590, épousa Jacques *Mariette*, fils de Jacques Mariette et de Thomasse Chéron;

3° Gentien, qui suit;

4° Jehan de Loynes, contrôleur du Roi en l'élection de Berry, fut baptisé à Sainte-Catherine le 4 octobre 1599 et eut pour parrains Jehan Petau, contrôleur ordinaire des guerres, et Jacques Duchon, seigneur de Mézières, avocat au bailliage d'Orléans. Il épousa Marie *Prieur*.

Ses enfants furent :

A. Marie de Loynes de Fussy; qui paraît au contrat de mariage de Marguerite de Loynes, sa nièce, le 29 juillet 1682 ; elle demeurait alors à Paris « près Mᵐᵉ la duchesse de Beauvilliers, en l'hôtel de Mgr Colbert » et n'était pas mariée;

B. Gentien de Loynes (religieux capucin ?);

C. Paul de Loynes, baptisé à Saint-Paul d'Orléans le 19 avril 1626, eut pour parrain Gentien de Loynes et pour marraine Louise de Loynes, veuve de Jean Callouet;

D. Jacques de Loynes, né le 5 novembre 1628 et baptisé le 1ᵉʳ décembre suivant à Saint-Paul, eut pour parrain Jacques de Loynes, sieur de Coulmiers, et pour marraine Marie Foucault, femme de Gentien de Loynes, sieur de la Barre;

E. Aignan de Loynes, baptisé à Saint-Sulpice d'Orléans le 15 août 1631 ; conseiller du Roi, contrôleur général des finances en la gé-

---

MARIETTE : voir p. 148.

PRIEUR : d'argent, à un chevron de gueules, accompagné de trois croix ancrées de sinople, 2 et 1, surmontées d'une étoile de gueules en chef.

néralité de Bourges (quittance du 21 mars 1652), il épousa Charlotte *Blouin,* dont il eut entre autres enfants :

    a. Marguerite de Loynes « demeurant près Mme la duchesse de
Beauvilliers », épousa, par contrat passé à Versailles le 29 juillet
1682 devant Mouffle et de Beauvais, notaires, Claude *Landelle-
Gastelière,* sieur de Boisguillot[1], « chirurgien de feu Son Altesse
Royale et de Mgr Colbert, ministre et secrétaire d'Estat, de-
meurant en l'hostel du dit seigneur...... fils de deffunts Antoine
Landelle et Marthe Godeau, etc[2].... » ;

    b. Marie de Loynes, suivante de Mme la duchesse de Beauvil-
liers, épousa à Paris, en l'église Saint-Nicolas-des-Champs, le
7 janvier 1708, Jean-Louis *Albert,* seigneur de la Marvallière,
conseiller du Roi, auditeur ordinaire en sa Chambre des
Comptes de Paris, et secrétaire de M. le duc de Beauvilliers.
Veuve avant le 18 novembre 1722, Marie de Loynes acquit à
cette date le fief du Puy-sur-Indre. Elle vivait encore le 8 février 1735.

    c. Charlotte de Loynes, suivante de Mme de Guiche, mariée à
Saint-Nicolas-des-Champs le 2 décembre 1709 avec François
d'Ecuenne (ou des Ecures), sieur *du Péroux,* gentilhomme de
M. le duc de Grammont.

F. Antoine de Loynes, baptisé à Saint-Sulpice d'Orléans le 9 octobre
1632 ;

G. Marie de Loynes, baptisée à Saint-Sulpice le 6 mai 1634, mourut
en 1636 ;

H. Jehan de Loynes, baptisé à Saint-Sulpice le 3 juillet 1635, eut pour
marraine Claude Nouël, veuve de Claude de Loynes, sieur de la
Royauté; il fut religieux chartreux;

I. Espérance de Loynes, baptisée à Saint-Sulpice le 17 août 1636 ;

J. Robert de Loynes, baptisé à Saint-Sulpice le 6 novembre 1638 ;

K. Catherine de Loynes (?) ;

BLOUIN : d'azur, au lion couronné d'argent, appuyé de ses deux pattes de devant
    sur une colonne d'or.
LANDELLE : d'argent, à trois merlettes de sable, 2 et 1.
ALBERT : d'azur, au chevron d'or, accompagné de deux étoiles et d'un croissant
    d'argent, au chef cousu de sable, chargé de trois cors de chasse d'argent,
    liés de même.
DU PÉROUX : d'or, à trois chevrons d'azur, au pal de même brochant sur le tout.

L. Louis de Loynes, baptisé à Saint-Paul le 21 juin 1640, eut pour
parrain Jacques de Loynes et pour marraine Suzanne de Loynes ;

M. Magdeleine de Loynes, baptisée à Saint-Paul le 24 février (ou
janvier) 1642, eut pour parrain Eusèbe de Loynes et pour marraine Marie Mauduison ;

N. Françoise de Loynes, baptisée à Notre-Dame-du-Chemin le 21
août 1645, eut pour parrain Louis Foucault, écuyer, conseiller
du Roi, trésorier général de France à Bourges, et pour marraine
Françoise Mignot, femme d'Eusèbe de Loynes.

5° Claude de Loynes, baptisée à Sainte-Catherine le 9 août 1603, eut pour
marraine Simonne Sachet, veuve d'Antoine de Loynes.

IX. Gentien DE LOYNES, sieur de la Barre, fut baptisé en l'église Sainte-
Catherine le 25 août 1594 et eut pour marraine Louise de Loynes, femme
de Jean Callouet. Il épousa, le 24 novembre 1617, par contrat passé le
13 devant Lécluse, notaire au châtelet d'Orléans, Marie FOUCAULT, fille
d'Eusèbe Foucault, bourgeois d'Orléans.

Il décéda le 22 mars 1669 et fut inhumé le 24 en l'église Saint-Paul, sa
paroisse, en présence de ses enfants.

Ses enfants furent :

1° Eusèbe, qui suit ;

2° Suzanne de Loynes, baptisée à Notre-Dame-de-Recouvrance le 21 jan-
vier 1620, épousa, le 28 février 1639, en l'église Saint-Paul, Louis *Le
Vassor*, fils de René Le Vassor, seigneur des Lineaux, et d'Élisabeth
Massuau (chanoine Hubert). Elle était veuve en 1653 (paroisse Saint-
Hilaire), et décéda avant le 12 juin 1691.

3° Gentien de Loynes, baptisé à Saint-Paul le 6 juillet 1621, eut pour parrain Eusèbe Foucault et pour marraine Magdeleine des Frisches ; il
épousa à Saint-Paul, le 12 février 1652, Claude *Sarrebourse*, et décéda
paroisse Sainte-Catherine le 25 septembre 1678.

Ses enfants furent :

A. Claude ou Gentien de Loynes, qui figure comme parrain dans

---

FOUCAULT : d'azur, à la fasce d'or, accompagnée de trois étoiles de même.
LE VASSOR : voir p. 50.
SARREBOURSE : voir SARREBOURCE, p. 164.

l'acte de baptême de son frère Eusèbe le 6 mars 1660, à Saint-Maclou ;

B. François de Loynes, baptisé à Saint-Maclou le 6 février 1655 ;

C. Élisabeth de Loynes, baptisée à Saint-Maclou le 22 février 1656;

D. Claude de Loynes, baptisée à Saint-Maclou le 19 mai 1657;

E. Marie de Loynes, baptisée à Saint-Maclou le 3o janvier 1659;

F. Eusèbe de Loynes, baptisé à Saint-Maclou le 6 mars 1660, eut pour parrain Claude ou Gentien de Loynes, son frère, et pour marraine Espérance Sarrebourse, fille de François Sarrebourse;

G. Georges de Loynes, baptisé à Sainte-Catherine le 6 juin 1661 ;

H. Henri de Loynes, baptisé à Sainte-Catherine le 23 septembre 1662 ;

I. Marie-Espérance de Loynes, baptisée à Sainte-Catherine le 26 novembre 1663, y décéda sans avoir été mariée le 9 décembre 1697 ;

J. Joseph de Loynes, baptisé à Sainte-Catherine le 11 février 1665;

K. Marguerite de Loynes, baptisée à Sainte-Catherine le 24 février 1666 ;

L. Henri de Loynes, baptisé à Sainte-Catherine le 5 août 1667; licencié de Sorbonne, prêtre curé de la paroisse de Jargeau, il fit une donation à demoiselle Marie-Anne Sarrebourse, sa cousine issue de germain, d'une somme de 6o livres de rente annuelle, par acte du 29 mai 1732 [1] ;

M. Magdeleine de Loynes, baptisée à Sainte-Catherine le 3 août 1671.

4° Marie de Loynes, baptisée à Saint-Paul le 12 octobre 1622;

5° Jacques de Loynes, baptisé à Saint-Paul le 13 mai 1624, eut pour marraine Marie Prieur;

6° Jehan de Loynes, baptisé à Saint-Paul le 25 juillet 1625;

7° Claude de Loynes, baptisé à Saint-Paul le 26 novembre 1626, eut pour parrain Claude Cardinet, sieur de Poinville, et pour marraine Louise de Loynes. Il fut inhumé en l'église Sainte-Catherine, devant le crucifix, le 25 mai 1684.

8° Georges de Loynes, baptisé à Saint-Paul le 15 avril 1629 ;

9° Anne de Loynes, baptisée à Saint-Paul le 25 juin 1631, vivait sans alliance en 1691.

X. Eusèbe DE LOYNES, sieur de la Barre, baptisé à Notre-Dame-de-Recouvrance le 24 novembre 1618, épousa à Notre-Dame-du-Chemin, le 26 novembre 1642, en présence de Louis Le Vassor, de Claude Car-

dinet et de Marie Foucault, Françoise MIGNOT. Il en était veuf en 1682
et vivait le 12 juin 1691.

De ce mariage :

1º Gentien de Loynes, baptisé à Notre-Dame-du-Chemin le 13 décembre
1643, eut pour parrain Gentien de Loynes ;

2º Louis de Loynes, fut chanoine régulier de Saint-Augustin d'Orléans ;

3º Eusèbe de Loynes, baptisé à Saint-Donatien le 15 août 1647 ;

4º Françoise de Loynes, baptisée à Saint-Donatien le 26 mai 1649, eut
pour parrain Jean de Loynes et pour marraine Marie Le Roy ; elle
épousa à Sainte-Catherine, le 28 mai 1674, Charles *Jumeau,* fils de Jean
Jumeau et de Claude Le Vassor. Elle en était veuve lorsqu'elle décéda
rue Porte-Saint-Jean ; elle fut inhumée en l'église Saint-Paul le
11 juin 1732.

5º Eusèbe, qui suit ;

6º François de Loynes, baptisé le 25 janvier 1652 ;

7º Jacques de Loynes, baptisé à Saint-Hilaire le 8 octobre 1653, eut pour
parrain Jacques Cahouet et pour marraine Suzanne de Loynes, veuve
de Louis Le Vassor ;

8º Jacques de Loynes, baptisé à Saint-Hilaire le 2 janvier 1655, eut pour
parrain Jacques Cahouet et pour marraines Catherine de Loynes et
Suzanne de Loynes, veuve de Louis Le Vassor. Il habitait paroisse
Saint-Paul lorsqu'il épousa, le 31 mai 1698, Claude *Fleureau,* fille de
Charles Fleureau, docteur en médecine, et de Claude Rhémond, âgée
de 26 ans.

9º Magdeleine de Loynes, baptisée à Saint-Hilaire le 2 janvier 1655 ;

10º Pierre de Loynes, baptisé à Saint-Hilaire le 27 février 1656, eut pour
parrain Pierre Le Roy et pour marraine Anne de Loynes ;

11º Clément de Loynes, baptisé à Saint-Hilaire le 29 juin 1658, eut pour
parrain Jacques de Loynes, de la ville de Nantes, et pour marraine
Marie Le Vassor.

XI. Eusèbe DE LOYNES, sieur de la Barre, fut baptisé à Saint-Donatien

---

MIGNOT : d'azur, au chevron d'or, accompagné en chef de deux grappes de raisin
d'argent, et en pointe d'une main senestre en pal de même ; une étoile
d'argent au-dessus du sommet du chevron.

JUMEAU : de gueules, à deux fasces de vair.

FLEUREAU : d'azur, à trois fasces ondées d'argent, au chef de gueules chargé de trois
étoiles d'or.

le 26 septembre 1650. Il épousa, le 6 juillet 1682, à Sainte-Catherine, Avoie Humery, fille de Nicolas Humery et de Marie Paris.

De ce mariage :

    1° Eusèbe de Loynes, baptisé à Sainte-Catherine le 17 avril 1683, eut pour parrain Eusèbe de Loynes et pour marraine Claude Humery; il décéda le 3 avril 1688, paroisse Sainte-Catherine ;

    2° Magdeleine de Loynes, baptisée à Sainte-Catherine le 29 octobre 1684, épousa, le 30 janvier 1704, par contrat passé devant Couët, Ducloux et Sevin, notaires, Étienne *Seurrat de la Grand'court,* qui mourut le 30 janvier 1744. Magdeleine de Loynes décéda le 20 août 1752 et fut inhumée près de son mari dans le grand-cimetière d'Orléans [1].

    3° Claude-Avoie de Loynes, baptisée à Sainte-Catherine le 1er novembre 1685 ; elle décéda le 23 du même mois et fut inhumée en l'église Saint-Liphard ;

    4° Thérèse de Loynes, baptisée à Sainte-Catherine le 26 avril 1687 ; elle mourut sans avoir été mariée et fut inhumée en l'église Sainte-Catherine, le 31 juillet 1733, en présence d'Étienne Seurrat, son beau-frère;

    5° Avoie de Loynes, baptisée à Sainte-Catherine le 11 décembre 1688, eut pour marraine Françoise de Loynes, femme de Charles Jumeau ;

    6° Anne de Loynes, baptisée à Sainte-Catherine le 30 août 1690, décéda paroisse Saint-Pierre-Lentin sans avoir été mariée et, le 8 mars 1740, son corps fut processionnellement conduit et inhumé dans l'église Sainte-Catherine, en présence d'Étienne Seurrat, son beau-frère, et de Mre Benoist-Constantin Seurrat, prêtre chanoine de Sainte-Croix.

Humery : voir p. 48.
Seurrat : voir p. 40.

BRANCHE DE VILLEFAVREUX ET DE PARAS

V. Jacquet DE LOYNES, écuyer, sieur de Villefavreux et de Paras, 2ᵉ fils de Robin de Loynes et de Marie Hatte, sa seconde femme (voir page 40), naquit en 1464. « Bourgeois d'Orléans, il fut député par ses concitoyens pour porter à la Reine Anne, duchesse de Bretagne, en 1499, 4000 livres en présent pour sa ceinture. Louis XII, qui le connaissoit pour avoir plusieurs fois joué à la paume avec lui lors de son séjour à Orléans à son retour d'Italie, lui remit ladite somme [1]. » *(Gén. man.)* Jacquet de Loynes avait alors 35 ans *(ibid.)*.

Il acheta la terre de Villefavreux, paroisse de Lailly, le 19 mai 1516, par devant Louis Roillart, licencié en lois, garde de la prévôté d'Orléans.

Procureur échevin d'Orléans en 1502-1504, 1510-1512, 1516-1518, Jacquet de Loynes fut élu receveur en 1517 et 1518 [2].

Il avait épousé, en 1486, Jeanne-Catherine BERNARD DE MONTEBISE, fille de Jehan Bernard « l'aisné », seigneur de Montebise, lieutenant particulier à Orléans, et de Jacquette Le Picart d'Imonville (de la maison des Mongaschet, de Paris).

De ce mariage :

1º Marie de Loynes, épouse de Jean *Le Normant,* écuyer, sieur de Moncy, bourgeois d'Orléans, fils d'Euverte Le Normant, seigneur de la Forêt, du Colombert et des Fourneaux, échevin d'Orléans en 1515, et de Jeanne Boucher de Guilleville ; elle mourut le 23 septembre 1543 ;

2º Jacquette de Loynes, qui épousa en 1530 Guillaume *Cahouet,* fils de Pierre Cahouet, bourgeois d'Orléans, et de Sybille Sevin ;

3º Juliens (ou Julius) de Loynes, marchand-bourgeois d'Orléans [3], fut élu procureur échevin de cette ville de 1512 à 1514, puis de janvier 1524 à décembre 1526 [4]. Décédé le 9 mai 1531, il fut inhumé en la chapelle du Saint-Esprit (grand-cimetière d'Orléans), à main gauche en entrant ; son inscription était placée sous celle de Marion Hatte, sa grand'mère.

BERNARD : voir p. 132.
LE NORMANT : écartelé de gueules et d'or à quatre rocs d'échiquier de l'un en l'autre ; et sur le tout d'azur à une fleur de lys d'or.
CAHOUET : voir p. 128.

4º Catherine de Loynes, épouse de Jacques *Babœuf;*

5º Jacques, qui suit ;

6º Marguerite de Loynes, femme de Pierre *Robert,* fils de Philibert Robert, bourgeois d'Orléans, et de Radegonde Ladmirault ;

7º Anne de Loynes, qui épousa en 1537 Claude *Charrue,* échevin en 1543, fils de Pierre Charrue, bourgeois d'Orléans « des plus apparans » (Hubert), et d'Élisabeth Boillève. D'où : Avoie Charrue, épouse d'Isabel Hautin.

VI. Jacques DE LOYNES, écuyer, sieur de Villefavreux, bourgeois d'Orléans, procureur échevin de cette ville de 1540 à 1542, puis receveur de 1548 à 1550 et de 1554 à 1557 [1]. Il fut, en vertu d'une ordonnance rendue à Paris par le Roi Charles IX, le 15 février 1567, nommé l'un des payeurs de sa gendarmerie « pour sa loiauté, prudhommye, expérience et bonne diligence. »

Il avait épousé, par contrat passé devant Provenchère, notaire au châtelet d'Orléans, le 16 janvier 1538, Marie LE MAIRE, fille de Jacques Le Maire, bourgeois d'Orléans, et de Marie de l'Aubespine.

De ce mariage :

1º Jacquet de Loynes, écuyer, sieur de Paras, baptisé à Saint-Paul d'Orléans le 22 décembre 1539, épousa Radegonde *Mariette.* Il mourut en 1627, avant son père, sans postérité. Sa femme paraît à un baptême à Sainte-Catherine en 1580 ; ils demeuraient alors paroisse Saint-Paul.

2º Julius, qui suit ;

3º César de Loynes, auteur de la branche de Parassy, qui sera rapportée plus loin (voir page 215) ;

4º Auguste de Loynes, décédé sans postérité ;

5º Françoise de Loynes, épouse de Lyphard *Picot* ou *Picotte,* avocat au

---

BABŒUF :

ROBERT : d'argent, à trois pattes de griffon de sable.

CHARRUE : d'azur, à trois socs de charrue d'or.

LE MAIRE : voir p. 128.

MARIETTE : voir p. 148.

PICOTTE ou PICOT : d'or, au chevron d'azur, accompagné de trois fanaux de sable allumés de gueules, au chef de gueules chargé d'un lambel de sable.

siège présidial d'Orléans ; elle en était veuve en 1604 et décéda paroisse
Saint-Donatien le 14 février 1619 ;

6° Marie de Loynes, épouse de Jehan *Chantereau,* seigneur de Marinvil-
liers, paraît à un baptême à Saint-Paul le 21 février 1580 ;

7° Claudine de Loynes, épouse de Jehan *Garnier,* procureur du Roi en
la prévôté d'Orléans. Elle vivait étant veuve le 3 mars 1583.

8° Élisabeth ou Ysabel de Loynes épousa, par contrat passé le 28 octobre
1560 devant Stuard, notaire à Orléans, André *Stample,* fils d'Alexandre
Stample, bourgeois d'Orléans, et de Claudine Boucquin. Elle fut marraine à Sainte-Catherine le 15 septembre 1575, avec Julius de Loynes,
d'un enfant de Pierre Maillard et de Louise de Loynes.

9° Louise de Loynes, femme de Pierre *Maillard,* sieur de Villefavreux,
contrôleur ordinaire de la maison du Roi et secrétaire de sa chambre [1];
elle vivait avec son mari en 1575.

VII. Julius DE LOYNES, écuyer, sieur de Villefavreux, Paras, Montréal
et la Touche, « porta foy et hommage le 17 avril 1598 au seigneur de
Landreville pour sa terre de Paras ». Il épousa en 1res noces Marie DE
MAUCLERC, et en 2es noces Isabelle ou Élisabeth PETAU [2], fille d'Étienne
Petau, bourgeois d'Orléans, et d'Anne Garrault. Cette seconde femme
se remaria avec N... Flasconi.

Les enfants de Julius de Loynes furent :

Du premier lit :

1° Anne de Loynes, baptisée à Saint-Paul d'Orléans le 11 janvier 1571,
morte sans avoir été mariée ;

2° Marie de Loynes, épouse d'Annibal *Mariette,* bourgeois d'Orléans, fils
de Guillaume Mariette, sieur de la Fauconnière, et de Charlotte Tassin,

---

CHANTEREAU : de gueules, à une fasce d'argent chargée de trois bandes d'azur, sur-
      montée d'une aigle naissante d'or, accompagnée en pointe d'une
      étoile à six rais de même.
GARNIER : coupé d'azur et de sable, au chien hissant d'or, colleté de gueules.
STAMPLE : d'argent, au chevron d'or, accompagné en chef de deux trèfles de sinople,
      et en pointe d'une patte de griffon de même.
MAILLARD : d'azur, au sautoir d'argent, accompagné de quatre maillets de même.
DE MAUCLERC : d'azur, à une fasce d'or accompagnée de trois trèfles de même.
PETAU : voir p. 129.
MARIETTE : voir p. 148.

24

veuf de Judith Polluche, décédé le 4 mars 1628 ; Marie de Loynes décéda le 18 octobre 1653 [1].

Du second lit (outre trois aînés morts jeunes) :

3º Jacques de Loynes, écuyer, sieur de Paras, avocat au siège présidial d'Orléans, puis en 1633 procureur du Roi au bailliage d'Orléans, paraît en outre au mariage de son frère Julius de Loynes comme « maistre des requestes de la Royne mère du Roy. » (Jal, *Dict.*) Il épousa en 1res noces à Saint-Paul, le 5 février 1601, après contrat passé le 4 devant Étienne Chaussier, notaire à Orléans, Marie *Vannier,* fille de Mre François Vannier, notaire royal au châtelet d'Orléans, et de Guillemette de Ruequidort, de la paroisse Saint-Pierre-Empont ; et en 2es noces, par contrat passé devant Mignon et Étienne Chaussier, notaires au châtelet d'Orléans, le 17 novembre 1607, Françoise *Chenu* [2], fille de défunt noble homme Mre François Chenu, procureur du Roi au bailliage d'Orléans, et de dame Élisabeth de la Lande. — Jacques de Loynes mourut sans enfants.

4º Pierre, qui suit ;

5º Élisabeth de Loynes, qui épousa en 1res noces Pierre (ou Claude) *de Beausse,* marchand de soie, bourgeois de Paris, mort en 1598, dont elle eut un fils :

(Pierre de Beausse, né vers 1596, secrétaire de la chambre du Roi, « escuier, conseiller du Roy, président et garde des sceaux de France aux Indes Orientales », envoyé en 1665, à l'âge de soixante-neuf ans, à Madagascar, comme gouverneur de Fort-Dauphin, où il mourut le 14 décembre 1665.)

Élisabeth de Loynes qui vivait veuve à Orléans, paroisse Saint-Paul, le 29 janvier 1599, épousa en 2es noces, le 8 mai 1600, à Saint-Paul, Étienne *de Flacourt,* fils de Guilles de Flacourt et de Magdeleine Porcher, décédé en 1631. Élisabeth de Loynes lui survécut ; elle avait eu de ce second mariage quatre fils dont le second fut :

(Étienne de Flacourt, né à Orléans en 1607, voyageur célèbre, gou-

VANNIER :

CHENU : d'azur, à une main dextre d'argent, issante d'un nuage, au chef de gueules chargé de trois coquilles d'or.

DE BEAUSSE : d'azur, au cœur de gueules enflammé d'or, accotté de deux gerbes de blé de même, liées de gueules, en chef un soleil d'or, et en pointe un croissant d'argent.

DE FLACOURT : d'or, au sautoir de gueules cantonné de quatre merlettes de sable.

verneur de Fort-Dauphin et auteur de la première « *Histoire de Madagascar* »; mort en mer le 10 juin 1660 [1].)

6° Jean de Loynes, écuyer, seigneur d'Ivry-sur-Seine et de Paras (en Beauce), secrétaire du Roi, commissaire et receveur général des saisies réelles de la prévôté et vicomté de Paris en 1633 et 1649 [2], fut pourvu le 15 janvier 1637 d'un des offices de « conseiller secrétaire du Roy, maison couronne de France, du nombre des six vingts des finances », créés par édit du mois de décembre 1635. Il assista le 14 juillet 1637 au mariage de Pierre de Beausse, son neveu. Il épousa Edmée *Guilleminet,* (marraine de Louis de Beausse le 6 février 1639), qui fut inhumée le 14 avril 1651 en l'église Saint-Paul de Paris. Jean de Loynes ne lui survécut que jusqu'au 30 décembre de la même année et fut aussi enseveli en l'église Saint-Paul, sa paroisse. Dans l'acte de son inhumation, il est qualifié « seigneur d'Ivry-sur-Seine et de Paras en Beauce, conseiller secrétaire du Roy, commissaire et receveur général des saisies réelles. »

Il eut un fils :

Philippe de Loynes, chevalier, seigneur d'Ivry-sur-Seine et de Paras, né vers 1618. Reçu conseiller au châtelet de Paris le 11 août 1637, il fut ensuite reçu conseiller au Grand-Conseil le 4 septembre 1643, en la charge de Charles Lelay, puis conseiller en la cinquième chambre des enquêtes du Parlement de Paris (Blanchard, *Catalogue des conseillers,* page 130) le 15 février 1644. Il fut nommé président à mortier au Parlement de Metz, sur la résignation de Prosper de La Motte, par provisions du 30 décembre 1650, et reçu le 27 mars 1651 [3]. Sa charge ayant été supprimée par édit du mois de décembre 1669, il fut reçu de nouveau le 20 septembre 1673 à un autre office de président [4] qu'il avait levé aux parties casuelles moyennant 22.000 livres, duquel il avait été pourvu le 10 août 1673 au lieu de feu Pierre Le Meusnier, et qu'il tint jusqu'en 1690. (Bibl. nat. Cabinet des titres, *Loynes.*) Philippe de Loynes mourut à Metz le 28 septembre 1690. Dans l'éloge funèbre conservé aux archives du monastère des religieuses de Sainte-Ursule de ladite ville, dont il avait été le fondateur le 23 juin 1665, et où il fut inhumé deux jours après sa mort, Philippe de Loynes est donné comme « issu d'une des maisons les plus anciennes en noblesse et qui a été honorée de charges et emplois

---

GUILLEMINET : de gueules, à un coq d'argent et un chat de même affronté.

considérables dans l'épée et dans la robe depuis plusieurs siècles[1]. »

Il avait épousé en février 1651 Élisabeth *Languet* (voir d'Hozier, art. *Languet*), fille de Guillaume Languet, seigneur de Saint-Cosme, secrétaire du Roi et de ses finances, et d'Élisabeth de Bretagne de Croix-Fontaine (fille de Mre Antoine de Bretagne, premier président du Parlement de Metz lors de sa création en 1633). Elle décéda à Metz le 25 novembre 1690 et fut inhumée au monastère de Sainte-Ursule près de son mari.

Leurs enfants furent (outre deux filles qui étaient religieuses ursulines à Metz en 1690) :

a. Élisabeth de Loynes, mariée par contrat du 27 janvier 1667 avec Jean-Baptiste *de Loynes*, seigneur de Nalliers et de la Ponterie, fils de Julius de Loynes, secrétaire général de la marine, et de Jeanne Régnier, « son cousin ayant le germain sur elle », dont elle fut la première femme (voir plus loin) ; elle était décédée en 1669 ;

b. Charlotte de Loynes, qui était sans alliance en 1693 et mourut le 24 mai 1701 ;

c. (autre) Élisabeth de Loynes, mariée par contrat du 29 mars 1683 avec Jean-Baptiste *Molé de Champlastreux,* seigneur de Charonne, marquis de Pourcréole, troisième fils de Jean Molé, seigneur de Champlastreux, et de Madeleine Garnier, d'abord abbé de Saint-Menge, de Châlons, puis reçu conseiller en la cinquième chambre des enquêtes du Parlement de Paris le 26 mars 1683, mort conseiller en la grand'chambre de ce Parlement le 25 septembre 1723 et enterré à l'Ave-Maria[2].

[D'après une pièce du Cabinet des titres (*Loynes*), « Jean de Loynes eut aussi un fils et un petit-fils, Jules-Armand de Loynes, qui était le 23 avril 1655 sous la tutelle de Me Florentin Poullet, receveur général des boëttes des monnoyes de France, lequel au dit nom obtint arrêt au Parlement de Paris le 5 mai 1655. » Un document du même Cabinet,

---

LANGUET : d'azur, au triangle cléché et renversé d'or, chargé de trois molettes de gueules posées une à chaque extrémité du triangle.

DE LOYNES : voir p. 3.

MOLÉ : écartelé, aux 1 et 4 de gueules, au chevron d'or, accompagné en chef de deux étoiles d'or et en pointe d'un croissant d'argent, qui est de *Molé ;* aux 2 et 3 d'argent, au lion de sable, armé et lampassé de gueules, qui est de *Mesgrigny*.

du 31 août 1655, le désigne : « Armand-Jules de Loynes, petit-fils et seul héritier de M⁰ Jean de Loynes, son aïeul, qui était commissaire aux saisies réelles. »

Enfin un Armand-Jean de Loynes, était, les 10 juin 1663 et 28 mai 1664, conseiller du Roi en sa cour de Parlement de Metz. (Bibl. nat. Cabinet des titres, *Loynes*).]

7⁰ Julius, dont l'article viendra (page 203).

Le chanoine Hubert mentionne encore cinq filles mortes en bas âge, parmi lesquelles :

8⁰ Françoise de Loynes, qui fut baptisée à Saint-Paul d'Orléans le 19 février 1583 et eut pour marraines Blandine de Loynes et Anne Mauclerc.

VIII. Pierre DE LOYNES, écuyer, épousa à Saint-Donatien d'Orléans, le 14 janvier 1602, Magdeleine DE LONYE, fille de Mathurin de Lonye, sieur de la Chalottière, et de Marthe Cahouet.

De ce mariage :

1⁰ Julius de Loynes, époux de Catherine *Gouin*, dont il eut :
Élisabeth de Loynes, baptisée à Saint-Paul le 7 mai 1632, eut pour marraine Élisabeth de Loynes, veuve d'Étienne de Flacourt.

2⁰ Jean de Loynes, receveur et payeur des gages des élus de Beaugency, assistait, le 28 avril 1631, au contrat de mariage de Julius de Loynes, son oncle, avec Jeanne Régnier. Il eut peut-être un fils :
Nicolas de Loynes, né le 24 janvier 1633.

3⁰ Pierre, qui suit ;

4⁰ Magdeleine de Loynes, baptisée à Saint-Maclou le 12 avril 1607, eut pour parrain Pierre Le Roy et pour marraines Marthe de Lonye, femme de Daniel Paris, et Marie de Loynes, femme d'Annibal Mariette ;

5⁰ Marthe de Loynes, baptisée à Saint-Maclou le 18 septembre 1608, eut pour marraine Isabelle de Loynes ;

6⁰ Marie de Loynes, baptisée à Saint-Maclou le 30 mai 1610, eut pour marraine Magdeleine Sevin, veuve de Guy de Lonye, sieur de la Chalottière ;

7⁰ Jacques de Loynes, baptisé à Saint-Maclou le 1ᵉʳ septembre 1611, eut pour parrain Annibal Mariette.

DE LONYE :
GOUIN :

IX. Pierre DE LOYNES, baptisé en l'église Saint-Maclou d'Orléans le 24 novembre 1605, eut pour parrains Julius de Loynes et Hiérôme Petau. Ce fut très probablement lui qui, habitant la paroisse Saint-Michel, épousa, le 12 novembre 1646, à Saint-Pierre-Ensentelée, Catherine FLA-GUET, de cette dernière paroisse. Après décès de son mari, elle se remaria le 9 février 1665, à Saint-Victor, avec François Rousseau, de la Rochelle.·

Les enfants de Pierre de Loynes et de Catherine Flaguet furent :

1º Pierre de Loynes, baptisé à Saint-Pierre-Ensentelée le 23 août 1647, eut pour parrain Charles Duplessis, marchand à Orléans, et pour marraine Louise Ramonnet ;

2º Charlotte de Loynes, baptisée à Saint-Pierre-Ensentelée le 23 juillet 1648, épousa en cette même église, le 25 novembre 1667, Noël *Imbault,* fils de Jean Imbault et d'Anne Gilbert ;

3º Catherine de Loynes, baptisée à Saint-Pierre-Ensentelée le 16 janvier 1655, eut pour parrain N... Mignan et pour marraine Charlotte Duplessis, de la paroisse Saint-Michel ; elle épousa, le 16 juin 1693, à Saint-Pierre-Ensentelée, François *Masuray,* maître chirurgien, demeurant en la paroisse de Marcilly, homme veuf, fils de François Masuray, docteur en médecine, en présence de Pierre de Loynes, son ·frère, et de Noël Imbault, son beau-frère ;

4º François de Loynes, baptisé à Saint-Pierre-Ensentelée le 23 mars 1660 ;

5º Françoise de Loynes, baptisée à Saint-Pierre-Ensentelée le 12 mars 1661 ;

6º Pierre, qui suit.

X. Pierre DE LOYNES, né vers 1663, épousa à l'âge de 25 ans, en l'église Saint-Paul d'Orléans, le 13 janvier 1688, Marie-Thérèse TROTTET âgée d'environ 18 ans, fille de Claude Trottet et de Marie Mignan. Il décéda au coin Maugas, au « *Caquet des femmes* »[1], le 27 mai 1729, et fut inhumé au grand-cimetière le 29 du même mois, en présence de Pierre, Antoine et Étienne de Loynes, ses fils.

FLAGUET :
IMBAULT : d'azur, au lion d'argent, couronné et armé de gueules, et à cinq fleurs de lys d'or.
MASURAY :
TROTTET :

De ce mariage :

1° Marie-Thérèse de Loynes, baptisée à Saint-Paul le 21 août 1689, épousa Nicolas *du Clos ;* elle décéda le 19 octobre 1744 à Saint-Éloi, *aliàs* Saint-Maurice, et fut inhumée en présence de Pierre et d'Étienne de Loynes, ses frères ; Nicolas du Clos décéda à l'âge de 67 ans, à Saint-Victor, le 18 mai 1753, et fut inhumé au grand-cimetière en présence de Pierre Dudoy, de de Loynes de la Montjoie et d'Étienne de Loynes ;

2° Françoise de Loynes, baptisée à Saint-Paul le 14 octobre 1690, épousa, le 5 février 1714, à Saint-Sulpice, en présence d'Antoine de Loynes, son frère, Pierre *Dudoy,* fils de Christophe Dudoy et de Marie Dupuis. Elle en était veuve lorsqu'elle décéda le 5 janvier 1766, paroisse Saint-Paul, en présence de Pierre de Loynes, son frère.

3° Pierre, qui suit ;

4° Guillaume de Loynes, baptisé à Saint-Paul le 18 octobre 1695, eut pour parrain G. Geffrier et pour marraine Marie Texier ;

5° Antoine de Loynes de la Montjoie, baptisé à Saint-Paul le 31 décembre 1697, décéda en cette même paroisse le 24 mai 1770, en présence d'Antoine de Loynes, son fils, et de Jacques Sendre, son beau-frère. Il avait épousé à Notre-Dame-de-Recouvrance, le 8 février 1723, Marie-Anne *Sendre,* fille de Nicolas Sendre et d'Anne des Fossés.

De ce mariage :

A. Marie-Magdeleine de Loynes, baptisée à Saint-Paul le 28 septembre 1730 ; elle décéda sans avoir contracté d'alliance, 18, rue des Hennequins, le 30 avril 1793 ;

B. Marianne de Loynes, baptisée à Saint-Paul le 5 novembre 1731, eut pour marraine Marie-Thérèse Trottet ;

C. Marie de Loynes, baptisée à Saint-Paul le 12 mai 1733, eut pour parrain Nicolas du Clos ;

D. Marie-Thérèse de Loynes, baptisée à Saint-Paul le 25 avril 1734, eut pour marraine Marie-Thérèse de Loynes, femme de Nicolas du Clos ;

E. Louise-Françoise de Loynes, baptisée à Saint-Paul le 7 mai 1735, eut pour marraine Françoise de Loynes, femme de Pierre Dudoy ; elle décéda paroisse Saint-Paul le 10 mars 1741 ;

DU CLOS : de sable, à une fasce d'argent, chargée d'une larme de sable.
DUDOY (ou DU DOIGT) : d'azur, à six hermines de sable.
SENDRE :

F. Antoine-Étienne de Loynes, baptisé à Saint-Paul le 10 juillet 1736,
décéda paroisse Notre-Dame-de-Recouvrance le 6 octobre 1737 ;

G. Élisabeth de Loynes, baptisée à Saint-Paul le 19 novembre 1737,
décéda en ladite paroisse le 6 septembre 1772 et fut inhumée le 7
en présence d'Antoine de Loynes, son père ;

H. Antoine-Jude de Loynes, baptisé à Saint-Paul le 7 juillet 1739,
eut pour parrain Jude Beaussan ;

I. Marie-Louise de Loynes, baptisée à Saint-Paul le 26 août 1740,
eut pour parrain Pierre Coulmeau ; elle décéda en la même paroisse
le 13 octobre 1746 ;

J. Geneviève de Loynes, baptisée à Saint-Paul le 22 décembre 1741,
eut pour marraine Magdeleine de Loynes, sa sœur ; elle vivait à
Orléans le 22 novembre 1773 ;

K. Antoine de Loynes, baptisé à Saint-Paul le 20 novembre 1743, eut
pour parrain François Vincent, écuyer, et pour marraine Marie-
Anne de Loynes, sa sœur. Il fut receveur des contributions indirectes et il était veuf lorsqu'il décéda à Orléans, 12, rue des Bou-
teilles, à l'âge de 86 ans, en 1829. Il avait épousé, le 22 novembre
1773, à Saint-Euverte, Marie-Edmée-Michelle *Thémazis*, fille de
Jean-Edme Thémazis (ou Thénézy) et de Marie-Claude Lafrée.

De ce mariage :

a. Jean-Edme-Antoine de Loynes, baptisé à Saint-Paul le 2 novembre 1774, eut pour marraine Marie-Anne Sendre. Il fut
garde-magasin des poudres, puis commissaire et chef du bureau
de police d'Orléans ; il décéda le 12 juin 1850, à l'hospice d'Orléans, où il avait été admis le 16 août 1849, étant veuf d'Anne-
Perrine *Lemoyne*.

Ses enfants furent :

A. Anne-Edme de Loynes, née à Orléans, 1, rue du Hurepoix,
le 24 brumaire an VII ;

B. Jules-Vincent-Stanislas de Loynes, né à Orléans le 5 pluviôse an VIII ;

Γ. Alfred-Charles-Guillaume de Loynes, né à Orléans le 24
mai 1809 ;

THÉMAZIS :
LEMOYNE :

Δ. Henriette-Julie de Loynes, née à Orléans le 8 novembre 1814, décéda, 1, rue du Hurepoix, le 31 octobre 1815.

b. Claude-Marie-Aimée de Loynes, baptisée à Saint-Paul le 16 mai 1776, eut pour parrain Jacques Sendre ; elle décéda paroisse Saint-Vincent le 23 mai 1781 ;

c. Magdeleine-Sophie de Loynes, baptisée à Saint-Paul le 10 février 1778, vivait à Orléans le 5 pluviôse an VIII, sous le nom de Marie-Magdeleine-Rosalie, âgée de 22 ans ;

d. Marie-Aimée-Marguerite de Loynes, baptisée à Saint-Paul le 14 mars 1779, eut pour parrain Nicolas Dehors.

L. Michelle de Loynes, baptisée à Saint-Paul le 19 juin 1746, décédée sans avoir contracté d'alliance le 25 mars 1815, quartier des Aydes, 244, à Orléans.

6° Thomas de Loynes, baptisé à Saint-Paul le 9 août 1699 ;

7° Françoise de Loynes, baptisée à Saint-Paul le 9 août 1700 ;

8° Marie-Anne de Loynes, née en 1701, épousa à Saint-Paul, le 9 février 1728, Jude *Beaussan,* fils de Michel Beaussan et de Marie Geoffroy. Elle en était veuve lorsqu'elle décéda à Orléans le 8 octobre 1763 ; elle fut inhumée le 10, en présence d'Antoine de Loynes de la Montjoie, son frère, et d'Hilaire Samson, son beau-frère.

9° Anne-Avoie de Loynes, baptisée à Saint-Paul le 25 juillet 1703, eut pour parrain Pierre de Loynes ;

10° Étienne de Loynes, baptisé à Saint-Paul le 14 septembre 1704, eut pour parrain Étienne Laureault de Foncemagne et pour marraine Marguerite Cahouet de Senneville ; il décéda le 27 janvier 1767 à Orléans, paroisse Saint-Sulpice ; il avait épousé à Notre-Dame-du-Chemin, le 8 février 1734, Marie-Jacques *Grosset,* fille de Léonard Grosset, entrepreneur, et de Jacques Papillay.

De ce mariage :

A. Charles-Étienne de Loynes, baptisé à Saint-Sulpice le 30 octobre 1738 ;

B. Marie-Jacques de Loynes, baptisée à Saint-Sulpice le 4 novembre 1739, épousa en ladite paroisse, le 22 février 1762, par contrat passé le 16 du même mois devant Jullien, notaire à Orléans, Louis-

---

BEAUSSAN : d'azur, au chevron d'or accompagné de trois glands tigés et feuillés de même.

GROSSET : d'or, à un sanglier passant de gueules.

25

Nicolas *Dehors,* marchand-orfèvre, qui fut inhumé le 22 mars 1785 à Orléans ;

C. Jean-Baptiste de Loynes, baptisé à Saint-Sulpice le 16 novembre 1740, décédé en ladite paroisse le 13 janvier 1745 ;

D. Marie-Thérèse de Loynes, baptisée à Saint-Sulpice le 9 novembre 1741, eut pour marraine Marie de Loynes, femme d'Hilaire Samson ; elle épousa à Saint-Donatien, le 22 mars 1774, Louis *Perdoulx,* fils de Charles Perdoulx et de Madeleine Vannier. Elle décéda le 18 octobre 1789.

E. Jude de Loynes, baptisé à Saint-Sulpice le 2 avril 1743, décédé en ladite paroisse le 22 novembre 1745 ;

F. Michelle de Loynes, baptisée à Saint-Sulpice le 10 septembre 1744;

G. Jean-Claude de Loynes, baptisé à Saint-Sulpice le 15 octobre 1745, épousa à Saint-Paul, le 28 juillet 1777, Marguerite *Vignot,* fille de François Vignot et de Marguerite Chevallier. Il décéda le 18 janvier 1785, paroisse Saint-Paul, et fut inhumé en présence de François Le Roy et de Jean-Baptiste Chéron, ses beaux-frères.

H. Françoise-Victoire de Loynes, baptisée à Saint-Sulpice le 15 décembre 1746, épousa à Saint-Paul, le 3 mars 1772, Armand *Brignet,* fils d'André Brignet et de Françoise Duclos ;

I. Gabriel de Loynes, baptisé à Saint-Sulpice le 18 août 1748.

11° Jean-Baptiste de Loynes, baptisé à Saint-Paul le 23 août 1705, eut pour parrain Jean Bougeret et pour marraine Marie-Thérèse de Loynes; il décéda au coin Maugas, paroisse Saint-Paul, le 27 mars 1715;

12° Marie de Loynes, née en 1706, épousa, le 9 septembre 1737, à Saint-Paul, Hilaire *Samson,* fils d'Hilaire Samson et de Magdeleine Thévenin ; elle décéda à l'âge de 52 ans, le 24 mars 1758, à Orléans, paroisse Saint-Paul ;

13° Antoine de Loynes, baptisé à Saint-Paul le 21 juin 1708, décédé en ladite paroisse le 1er octobre 1709;

14° François de Loynes, baptisé à Saint-Paul le 13 août 1709, décédé en ladite paroisse, au domicile de ses parents au « *Caquet des femmes* », le 9 septembre 1710.

DEHORS :
PERDOULX : d'argent, à la fasce d'azur accompagnée de trois coquilles de gueules.
VIGNOT :
BRIGNET :
SAMSON : d'azur, à un lion d'or accompagné de trois gerbes de blé de même, 2 et 1.

XI. Pierre DE LOYNES, baptisé à Saint-Paul d'Orléans le 14 février 1693, eut pour marraine Catherine de Loynes. Il décéda le 9 juin 1745, paroisse Saint-Pierre-Ensentelée, et fut inhumé en présence de son fils Georges de Loynes. Domicilié rue Bannier, il avait épousé Louise MARTIN.

De ce mariage :

1° Louise de Loynes, baptisée à Saint-Pierre-Ensentelée le 1er août 1718, décédée en la même paroisse le 22 septembre 1719 ;
2° Marie-Louise de Loynes, baptisée à Saint-Pierre-Ensentelée le 18 janvier 1720, eut pour marraine Marie Trottet;
3° Pierre de Loynes, baptisé à Saint-Pierre-Ensentelée le 10 avril 1721, fut inhumé en ladite église le 25 novembre suivant ;
4° Pierre de Loynes, baptisé à Saint-Pierre-Ensentelée le 12 novembre 1722, était domicilié en la paroisse de Saint-Sébastien de Nantes le 5 juillet 1768;
5° Joseph de Loynes, baptisé à Saint-Pierre-Ensentelée le 29 décembre 1723, décédé le 21 septembre 1724, paroisse Saint-Pierre-Ensentelée ;
6° Louis de Loynes, baptisé à Saint-Pierre-Ensentelée le 21 janvier 1725, décédé le 27 janvier suivant en la même paroisse;
7° Jean-Baptiste de Loynes, baptisé à Saint-Pierre-Ensentelée le 24 juin 1726, eut pour marraine Marie-Anne Sendre, épouse d'Antoine de Loynes;
8° Françoise de Loynes, baptisée à Saint-Pierre-Ensentelée le 21 décembre 1727 ;
9° Louis de Loynes, baptisé à Saint-Pierre-Ensentelée le 24 juin 1729;
10° Georges-Pierre, qui suit;
11° Magdeleine de Loynes, baptisée à Saint-Pierre-Ensentelée le 24 mai 1733;
12° Joseph de Loynes, baptisé à Saint-Pierre-Ensentelée le 26 avril 1736;
13° Étienne-François de Loynes, baptisé à Saint-Pierre-Ensentelée le 9 décembre 1742, décédé en la même paroisse le 5 mai 1745.

XII. Georges-Pierre DE LOYNES, baptisé le 1er décembre 1730 en l'église Saint-Pierre-Ensentelée d'Orléans, alla se fixer à Nantes où il

MARTIN : d'azur, au chevron échiqueté d'or et de gueules, accompagné de deux étoiles d'or en chef, et d'un cerf passant, au naturel, en pointe.

épousa en l'église Saint-Nicolas, le 5 juillet 1768, Marie GUERRY, âgée
de 30 ans, née à Vieillevigne, fille de François Guerry et de Jeanne
Armand, en présence de Pierre de Loynes, son frère, domicilié en la paroisse de Saint-Sébastien, près Nantes. Ils demeuraient au quartier de
la Fosse.

De ce mariage :

    1° Georges-Michel, qui suit ;

    2° Marie-Louise-Julie de Loynes, épouse de Léon-Antoine-Jean *Foucaud;*
      décédée à Nantes, le 29 novembre 1842, à l'âge de 72 ans ;

    3° Robert de Loynes, né à Nantes, tué en duel, à Nantes, de 1803 à 1805 ;

    4° Pierre de Loynes du Ponceau, né à Nantes le 22 septembre 1778, offi-
      cier de marine, épousa à Nantes, le 13 avril 1815, Marguerite-Émilie
      Mauclerc, âgée de 27 ans, fille de Jean-Baptiste-François Mauclerc et
      de Marguerite Mauclerc. Pierre de Loynes du Ponceau mourut à
      Cayenne, en mars 1824 ; sa veuve mourut à son habitation de la Chau-
      mière, près Cayenne, le 2 avril 1850.

      De ce mariage :

      A. Louise de Loynes, née à Cayenne en février 1816, épousa, le
        23 novembre 1853, N... *Nicolle,* et décéda en 1855 sans postérité
        au Kourou, près Cayenne ;

      B. Charles-Hippolyte de Loynes, né à Cayenne le 1er janvier 1818,
        y décéda ;

      C. Alphonse de Loynes, né en février 1820, décédé à Cayenne en
        avril 1820 ;

      D. Caroline de Loynes, née en mars 1822, décédée à Cayenne en 1823 ;

      E. Aristide-Pierre de Loynes, né le 9 avril 1824.

    5° Victoire-Julie de Loynes, épouse de Claude *Sainval* ou (*Synval*), décédée
      à Paris en 1859.

XIII. Georges-Michel DE LOYNES, né le 3 février 1769, fut baptisé le
lendemain à Saint-Nicolas de Nantes. Il épousa à Nantes, le 8 octobre

---

GUERRY : d'or, à une fasce de gueules, accompagnée de trois roses de même, 2 et 1.
FOUCAUD : d'azur, à une bande d'argent, accostée à dextre d'une ancre de même et
      à senestre d'un soleil d'or.
MAUCLERC : d'argent, à la croix ancrée de gueules.
NICOLLE :
SAINVAL :

1793, par contrat passé ledit jour, Jeanne-Mathurine-Catherine LABATTUT, âgée de 18 ans, fille de Jean Labattut et de Jeanne Garnier. Il mourut à Nantes, le 11 septembre 1840, chez son fils Paul de Loynes, avoué, paroisse Saint-Nicolas. Sa femme était morte à Nantes, le 8 octobre 1824.

De ce mariage :

1º Georges, qui suit ;
2º Jules de Loynes, mort le 3 floréal an XIII, âgé de 10 ans environ ;
3º Paul de Loynes, né à Nantes, paroisse Saint-Nicolas, le 27 prairial an VI (15 juin 1798), fut avoué licencié à Nantes, où il épousa, le 7 janvier 1834, en l'église Saint-Louis, *aliàs* Notre-Dame de Bon-Port, Élise-Isabelle *Breidenbach,* fille majeure de Gaspard Breidenbach et de Marie-Joséphine-Gabrielle Delattre, née le 10 octobre 1810 à Ambleteuse (Pas-de-Calais). Paul de Loynes décéda à Nantes, paroisse Saint-Nicolas, le 18 décembre 1848 ; sa femme décéda le 17 décembre 1875 à Nantes, paroisse Notre-Dame de Bon-Port.

De ce mariage :

A. Paul-Thomas de Loynes, né le 22 décembre 1834 à Nantes, paroisse Saint-Nicolas, décédé à Birmingham le 20 décembre 1854 ;
B. Thomas-Gustave-Louis de Loynes, né le 31 août 1837, paroisse Saint-Nicolas de Nantes, décédé en ladite paroisse le 22 novembre 1840;
C. Élisa-Delphine de Loynes, née le 18 mars 1840, paroisse Saint-Nicolas, épousa, le 29 octobre 1861, en la paroisse Notre-Dame de Bon-Port, son cousin germain Alfred-Désiré *Lefrançois,* né à Nantes le 29 janvier 1833 et baptisé en la paroisse Saint-Louis, à présent Notre-Dame de Bon-Port ;
D. Marie-Louise de Loynes, née à Nantes le 10 février 1842, épousa, le 27 juillet 1869, en la paroisse Notre-Dame de Bon-Port, Jules-Désiré *Pilon,* né à Nantes le 15 juin 1832 et baptisé en la paroisse Saint-Similien ; il était fils de Jean-Marie Pilon, industriel, et d'Henriette Chassereau ;
E. et F. Pauline-Adèle-Delphine de Loynes et Émilie-Estelle-Élisa

LABATTUT :
BREIDENBACH :
LEFRANÇOIS : échiqueté d'argent et de sinople, au cerf passant d'or brochant.
PILON :

de Loynes, nées le 27 juillet 1846 à Nantes, paroisse Saint-Nicolas, où elles ont été baptisées le lendemain, vivent à Nantes sans avoir contracté d'alliance.

4° Delphine de Loynes, née le 27 brumaire an IX (18 novembre 1800), épousa en la paroisse Saint-Nicolas de Nantes, le 30 avril 1827, Julien *Lefrançois,* constructeur de navires, fils de Louis Lefrançois et de Catherine Viau, né le 5 mai 1790. Elle mourut veuve, le 31 mai 1860, paroisse Notre-Dame de Bon-Port.

5° Esther de Loynes, née à Nantes le 7 mars 1810, morte le 10 août suivant.

XIV. Georges DE LOYNES, né à Nantes, paroisse Saint-Nicolas, le 24 messidor an II (12 juillet 1794), quitta la France vers 1812 et alla se fixer à New-York, puis à Chicago, où il fut président de la société de bienfaisance française, et mourut à New-York le 19 mai 1883. Il avait épousé à New-York, le 24 novembre 1831, Mary-Ann BAYAUD, fille de John Bayaud, originaire de Pau, et de Rachel Basin, qui était née à Jersey.

Mary-Ann Bayaud décéda avant Georges de Loynes à Brooklyn (État de New-York).

Ils eurent pour enfants :

1° Adèle-Georgette de Loynes, née le 15 octobre 1832 à New-York, a épousé, le 18 mars 1863, à Chicago (Illinois), Albert-Théodore *Emery*), né le 27 avril 1832 à Westerlo (État de New-York), fils d'Horace Emery et de Sarah Beardsley, décédé à Chicago le 25 août 1885 ;

2° Georges-Adolphus, qui suit ;

3° Coralie-Louise de Loynes, née à New-York le 5 mai 1836, mariée le 20 décembre 1862, à Chicago, à John *Feilner,* né en Bavière, capitaine au 1er régiment de cavalerie de l'armée des États-Unis, tué par les Indiens quelques mois après son mariage ;

4° Estelle-Augustine de Loynes, née à New-York le 4 octobre 1840, mariée le 20 juin 1865, à Chicago, à Samuel-Augustus *Lovejoy,* fils de William-Russel Lovejoy et de Mary-Ann Perkins, de Boston.

LEFRANÇOIS : voir p. 197.
BAYAUD :
EMERY :
FEILNER :
LOVEJOY :

XV. Georges-Adolphus DE LOYNES, né à New-York le 18 février 1834, marié le 20 mai 1877 à Éliza MARTIN, née à Brooklyn le 8 novembre 1856, fille de William Martin, d'origine irlandaise, et d'Éliza...

De ce mariage :

1° Lester-Lefrançois de Loynes, né à Corona (New-Jersey) le 1er janvier 1881 ;
2° Estelle-Labattut de Loynes, née à Corona le 4 février 1884;
3° N.,. de Loynes, mort en 1892.

MARTIN :

BRANCHE DE LA COUDRAYE

VIII. Julius DE LOYNES (appelé aussi quelquefois Jullien ou Jules), fils de Julius de Loynes et d'Isabelle ou Élisabeth Petau (voir page 189) ; écuyer, seigneur de la Pontherie, de Malmuce, etc. Il avait en 1630 une charge de secrétaire de la Reine-Régente Anne d'Autriche, qui le donna au cardinal de Richelieu comme un « homme d'intelligence qui pouvait lui être utile » (Jal, *Dict. crit. de biographie et d'histoire*, art. *Loynes*); on le trouve en effet, en 1633, secrétaire, puis, en 1635, intendant de ce ministre [1]. Le 14 janvier 1636, il fut pourvu de l'un des quatre-vingt-quatre offices de « conseiller secrétaire du Roy, maison et couronne de France et de ses finances, du nombre et collège des six-vingts des finances », créés par édit du mois de décembre 1635. Il assista, le 14 juillet 1637, au mariage de Pierre de Beausse, son neveu. Dans un document du 1er septembre 1638 et dans plusieurs pièces de dates postérieures, il est qualifié « Secrétaire général de la Marine » (Bibl. nat. Cabinet des titres, *Loynes*) [2]. Confirmé dans ces dernières fonctions par une commission de la Reine-Régente en date du 27 août 1646 [3], il les remplit jusqu'à sa mort [4]. Il décéda à Paris et fut inhumé le 15 novembre 1653 en l'église Saint-Roch, sa paroisse, où, le 17 suivant, un service fut célébré et où un mausolée lui fut érigé dans une chapelle de famille [5]. Un bout de l'an fut célébré pour lui en la même église le 13 novembre 1654 (Cab. des titres).

Il s'était fiancé, le 28 avril 1631, à Saint-Germain l'Auxerrois, à Jeanne RÉGNIER, née vers 1610, fille de Pierre Régnier, « conseiller du Roy et contrôleur général des boëttes des monnoyes de France, » et de Michelle Olivier. Il l'épousa le lendemain en ladite église [6]. Leur contrat de mariage avait été passé le 28 avril devant Quartier et Marion, notaires, en présence de Prégent de Loynes, avocat au Parlement, maître des requêtes ordinaires de la voirie, de Jean de Loynes, conseiller du Roi, re-

---

RÉGNIER : d'argent, à l'arbre arraché de sinople, entortillé de deux bisses affrontées de même, au chef d'azur chargé de trois glands d'or.

ceveur et payeur des gages des officiers de l'élection de Beaugency, de Pierre de Loynes, conseiller de la maison de Mgr le comte de Soissons, etc.

Jeanne Régnier accepta la garde noble de ses enfants le 26 novembre 1653 ; elle fut présente au partage fait entre Jean-Baptiste et Jules de Loynes, ses enfants, le 8 mars 1663, de la succession de leur père et des biens qu'elle leur abandonna par le même acte. S'étant retirée au monastère de la Visitation de Sainte-Marie de Melun où elle avait fait une fondation le 7 juillet 1655 et dont elle reçut le titre de fondatrice le 28 juillet 1662, elle y vécut durant trente années et y mourut le 28 octobre 1694, âgée de 84 ans.

De son mariage avec Jeanne Régnier, Julius de Loynes eut onze enfants :

1º Jean-Baptiste, qui suit ;

2º Michel de Loynes, baptisé le 25 octobre 1633 à Saint-Paul de Paris, eut pour parrain Michel Le Masle, prieur des Roches, chantre de Notre-Dame de Paris, secrétaire de Mgr le cardinal Richelieu ;

3º Pierre de Loynes, baptisé le 25 octobre 1634 à Saint-Paul ;

4º Jules de Loynes, baptisé le 30 octobre 1635 à Saint-Paul, chevalier, seigneur de Villefavreux et autres lieux, cornette du régiment, mestre de camp général de la cavalerie légère de France, avec rang de capitaine, en 1653, lieutenant et plus tard capitaine des gardes du corps de Monsieur, duc d'Orléans, puis chef du vol du cabinet du même prince. Il épousa Honorée *Le Bel de Bussy,* fille de Guillaume Le Bel, seigneur de Bussy (*Nobiliaire de Picardie* d'Haudicquier, page 34). Il fut nommé tuteur honoraire des enfants de son frère Jean-Baptiste le 22 juillet 1687. Il fit son testament olographe le 5 mai 1701 et un codicille le 22 mai 1702 par lesquels il institua son héritier Jean-Baptiste-Philippe de Loynes, son neveu, et sa légataire universelle Gabrielle de Loynes, sa nièce, femme de M. de Bussy. L'inventaire de ses biens fut fait après sa mort le 20 octobre 1703 (Bibl. nat. Cabinet des titres, *Loynes*).

De son mariage avec Honorée Le Bel de Bussy, il avait eu un fils :

Joseph de Loynes, seigneur de Villefavreux, qui, le 19 juin 1700, assista au mariage d'Antoine de la Voye, marquis de Tourouvres,

---

Le Bel de Bussy : de sinople, à la fasce d'argent.

comme porteur de procuration de père et mère. Il décéda avant
son père, sans postérité.

5º Marie-Anne de Loynes, baptisée le 2 janvier 1637, était religieuse visitandine à Melun en 1663 ;

6º Anne de Loynes, baptisée le 13 janvier (ou juin) 1638 ;

7º Jeanne de Loynes, née en 1639, épousa Jehan *Petau,* seigneur de Gui-
gnart, fils de Thibaut Petau, bourgeois d'Orléans, seigneur d'Authon, et
de Marion Bernard ;

8º Léon de Loynes, né en 1641, religieux profès à Sainte-Geneviève-du-
Mont en 1661, nommé abbé de Saint-Vincent-aux-Bois (diocèse de
Chartres) par bref royal du 9 janvier 1671 et bulle pontificale du 11 juin
de la même année, béni à Paris en l'église des Célestins par l'évêque
du Mans le 30 novembre 1673, mort le 26 décembre 1706 à son abbaye
où il fut inhumé[1] ;

9º Jeanne-Alphonsine de Loynes, religieuse visitandine à Melun en 1662;

10º Madeleine-Marie de Loynes, religieuse visitandine à Melun en 1662 ;

11º Madeleine-Angélique de Loynes, baptisée à Saint-Paul le 24 novembre
1645, religieuse visitandine à Melun en 1662.

IX. Jean-Baptiste DE LOYNES, écuyer, seigneur de Nalliers, de l'Isleau-
les-Tours, de la Pontherie et de Soullé, puis de la Coudraye, en Poitou,
né le 2 mai et baptisé à Saint-Paul de Paris le 3 (ou le 14) juillet 1632.
Le 16 mars 1654, il acquit de Jean Régnier, son oncle, pour la somme
de 40.000 livres tournois, la charge de conseiller du Roi en son châtelet
de Paris. Il fut aussi conseiller du Roi en sa Cour de Parlement de Metz
sur la résignation de Nicolas Le Pelletier, par provisions du 12 octobre
1655, et reçu le 21 juin 1656 ; il résigna en 1672 et fut enfin conseiller
du Roi en ses conseils d'État et privé. Il mourut à Paris, rue Tiquetonne,
paroisse Saint-Eustache, le 20 juillet 1687, et fut inhumé le 21 au soir
en l'église Saint-Roch.

Il avait épousé en 1res noces à Paris, le 27 janvier 1657, par contrat
passé le 24 devant Daubenton et Manchon, notaires au châtelet, sa cousine
Élisabeth DE LOYNES, fille aînée de Philippe de Loynes, chevalier, seigneur d'Ivry, conseiller du Roi en ses conseils, président à mortier au

---

PETAU : voir p. 129.
DE LOYNES : voir p. 3.

Parlement de Metz, et d'Élisabeth Languet de Saint-Cosme, sœur d'É-
lisabeth de Loynes, femme de Jean Molé, petit-fils de Mathieu Molé, premier président au Parlement de Paris et garde des sceaux de France ; et
en 2es noces, par contrat passé à Paris le 30 janvier 1670 devant Rallu
et Menard, notaires au châtelet de cette ville, Gabrielle-Élisabeth MENAR-
DEAU, veuve de Denis de Sallo, chevalier, seigneur de la Coudraye (près
Luçon) et d'Hibouville, conseiller au Parlement de Paris et à la grand'
chambre, et fille de Gratien Menardeau, chevalier, vicomte seigneur de
Sainte-Croix, conseiller en la grand'chambre et doyen du même Parlement, et de Geneviève Le Brest. Gabrielle Menardeau fut inhumée à
Saint-Eustache le 16 juin 1685. Sa succession et celle de Jean-Baptiste
de Loynes furent partagées entre leurs enfants le 4 septembre 1699[1].

Jean-Baptiste de Loynes n'eut point d'enfants de son premier mariage ;
du second sont provenus :

1o Jean-Baptiste-Philippe, qui suit ;
2o Jeanne-Geneviève de Loynes, née le 6 janvier 1672 et ondoyée à Nalliers le 18 du même mois, fut baptisée à Saint-Eustache le 6 juillet 1678.
Elle fit profession au monastère de la Visitation de Sainte-Marie de
Melun le 26 janvier 1688 ; elle vivait encore en 1699.
3o Gabrielle de Loynes, née vers 1675, eut ainsi que ses frère et sœur pour
tuteur dans sa minorité Jules de Loynes, seigneur de Villefavreux (par
acte du 23 février 1692) ; elle épousa en l'église Saint-Remy, à Paris, le
24 novembre 1695, après contrat passé le même jour devant Danot et
Caron, notaires à Paris, Jacques-Jules Le Bel, comte de Bussy, chevalier, seigneur de la Pontherie, de la Marelle et autres lieux, capitaine
des vaisseaux de guerre du Roi, commandeur de l'ordre royal et militaire de Saint-Louis, (lequel fit partage, le 10 mai 1704, avec son beau-
frère, de la succession de Jules de Loynes, oncle de sa femme, pour les
biens situés en la coutume de Poitou, ladite dame ayant été instituée
légataire universelle de ceux situés en la coutume de Paris. — Cab. des
titres.) Ils vivaient tous deux sans enfants en 1717. Elle décéda veuve
le 9 avril 1735, paroisse Saint-Roch, à Paris, à l'âge de soixante ans.

MENARDEAU : d'azur, à trois bustes de licorne d'or posés 2 et 1.
LE BEL DE BUSSY : voir p. 204.

X. Jean-Baptiste-Philippe DE LOYNES, chevalier, marquis de la Coudraye, né à Paris et baptisé à Saint-Eustache le 12 janvier 1671, eut
pour parrain Philippe de Loynes, conseiller du Roi en ses conseils, président de la Cour de Parlement de Metz, et pour marraine Jeanne Le
Brest. Seigneur (puis marquis) de la Coudraye, de Nalliers et de la Pontherie, il fut successivement mousquetaire du Roi, aide-de-camp de son
cousin germain Gaston de Choiseul, marquis de Praslin, lieutenant-général des armées du Roi; puis aide-de-camp du duc de Vendôme, le
27 août 1703, et capitaine des gardes de Monsieur. Il passa en Italie
avec le marquis de Praslin en 1704, et des lettres de Louis XIV, en date
du 5 février 1706, l'autorisèrent à servir la Reine de Pologne Marie-
Casimire de la Grange d'Arquien, douairière du célèbre Jean III Sobieski,
« en qualité de son gentilhomme d'honneur. » Par lettres du 4 février
1707 cette princesse le nomma l'un de ses écuyers ordinaires et l'accré-
dita comme ambassadeur à Rome. Dans les lettres précitées, elle le qua-
lifie de « marquis de la Coudraye, gentilhomme d'honneur de notre
chambre. » Ce titre de marquis lui fut plus tard reconnu par le Roi de
France. Il était encore à Rome en 1714 et vivait en France le 2 avril
1717. Sa mort survint avant l'année 1725.

Il avait épousé à Rome, en la paroisse Saint-Laurent *in Lucina*, le
25 mars 1703, Nicole-Françoise TRÉMAULT, fille de Pierre Trémault et
de Françoise Aubry, baptisée en l'église Saint-Hilaire de Mareuil (diocèse
de Reims) le 1er novembre 1676. Elle était tutrice de ses enfants le 5 août
1725 et se fit représenter au contrat de mariage de l'aîné de ses fils, Jean-
Baptiste-Jacques-Daniel, le 13 août 1741.

Jean-Baptiste-Philippe de Loynes de la Coudraye et Nicole Trémault
eurent trois enfants (naturalisés français par acte recognitif daté de Fontainebleau, juillet 1712, et signé de Louis XIV et de Colbert) :

1o Marie-Saintes de Loynes de la Coudraye, née à Rome le 22 août 1705,
décédée sans alliance ;

TRÉMAULT : de gueules, à deux haches d'armes d'argent en pal, au chef cousu d'a-
zur chargé de trois étoiles d'or.

2° Jean-Baptiste-Jacques Daniel, qui suit ;

3° Gabriel de Loynes de la Coudraye, chevalier, né à Rome le 16 mai 1710 et baptisé le lendemain ; il fit ses preuves de noblesse pour être admis au nombre des gentilshommes élevés au collège Mazarin, dit des Quatre-Nations, à Paris, le 6 août 1721. Il était lieutenant au régiment du Dauphiné le 10 mars 1736 et décéda à Paris en 1767.

Il laissa très probablement deux fils :

A. Gabriel-Simon-Léger-Germain-Justin de Loynes, chevalier, seigneur de la Marzelle, la Guillebaudière et autres lieux, dont le nom figure avec ceux des neveux de Gabriel de Loynes de la Coudraye sur la liste des électeurs de la noblesse du Poitou convoqués en 1789. Le même paraît en qualité de cousin germain au mariage d'Aimé-Louis-Auguste de Loynes de Boisbaudron, le 6 septembre 1774.

B. Joseph-Tancrède de Loynes, chevalier de la Marzelle, qui paraît en la même qualité au mariage susmentionné.

XI. Jean-Baptiste-Jacques-Daniel DE LOYNES, chevalier, marquis et comte de la Coudraye, seigneur de Nalliers, Luçon (seigneurie qu'il partageait avec l'évêque de cette ville), de la Flocelière, de Bennevolle, de la Grange de Champagne et autres lieux, fut baptisé à Rome, le 15 octobre 1706, en l'église Sant'Andrea delle Fratte. On le trouve qualifié « abbé de la Coudraye » dans un acte du 10 mars 1736. Il fut nommé, le 1er novembre 1733, gouverneur pour le roi des ville et château royal de Fontenay-le-Comte. Louis XV lui confirma le titre de marquis donné à son père. Il fut chevalier de Saint-Louis. Il fit son testament à la date du 29 mars 1766 et décéda à Fontenay-le-Comte en 1769, à l'âge de 62 ans.

Il avait épousé, en la paroisse de Nalliers, après contrat passé à Fontenay-le-Comte, le 13 août 1741, devant Berton et Masson, notaires, Henriette-Rose-Suzanne BARRAUD de Villette, née à la Rivière (Vendée) en 1708, fille de défunt Alexandre-Benjamin Barraud, chevalier, seigneur de la Longeay, de Maranzay, Boisbaudron, Villette, la Rivière et

---

BARRAUD : d'azur, à l'écureuil grimpant d'argent, onglé de sable.

autres lieux, et de Marie Girard (dame de Boisbaudron, paroisse de Saint-Pierre-du-Chemin, élection de Fontenay-le-Comte ; inhumée en l'église Saint-Pierre, sous la chaire, en octobre 1727). Elle décéda à Luçon le 20 septembre 1775 et fut inhumée dans la cathédrale de cette ville.

Leurs enfants furent :

1º Denis-Louis-Jacques-Nicolas, qui suit ;
2º François-Célestin de Loynes de la Coudraye de Bennevolle, chevalier de la Coudraye, né à Fontenay-le-Comte le 25 mai 1743. Entré dans la marine royale, il fut nommé garde de la marine à Brest le 27 mai 1758, fit la campagne de 1758-1759 sur la *Fleur-de-Lys* et la campagne de 1759 aux Antilles sur l'*Opale*, puis sur le *Diadème*. Nommé garde du pavillon en avril 1762, on le voit à Brest en 1763, à Dunkerque en mars de la même année, sur la prame la *Thérèse*, puis, en avril 1764, sur l'*Amphion*, à Saint-Pierre et Miquelon et dans le golfe de Saint-Laurent. Il revint à Rochefort le 12 octobre 1764. Reçu membre de l'académie royale de marine le 26 septembre 1764, il en était sous-secrétaire le 26 septembre de l'année suivante et le fut de nouveau en 1778. Il adressa à cette académie, en 1770, les quatre premiers fascicules d'un *Dictionnaire de la marine* qu'il devait continuer en émigration. Promu enseigne des vaisseaux du Roi le 18 août 1767, garde du pavillon amiral de France le 30 septembre 1770, lieutenant de vaisseau le 14 février 1778 et chevalier de l'ordre royal et militaire de Saint-Louis en 1779, il quitta le service en 1780. Par ordonnance royale du 22 novembre 1766, il avait remplacé son frère aîné, démissionnaire en sa faveur, dans le gouvernement des ville et château royal de Fontenay-le-Comte. Élu le 13 février 1785 membre de l'académie des sciences, belles-lettres et arts de Bordeaux, et, en avril 1787, membre de l'académie des belles-lettres d'Arras, il appartint en outre aux académies de Dijon et de Lille et rentra le 20 septembre 1789, en qualité de vétéran, à l'académie de marine qu'il avait dû quitter au moment de sa démission.

En 1787, l'assemblée de l'élection de Fontenay le choisit comme procureur syndic. Le 21 mars 1789, l'assemblée de la noblesse du Poitou le chargea de la rédaction du cahier de l'élection de Fontenay, puis cet ordre ayant procédé à la nomination de ses députés aux États-Généraux, François-Célestin de Loynes de la Coudraye fut élu, à la plus forte majorité, pour le bailliage principal de Poitiers. A l'Assemblée Constituante, il

27

fut nommé membre du comité de la marine. Il émigra en 1792 et servit
en qualité de volontaire à la quatrième compagnie de la coalition du
Poitou, à l'armée des Princes ; il se retira quelques années plus tard en
Danemark, où il fut élu membre de l'académie des sciences de Copenhague, puis passa en Suède, mais ce pays, allié de Napoléon, ne lui
offrant plus un asile assez sûr, il se rendit enfin en Russie, sur la pro-
position de l'ambassadeur du czar en Suède, et se fixa à Saint-Pétersbourg, où il fut admis dans la marine « par ordre de S. M. Impériale en
date du 10 juillet 1812 (vieux style) avec le grade de colonel et attaché
en qualité de membre honoraire au département de l'Amirauté Impériale ». Le 2 août suivant, il prêta serment comme sujet russe.

La Coudraye rentra en France à la première Restauration ; il avait en
effet obtenu du gouvernement russe un congé d'un an, le 2 août 1814,
mais, sans en attendre l'expiration, il retourna à Saint-Pétersbourg en
juillet 1815. C'est dans cette ville qu'il mourut quatre mois plus tard,
le 15 novembre 1815 (v. s.), « muni de tous les sacrements de l'Église,
et il fut inhumé le 19 du même mois, au cimetière de Wolkoff » (acte de
l'église catholique de Sainte-Catherine à Saint-Pétersbourg).

Il n'avait pas été marié.

Outre divers travaux insérés dans le *Recueil de la société des sciences
de Copenhague* et des mémoires présentés à l'Amirauté russe, François-
Célestin de Loynes de la Coudraye a laissé plusieurs écrits parmi lesquels nous citerons : *Dissertation sur la manière de déterminer les lon-
gitudes en mer,* couronnée par la société des arts et métiers d'Utrecht
(1783) et qui eut trois éditions (1786, 1802 et 1806) ; *Observations sur
l'histoire naturelle des Sables-d'Olonne,* qui lui valurent, le 27 février 1787, un jeton d'or de la société de médecine de Paris ; *Théorie
des vents,* imprimée à Fontenay, et couronnée par l'académie des
sciences de Dijon (1785) ; *Théorie des ondes,* qui obtint un prix de la
société royale des sciences de Copenhague (1786) ; *Réponse aux réflexions
de M. le baron d'Eggers sur la nouvelle noblesse héréditaire* (Saint-
Pétersbourg, 1813, in 8º) etc. Voir la *Biographie Michaud : La Coudraye ;* et les *Biographies vendéennes,* par C. Merland, Nantes, 1883,
tome II, pages 171 à 231.

3º Charles-Ferdinand-Henry de Loynes de la Coudraye, dit « l'abbé »,
naquit à Luçon le 12 novembre 1745 et fut baptisé à Fontenay-le-
Comte le 2 janvier 1746. Clerc tonsuré du diocèse de Luçon, bachelier
en théologie de l'Université de Paris, licencié en l'un et l'autre droit, il
fut successivement archidiacre de Fontenay-le-Comte, grand vicaire de

l'évêché de Nancy, puis de l'archevêché de Toulouse, chanoine de la
Rochelle et curé de Marennes (Charente-Inférieure), où il décéda le
15 novembre 1816.

4° Aimé-Louis-Auguste de Loynes de la Coudraye, baron de Boisbaudron,
seigneur de la Garnaudière (ou des Garnaudières) et de Bellenoue, né le
6 juin 1749 et baptisé le même jour en l'église Notre-Dame, à l'Herme-
nault (Vendée). Il servait dans la marine lorsqu'il émigra, en 1792 ; il
s'enrôla à l'armée des Princes, dans le corps de la marine, en qualité
de chef d'escouade, fit partie de l'armée de Condé, prit part à la guerre
de Vendée comme officier de Puisaye et fut blessé et fait prisonnier
près de Quiberon. Conduit à Orléans, il y fut jugé par une commission
militaire en 1796. Il alla à Copenhague en 1798, revint en France
en 1801 et se trouvait chez Claude de Loynes d'Autroche, son parent,
au château de la Porte (cᵉ de Sandillon, Loiret), lorsqu'il mourut des
suites de ses blessures, le 29 fructidor an IX (16 septembre 1801). Voir la
Biographie Michaud (loc. cit.).

Il avait épousé, le 6 septembre 1774, en l'église Notre-Dame des
Sables-d'Olonne, Catherine-Victoire *Lodre,* « fille mineure de feu
Mʳᵉ Joseph Lodre, vivant conseiller du Roy, écuyer, contrôleur ordinaire des guerres, et de dame Françoise-Rose Serventeau de la Brunière,
dame de la Goisière » ¹. De ce mariage naquit un fils unique :

Aimé-René de Loynes de Boisbaudron, né le 8 août 1775, baptisé le
10 du même mois en l'église paroissiale des Sables-d'Olonne ; tué
dans une descente sur les côtes de Bretagne, vers 1795.

XII. Denis-Louis-Jacques-Nicolas DE LOYNES, chevalier, marquis de
la Coudraye, seigneur de Luçon, Saint-Martin la Rivière, Bennevolle,
etc., né le 21 avril 1742 à Fontenay-le-Comte et baptisé le même jour
en l'église de Notre-Dame de cette ville ; il succéda à son père dans les
fonctions de gouverneur du château royal de Fontenay-le-Comte. Il fut
capitaine au régiment du mestre de camp général de cavalerie et écuyer
ordinaire de Madame la duchesse de Provence. En 1783 il fit réparer,
moyennant 3000 livres tournois, la chapelle concédée à perpétuité à la
famille de Loynes en l'église Saint-Roch, à Paris. Émigré à Londres, il
y mourut le 31 mars 1799.

LODRE : parti d'argent et de gueules, au châtaignier de sinople brochant sur le tout.

Il avait épousé à la Rochelle, le 6 décembre 1770, par contrat passé le 24 novembre devant Farjenet et Delavergne, notaires audit lieu, Marie-Charlotte-Joséphine Carré de la Serrie de Sainte-Gemme, fille de Jean-Antoine Carré, seigneur de Sainte-Gemme, de la Roche etc... secrétaire du Roi, capitaine de cavalerie, et de Marie-Anne Petit du Petit-Val.

De ce mariage :

1º Antoine-Jean-Baptiste, qui suit ;

2º Marie-Charlotte-Joséphine de Loynes de la Coudraye, née à la Rochelle le 29 juillet 1775, décédée à Luçon le 18 janvier 1844. Elle avait épousé 1º N... *Le Tors de Larray,* capitaine de cavalerie, et 2º Pierre *Gaudin du Cluzeau de Ternant,* garde de la Porte du Roi, l'un des défenseurs de Lyon contre la Convention en 1793, chevalier de l'ordre royal et militaire de Saint-Louis, officier à l'armée de Condé.

3º Pauline-Louise-Victoire de Loynes de la Coudraye, née à Luçon le 8 août 1780, y décéda le 30 janvier 1844. Elle avait épousé en émigration, à Londres, en 1797 (acte du 3 septembre 1801), François Pacôme *Le Bailly de la Falaise,* né à Saretot-le-Mauconduit (Seine-Inférieure), fils de Louis-Antoine-Alexandre Le Bailly de la Falaise, conseiller du Roi, receveur des droits royaux au port des Grandes-Dalles (Normandie), et de Catherine Lecoq de Mézières. Il décéda à Luçon le 23 septembre 1803.

XIII. Antoine-Jean-Baptiste de Loynes, marquis de la Coudraye, naquit et fut baptisé à la Rochelle le 1er août 1772. Capitaine de cavalerie, il passa lors de l'émigration à l'armée des Princes, où il fut volontaire d'abord au régiment Royal-Lorraine, puis à la compagnie d'Armagnac ; il fit ensuite partie de l'armée de Condé, au Royal-Louis. Il prit part à l'expédition de Quiberon, où il fut blessé. Chevalier du Lys le 30 juil-

---

Carré de la Serrie de Sainte-Gemme : d'azur, à la croix d'argent, cantonnée de quatre étoiles d'or.

Le Tors de Larray : d'azur, au chevron d'or, accompagné en chef de deux croissants d'argent, et en pointe d'une étoile de même.

Gaudin du Cluzeau de Ternant : d'azur, à trois chevrons de sable.

Le Bailly de la Falaise : d'azur, à la fasce emmanchée d'or et de gueules à cinq pointes, accompagnée de deux croissants en chef et d'une molette d'éperon en pointe, le tout d'argent.

let 1814, chevalier de l'ordre royal et militaire de Saint-Louis le 9 avril 1817 ; Louis XVIII lui confirma son titre de marquis par lettres des 9 avril et 16 mai 1817. Maire de la commune de Saint-Hilaire-de-Talmont (Vendée), il décéda aux Sables-d'Olonne, rue Bourbon, le 18 avril 1824.

Il avait épousé en 1res noces, à Saint-Hilaire-de-Talmont, le 16 fructidor an XI (3 septembre 1803), Henriette Symon de Galisson, née aux Sables-d'Olonne le 20 mars 1776, fille de Jean-Baptiste-Jacques-Vincent Symon de Galisson et de Marie-Anne Gaudin ; décédée au château du Veillon (cne de Saint-Hilaire-de-Talmont) le 12 février 1805 ; et en 2es noces Marie-Martine Barthélemy de Miomande, née à Paris en 1789, décédée à la Guérinière (cne d'Olonne, Vendée), le 18 avril 1858.

Les enfants d'Antoine-Jean-Baptiste de Loynes de la Coudraye furent :

Du premier lit :

1º Adèle-Juliette de Loynes de la Coudraye, née à Nantes le 24 nivôse an XIII (14 janvier 1805), décédée au château du Veillon (cne de Saint-Hilaire-de-Talmont) le 1er juillet 1820 ;

Du second lit :

2º Gaspard-Jean-Baptiste de Loynes, marquis de la Coudraye, naquit à Talmont (Vendée) le 10 juillet 1818. Il décéda sans avoir contracté d'alliance, le 10 novembre 1876, au château de Montorgueil (cne du Champ-Saint-Père, Vendée)[1].

Symon de Galisson : de sable, au lion grimpant d'argent, armé et lampassé de gueules.
Barthélemy :

BRANCHE DE PARASSY

VII. César DE LOYNES, troisième fils de Jacques de Loynes, sieur de Villefavreux, et de Marie Le Maire (voir page 184), baptisé à Saint-Paul d'Orléans le 6 mars 1550, eut pour parrains Nicolas Hanappier et François Durand, et pour marraine Anne Le Normant, femme de Jehan Le Semelier. Il épousa Françoise LAMYRAULT, laquelle décéda au lieu de la Haye le 22 octobre 1624, âgée de 63 ans, et fut inhumée en l'église paroissiale des Montils où est son épitaphe dans laquelle elle est nommée « Dame Françoise Lamiros, femme de César de Louynes »[1].

Leurs enfants furent :

1° Marie de Loynes, baptisée à Sainte-Catherine le 30 octobre 1580, eut pour marraines Marie de Loynes, femme de Jehan Chantereau, et Radegonde Mariette, femme de Jacques de Loynes ; elle épousa à Sainte-Colombe, le 12 octobre 1611, Jehan *Baron*, procureur à Orléans, veuf d'Ysabel Chêne, décédé à Saint-Pierre-Empont le 13 juin 1611. Marie de Loynes en était veuve lorsqu'elle décéda paroisse Saint-Lyphard le 24 octobre 1665.

2° Pierre, qui suit ;

3° César de Loynes, baptisé à Sainte-Catherine le 28 juillet 1584, eut pour parrains Gilles de Saint-Mesmin et Julius de Loynes ;

4° Louise de Loynes, baptisée à Sainte-Catherine le 6 avril 1586, eut pour parrain Jehan Lamyrault, seigneur de la Touche et pour marraine Louise de Loynes ;

5° Élisabeth de Loynes, baptisée à Sainte-Catherine le 22 mai 1587, eut pour parrain Guillaume Le Berche et pour marraines Marie Cardinet, veuve, et Jacqueline Chantereau ;

6° Françoise de Loynes.

VIII. Pierre DE LOYNES, seigneur de Parassy[2], baptisé à Sainte-Catherine d'Orléans le 3 mars 1583, eut pour parrains Pierre Maillart et Pierre Lamyrault, et pour marraine Claudine de Loynes, veuve de Jean Garnier,

---

LAMYRAULT : d'argent, à une rose de gueules, au chef de même.
BARON : d'azur, à l'arbre d'or accosté de deux épis de blé de même, posés sur une terrasse aussi d'or.

procureur du Roi en la prévôté d'Orléans. Pourvu de l'office de contrôleur ordinaire des guerres par provisions du 10 janvier 1610, sur la résignation à lui consentie de cet office par André Marsollier, en date du 11 septembre 1609 (Bibl. nat. Cabinet des titres, *Loynes*), Pierre de Loynes fut conseiller du Roi, trésorier provincial de l'extraordinaire des guerres en Basse-Bretagne, contrôleur général de la maison de Mgr le comte de Soissons. Il assista le 28 avril 1631 au contrat de mariage de Julius de Loynes et de Jeanne Régnier (voir page 203); il décéda au lieu de la Haye, en la paroisse des Montils, le 22 septembre 1638, et fut inhumé en ladite paroisse, en laquelle demoiselle Magdeleine DE MAUCOURT, sa veuve (fille de Florimond de Maucourt, conseiller du Roi et « eslu en l'eslection de Blois »), fonda, par contrat du 17 mars 1639, « une grand'messe et les oraisons pour chaque année » ainsi qu'on le voit dans l'épitaphe qu'elle fit placer dans cette église à la mémoire de Pierre de Loynes et de sa mère Françoise Lamyrault. « Pierre de Loynes y est aussi nommé de Louynes, si la copie de cette épitaphe est juste. » (Bibl. nat. Cabinet des titres, *Loynes*)[1].

Par lettres royaux des 5 janvier et 7 novembre 1633 noble homme Pierre de Loynes, conseiller de la maison de Mgr le comte de Soissons, reçut l'autorisation de faire exécuter le terrier de la seigneurie de Parassy, en Berry, qu'il avait achetée en 1632 de Pierre du Rier et Catherine Mortier, son épouse.

Ses enfants furent :

    1° Pierre, qui suit;
    2° François de Loynes, écuyer, sieur de Parassy, qui, assisté de Victor Bedacier, son beau-frère, conseiller secrétaire du Roi, fut marié à Paris, en l'église Saint-Paul, le 18 septembre 1657, avec Louise *Cosnard de Trémont*, fille de Pierre Cosnard de Trémont, président au grenier à sel à Louviers, qui était mort le 31 juillet 1658.

IX. Pierre DE LOYNES, écuyer, seigneur de Parassy, conseiller du Roi,

---

DE MAUCOURT : d'or, à dix losanges de sable, 4, 3, 2 et 1.
COSNARD DE TRÉMONT : d'azur, à trois cygnes d'argent.

maître des eaux ordinaire de sa maison en 1635, commissaire général des vivres de la marine, trésorier provincial de l'extraordinaire des guerres en Basse-Bretagne, assista le 22 juillet 1687 à l'acte de tutelle des enfants de Jean-Baptiste de Loynes, son cousin. Il épousa Marie BAILLY (ou BAILLÉ), fille de François Bailly (ou Baillé), avocat du Roi au siège présidial, Chambre des Comptes et eaux et forêts du comté de Blois, et d'Isabelle Bégon. Pierre de Loynes était mort le 7 août 1685.

Il eut pour enfants :

1º Pierre, qui suit ;

2º Antoinette-Marie de Loynes, baptisée en l'église Saint-Solenne de Blois le 6 novembre 1641, fut la seconde femme de Louis *de Lubert,* conseiller du Roi, receveur général des finances successivement en Auvergne, Touraine et Berry, puis trésorier général de la marine en 1678. Restée veuve le 7 mai 1705, elle mourut à Paris le 16 juin 1729 (voir le *Mercure de France,* juin 1729, 2ª vol., page 1469, morts, etc.).

3º Françoise de Loynes, femme de Jacques-André *du Pil,* écuyer, conseiller du Roi, receveur général des finances du Lyonnais et munitionnaire général des vivres des armées du Roi et de la marine en 1694 ; restée veuve le 4 octobre 1704 et morte en juin 1733. Jacques-André du Pil figura à l'acte de tutelle susmentionné le 22 juillet 1687.

X. Pierre DE LOYNES, chevalier, seigneur de Parassy, conseiller du Roi, trésorier de la marine en 1684, puis, en 1708, premier président des trésoriers de France au bureau des finances en la généralité de Bourges.

Il demeurait à Paris, rue des Jeûneurs, paroisse Saint-Eustache, lorsqu'il se maria à Saint-Nicolas-des-Champs, le 29 juillet 1683, avec demoiselle Agnès POCQUELIN, baptisée à Saint-Eustache le 20 janvier

---

BAILLY : voir p. 49.

DE LUBERT : de gueules, au dextrochère d'argent, tenant une épée de même ; au chef d'azur, chargé de deux lévriers courants d'argent, ledit chef soutenu d'une divise d'or.

DU PIL : d'azur, au chevron d'or, accompagné de trois mondes croisetés d'argent.

POCQUELIN : d'argent, à cinq arbres de haute futaie de sinople sur une terrasse de même.

1659, fille de Jean-Baptiste Pocquelin[1], marchand-bourgeois de Paris et d'Anne de Faverolles, en présence de Michel Bégon, écuyer, sieur de Ville-Coulon, ci-devant intendant de la douane de Lyon, son cousin. Agnès Pocquelin fut marraine de Louis-Alexandre de Machault, son petit-fils, à Saint-Nicolas-des-Champs, le 25 novembre 1713. Elle vivait avec son mari le 14 janvier 1720 (Cabinet des titres).

Ils eurent pour enfants :

1º Françoise-Agnès de Loynes de Parassy, mariée en avril 1708, par contrat passé devant Mitonneau, notaire à Orléans, avec Claude-Charles *de Machault,* chevalier de l'ordre royal et militaire de Saint-Louis, lieutenant de vaisseaux et capitaine général garde-côtes de Normandie ; morte à Paris le 21 octobre 1720 et inhumée le 22 à Saint-Eustache (ou Saint-Laurent);

2º (?) Françoise de Loynes, qui paraît dans un acte passé à Bourges le 31 mai 1749 comme veuve du sieur *Galland du Chatellier.*

DE MACHAULT : d'argent, à trois têtes de corbeaux de sable arrachées de gueules.
GALLAND : d'argent, à un sautoir engrêlé de gueules.

NOMS ISOLÉS

Raoulet (Radulphus) DE LOYNES, clerc de Saint-Avit, étudiant à Orléans, donna mandat, le 28 juillet 1398, à Jean Charbonnier, etc., de solliciter et d'accepter pour lui l'office de chapelain de Saint-Jean, au château de la Ferté-Vineuil. Il y fut nommé le 26 juillet 1404.

Bibl. nat. Cabinet des titres, *Loynes,* pièce nº 2.

Les *Mémoires pour servir à l'histoire de France et de Bourgogne* (Paris, 1729, in-4º), *État des officiers et domestiques de Philippe dit le Hardy, Duc de Bourgongne,* p. 70, citent : « Maître Guibert de Loynes, conseiller-avocat du Duc au Bailliage de la Montagne..., par lettres du 16 juillet 1401, aux gages de 20 francs. *Compte de Nicolin d'Aigneville de 1401.* »

S... DE LOYNES, épouse de Jeannin ou Jean *de Thou* (fils de Jean de Thou, seigneur du Bignon), qui fut « escolier en l'université d'Orléans en 1409 », vivait en 1423 et 1437.

Généalogies des familles orléanaises, par le chanoine Hubert.

Marie DE LOYNES, dame de Courbenton, vicomtesse d'Orléans en 1434, épousa en 1ʳᵉˢ noces Guillaume *Boure de Bar,* en 2ᵉˢ noces Jean *de Marcilly,* chevalier, et en 3ᵉˢ noces Pierre, seigneur *de Fontenil* « es-

---

DE THOU : d'argent, au chevron de sable, accompagné de trois mouches ou taons de même.
DE BAR : fascé d'argent et d'azur de six pièces.
DE MARCILLY : de sable, à trois fasces d'or, à la bordure de gueules.
DE FONTENIL ou FONTENY : de gueules, à trois épées d'argent.

cuyer d'escuerie du roy, capitaine des ville et chastel d'Amboise », qui avait soutenu la cause de Charles VII pendant la guerre contre les Anglais et s'était vu forcé de fuir son pays natal.

Nicolas Grosseteste, seigneur de Cormes, qui était vicomte d'Orléans avant Marie de Loynes, devait à celle-ci 32 réaux ou écus d'or de rente annuelle et perpétuelle. Comme il ne s'acquittait pas de cette dette, Pierre de Fontenil, époux de Marie de Loynes, obtint de Charles VII, le 5 juin 1436, des lettres de séquestre de la terre de Cormes, et signification en fut faite le 17 juin à Grosseteste, qui refusa d'obéir ; un autre ordre de saisie, donné par le roi à Tours le 28 du même mois, se heurta à une nouvelle rébellion ; enfin, en vertu de lettres royales datées d'Orléans, 8 novembre 1436, Cormes fut occupé militairement. Pierre de Fontenil en devint seigneur ; il l'était en 1448.

Pierre de Fontenil et Marie de Loynes étant morts, leurs biens furent partagés, en 1453, entre Louis et Jeanne, leurs enfants communs, et Jean de Bar, fils du premier mariage de Marie de Loynes. La seigneurie de Cormes échut à ce dernier, qui était également vicomte d'Orléans en 1469.

« Les vicomtes, dit Beauvais de Préau, originairement, rendaient la justice au nom des comtes dont ils étaient lieutenants. Ils avaient la même autorité que les baillifs et sénéchaux. Tous leurs droits se réduisirent depuis à la perception de plusieurs impôts sur les marchandises et denrées qui entraient ou sortaient de la ville. »

V. Beauvais de Préau, *Essais historiques sur Orléans,* p. 175 ; Bimbenet, *Histoire d'Orléans,* II, p. 264, et III, p. 23 et 24 ; et *Mémoires de la Société archéologique de l'Orléanais,* VI, 1863 : *la Seigneurie de Cormes,* par M. de Buzonnière.

Jehan DE LOYNES était notaire au châtelet d'Orléans en 1491, le 17 février 1492 et en 1504.

Christophe DE LOYNES, bourgeois de Beaugency, époux de Jehanne *de*

Champeaulx, acheta une rente perpétuelle le 28 avril 1525. Il était décédé en février 1526.

Bibl. nat. Cabinet des titres, *Loynes.*

Marie DE LOYNES, épouse de Thierry *de Vitry* en 1538.

Robert DE LOYNES, baptisé à Saint-Paul d'Orléans le 12 juin 1550, fils de Jehan de Loynes et de Marie *Gilbert.*

Jean DE LOYNES, médecin et astronome en 1553, était agrégé au collège des médecins d'Orléans, sa patrie, en 1582.

Beauvais de Préau, *Essais historiques sur Orléans,* Orléans, 1778, p. 192 ; et Bimbenet, *Histoire de la ville d'Orléans,* T. II, p. 469.

Michelle DE LOYNES, fille de Charles de Loynes et de Michelle *Le Maire,* fut baptisée à Saint-Paul d'Orléans le 8 septembre 1583; parrain, Jean Le Maire, marraines, Marguerite de Loynes et Anne Lebreton.

Guy DE LOYNES, épousa, vers 1585, Marthe *Cahouet,* fille de Christophe Cahouet, bourgeois d'Orléans, et de Jeanne Bouché.

Manuscrit de Bonne-Nouvelle. Bibl. d'Orléans, M. 457.

N... DE LOYNES, ancien du consistoire de Blois entre 1599 et 1620.

Archives de Loir-et-Cher; actes du consistoire et registre d'abjurations.

DE CHAMPEAULX : d'azur, au chevron d'argent, chargé de cinq trèfles de sinople, et
accompagné de trois oisons d'argent.
DE VITRY : d'or, à trois boutons de rose de gueules.
GILBERT :
LE MAIRE : voir p. 128
CAHOUET : voir p. 128.

Antoine DE LOYNES, président au bureau des finances d'Orléans, marié à Marguerite *Le Crec*, fille d'Antoine Le Crec, sieur des Grandmaisons, et de Marie du Thier.

Thérèse DE LOYNES, épouse de Laurent *Duyssiau* (ou plutôt *d'Huisseau*).

Jehan DE LOYNES, époux d'Anne *Alleaume*, paroisse Saint-Paul d'Orléans, 1603.

Antoine DE LOYNES, époux de Rachel *Charon*, d'où Antoine de Loynes, baptisé à Saint-Paul le 1er avril 1603.

Marie DE LOYNES, épouse de Marc *Gibart*, paroisse Saint-Paul, 1607.

Gilles DE LOYNES, parrain de Charles Le Roux, à la Chaussée-Saint-Victor, près Blois, en 1607.
Archives de Loir-et-Cher, GG, 1-3.

Marie DE LOYNES, baptisée à Saint-Gervais de Paris le 15 décembre 1611, fille d'Antoine de Loynes, commis du trésor de Mme de Mercœur en novembre 1616, et de Jeanne *Yver*.

Antoine DE LOYNES, fit publier ses bans de mariage avec Anne *Mulet*, à Saint-Nicolas-des-Champs de Paris, en août 1618.

LE CREC :
DUYSSIAU :
ALLEAUME : d'azur, à trois coqs d'or, 2 et 1.
CHARON : d'azur, à une fasce d'or chargée d'une perle de sable.
GIBART : d'argent, à une fasce de sable accompagnée de trois merlettes de même.
YVER : d'azur, à la devise d'or, accompagnée de trois étoiles d'or
MULET :

Jacques DE LOYNES, avocat au Parlement et au bailliage et siège présidial d'Orléans, bailli des 2/3 parties de la châtellenie et baronnie du Puiset, le 3 novembre 1619.

Bibl. nat. Cabinet des titres, *Loynes*.

Anne DE LOYNES, épouse de Simon *Menard*, paroisse Saint-Paul d'Orléans, 1629.

N... DE LOYNES, échevin de Blois en 1637.

N... DE LOYNES, sieur de Belle-Isle, époux de Madeleine *André*, vivant en 1654.

Madeleine DE LOYNES, femme de Jacques *Blanchet*, conseiller maître à la Chambre des Comptes de Blois de 1634 à 1642, fut marraine de Balthazar Roché, à la Chaussée-Saint-Victor, près Blois, vers 1658.

Archives de Loir-et-Cher, GG, 9.

Dans une pièce in-4° imprimée à Blois en 1658 chez Jules Hotot et intitulée « *l'Hymen, mascarade donnée à Blois devant leurs Altesses royales* », on lit :

...... QUATRIÈME ENTRÉE : *La Vertu, le Sérieux*, Melle Deloynes et M. Guerry......

V. *Notice sur les imprimeurs et libraires blésois*, par R. Porcher, Blois, 1895.

MENARD : d'or, à trois mâcles d'azur.
ANDRÉ : d'azur, au sautoir d'argent cantonné en chef d'une étoile d'or, les autres cantons chargés chacun d'une rose d'argent.
BLANCHET : d'or, à la bande d'azur, chargée de trois coquilles d'or, et accompagnée de trois porcs-épics de sable

Claude DE LOYNES, époux d'Élisabeth *Bernard* en 1677.

Jean DE LOYNES, tonsuré le 14 novembre 1687 par Mgr Alphonse d'Elbène, évêque d'Orléans, et plus tard prêtre.
Actes des paroisses d'Orléans.

Antoine DE LOYNES, sieur de la Bachellerie, enseigne des gardes du corps de Monsieur, épousa Madeleine *Hallé de Clerbourg,* qui fut inhumée à Saint-Germain-l'Auxerrois de Paris le 8 juin 1698.

Jean DE LOYNES, marchand-bourgeois d'Orléans, représentant le maire avec d'autres notables, passa, le 3 avril 1714, devant Rou, notaire au châtelet, un contrat par lequel Guillaume Prousteau donna sa bibliothèque à la ville d'Orléans.
Bimbenet, *op. cit.*, IV, p. 509.

Catherine DE LOYNES, épousa en 1res noces, par contrat passé devant Rou, notaire à Orléans, le 30 janvier 1720, Paul *Mariette ;* elle se remaria, le 12 novembre 1727, avec N..., par devant Jullien, notaire à Orléans.

Marie DE LOYNES, épousa Paul-Narcisse *Marchand,* par contrat passé devant Jullien, notaire à Orléans, le 10 novembre 1727.

BERNARD : voir p. 132.
HALLÉ DE CLERBOURG : de gueules, treillissé d'argent.
MARIETTE : voir p. 148.
MARCHAND : voir p. 56.

NOTES

ET

PIÈCES JUSTIFICATIVES

NOTES ET PIÈCES JUSTIFICATIVES

Page 9

I

« Philipes, par la grâce de Dieu, Roys de france, faisons sauoir a tous présens et a venir que comme nous de certaine science et pour certaine cause
eussons pris et tourné par deuers Nous héritablement de la volenté et as-
sentement de nostre très chiere et amée compaigne et espouse Jehanne de
Bourgongne Royne de france pour faire nostre volenté, C'est assauoir les Chastelleries et terres de Blacon, de Helebec et de Breuiller, aueques toutes les
appartenances, toutes ces choses sur le pris et estimation de trois mile liures
de terre ou rente a tournois, duquel pris et estimation Nous nous tenons pour
bien payez et nous souffit iceluy pris et estimation des dites trois mil livres.
Lesquelles Chastelleries et terres estoient du propre héritaige de nostre dite
compaigne, et voulions que recompensation li en fust faite, et pour ce eussiens
mandé et commis par nos autres lettres a nos amez Raoul de Joy, cheualier,
Jehan de Fresnoy adonc Bailly d'Orliens, et a Pierre Forget Bailly d'Anjou et
du Mainne que euls ou deuls diceuls asseignissent et assignassent selonc loyal
taxation et prisie a valüe de terre a nostre dite compaigne et espouse héritablement pour luy et pour ses hoirs les dites trois mil liures, C'est assauoir a
Baugency, a Chastiau landon et au plus prés diceuls lieus se il ne souffisoient,
et auec ce li baillassent et deliurassent nos Chastiaus et forteresces des diz
lieus sans aucun prix. Et par vertu de nostre mandement et commission dessusdiz, les dessusdiz Jehan de Fresnoy et Pierre Forget se transporterent aus
lieus dessusdiz, Et premierement a Baugency, et ainsi comme il nous ont rap-
porté appellerent et firent venir pardeuant eus le seigneur de Montpipeau et
Guillaume Patay Cheualiers, Jehan de Vesmes, Raoulin Baderen, Hue de la
Chapelle, Girard de Vilers, Andrieu Barilleau, Jehan de Baigneux, Regnaut
Cabu, Robin de Loynnes etc..., Et iceuls firent jurer aux saintes euangiles
que bien justement et loyaument il priseroient et rapporteroient à nos diz
Commissaires toute la value de la terre de Baugency et des appartenances en
quelque maniere que ce fust, tant en rentes demainnes, comme en autres
emolumens et reuenues quiex que il fussent selonc loyal tauxation et prisie a
value de terre. (*Suit le détail de l'estimation.... etc., etc.*) données au bois de
Vincennes, l'an de grâce 1328, au mois de février. »

Archives nationales; Trésor des chartes, J. 357^b, n° 11bis. Belles-lettres-
patentes royales, scellées du grand sceau de cire verte.

2

« Au 77e feuillet retourné du livre en parchemin appelé le *Livre des fiefs
du Duché d'Orléans du temps du Duc Philippe* se trouve un aveu en datte du
Jeudy d'après la Saint-Luc 1353, baillé par Robin de Loynes, Escuyer, pour

une maison séante à Beaugency à la Pierre de Maucouse, sans verger, tenant
à la porte de Bouleau etc.... »

*Archives nationales ; Archives du Palais-Royal — Sommaire des titres du
comté de Beaugency,* R⁴*. Registre 698, f⁰ 110 r⁰.

« Robin de Loynes, dans cet aveu, est dit père de Geoffroy » *(Généalogie
manuscrite).*

3

« Il est fait mention de Guillaume de Loynes, cartulaire Iʳ des fiefs de la
tour de Beaugency, et on lit : « Sous Mgr le duc Philippe, item, Guillaume
de Loynes, écuyer, à cause de la garde de son fils, par lettres scellées de la
prévôté de Beaugency, le Mardi après la Toussaint 1355, advoue à tenir en fie
lige du dit Mgr le duc ce qui suit, c'est à sçavoir une mazure séante vers
Saint-Firmin de Beaugency ; item une autre mazure et ses appartenances
séants à Fluxes ; item un arpent de vigne aussy au dict lieu de Fluxes ; item,
..... minées de terre au vau du Loire, tenant aux terres Jahan du Pont et aux
terres de la Maison-Dieu de Beaugency etc. » f⁰ r⁰ XLIV. »

Gén. man. précitée. — Cf. *Arch. nat. etc.,* R⁴*. 698, f⁰ 113 v⁰, et 700,
f⁰ 152 r⁰.

« Le même porte la foi pour une rente annuelle et perpétuelle sur deux
maisons situées à Beaugency le 11 may 1359. » *(ibid.)*

4

V. *Arch. nat. etc.,* R⁴*. 698, f⁰ 176 v⁰.

5

« Il est fait mention de Robert de Loynes au cartulaire des fiefs de la tour
de Beaugency en l'an 1424 : composition de rachapt du dernier mars 1424
faite par Robert de Loynes, escuyer, bourgeois de Beaugency, pour moitié du
fief du Morier et ses dépendances. »

Gén. man.

« Acte du dernier de mars 1424 avant Pasques pour une composition à la
somme de 12 livres parisis avec Robert de Loynes pour le proffit de rachapt
par luy deub à cause de son mariage avec Gillette, fille de feu Jean de Berry
pour raison de 9 livres parisis de rente à prendre sur le péage de Beaugency
et pour une métairie appellée le Morier, avec les appartenances. »

Arch. nat. etc., R⁴*. 698, f⁰ 147 v⁰ et f⁰ 220.

6

« Acte signé Bureau en datte du 6ᵉ de may 1432 portant une composition
faite à la somme de 24 solz parisis par les officiers de Mgr le duc avec Robin
de Loynes, pour un profit de rachapt par luy deub à mon dit seigneur le duc,
par le mariage faisant d'icelluy de Loynes à la personne de Gillette sa femme,

pour raison d'une censive qui souloit valloir environ 26 solz, sur plusieurs héritages, assis à Meez et à Moncelereux..... pour raison aussy de trois nouées de terre ou environ assis au val de Meez et de Chesne, mouvantz les dits héritages du propre de la ditte Gillette. »

Arch. nat. etc., R⁴*. 700, f⁰ 301 v⁰.

7

« Acte signé Bureau en datte du dernier jour de may 1436, par lequel Jean de la Faurie, prevost de Baugency, a baillé par échange à Robin de Loynes et sa femme fille de feu Jean de Berry la dite pièce de pré appellée le pré d'A-lonne contenant quatre arpens au val de Loire près le lieu des plantes tenant d'une part au chemin des dittes plantes et aux terres de l'Hôtel Saint-Ladre du dit Baugency, le dit pré clos de fossés et chargé d'une redevance qu eist que les bourgeois habitans de Baugency peuvent aller et venir parmy icelluy pré et faire leurs esbattemens comme ils ont coutume d'ancienneté par chacun an à trois festes à l'an qui sont Pasques, l'Ascension et Pentecoste sans aucun contredit pour et en contr'échange duquel prez d'Allonne le dit Robin de Loynes et sa femme baillent à icelluy de la Faurie leurs lieux et appartenances de Bonnevallet séant entre Baugency et Villorceau, comme il se comporte en mazure, courts et autres aisances avec dix livres tournois marc d'argent, et pour le proffit de quint deniers qui est deub à Mgr le Duc par le moyen du dit eschange en est composé par ses officiers avec le dit Robin de Loynes à la somme de 48 solz parisis. »

Arch. nat. etc., R⁴*. 698, f⁰ 149 v⁰, et 700, f⁰s 198 v⁰ et 391 r⁰.

Page 10

I

« Le treizième jour du mois de juin mil quatre cent soixante et un, Jean-André prévost de Baugency et par devant Jacques Barilleau, notaire audit Beaugency et examinateur audit lieu, Gillette, veuve de deffunct Robin de Loynes, bourgeoise de Baugency, d'elle et de ses cens, a baillé, à rente annuelle et perpétuelle, à toujours mais, à héritage, à Gilbert Beauvoir, laboureur, demeurant (au) val de Loire de Baugency, qui a pris de la dicte Gillette, pour lui, ses hoirs et aïans cause, une métayerie qu'elle a assise audit val de Loire de Baugency, appellée le Morier, ainsi qu'elle se poursuit et comporte en ses appartenances. C'est assavoir la maison édiffiée, ensemble les terres labourables et non labourables, prez, postilz et appartenances quelzconques qu'il y a en deppendantes. Appartenant d'ancienneté à ladicte dame. C'est assavoir, premièrement vingt-six mines ou environ, assises en plusieurs piéces, l'une desdittes piéces contenant dix-huit mines, ou environ, assise au lieu appellé le fousse-Berry, tenant à l'Isle de Monsieur de Monçay d'une part et au chemin qui va de Meung à Saint-Laurent des Eaux d'autre part. Item, une septrée de terre partissant et indivise avec le sieur prieur de Dry, tenant aux terres de l'Hôtel-Dieu de Baugency d'une part et audit sieur de Monçay d'autre part et audit chemin qui va de Saint-Laurent à Meung. Item, autre pièce contenant quatre minées ou environ, assise sur le chemin qui va de Baugency à Cléry, tenant au chemin qui va de Villejaudure à Lailly d'une part et au chemin de la Chabottière. Item, l'autre pièce contenant une septrée, ou environ, assise à la Bourdinière, tenant à Rigouan d'une part et aux Bourdins de Cléry, d'autre part. Item, dix arpens et demi de pré, ou environ, assis audit val de Loire, des appartenances de ladite métairie, assis en plusieurs pièces. L'une pièce contenant arpent et demy, ou environ, tenant à ceux de la Corbellière d'une part et d'autre au chemin qui va de Villaudon à Lailly. L'autre pièce contenant huict arpens, ou environ, assise derrière la Métairie de Monsieur l'abbé de Baugency, appelée l'Ormoye, tenant à mondit sieur l'abbé de Baugency d'une part et au chemin qui va de Cléry à Lailly d'autre part et aux dames de Vienne d'un long et d'autre long à mondit sieur l'abbé. L'autre pièce contenant un arpent, ou environ, tenant au chemin qui va de la Corbellière à Lailly d'une part et aux prez de feu Balerme d'autre, au prieur de Dry d'une part et aux prez dudit lieu de la Corbellière d'autre part. Item, les Saulaies et Aulnaies appartenantes à ladite Métairie, d'ancienneté, qui sont sictuées autour du fousse-Berry, ainsy qu'elles sont tenues et comportent de longueur, tenant à l'isle de mondit Sieur de Monçay.

Et s'il est trouvé que toutes les dittes tenues et choses dessus dictes ne fussent des appartenances de ladite métairie, ladite Gillette ny ses hoirs, ne sont tenues garantes audit Gilbert ne à ses hoirs, héritiers, seulement qui trouvera estre et appartenir d'ancienneté à la dicte métairie.

Icelle métairie et héritages dessusdicts, tenus en fief de M. le Comte de Dunois, Seigneur de Baugency, et dont ladite Gillette a retenu et retient la foy par devers elle. Ensemble les censives a elle deues et appartenantes à cause de ladite métayrie et les vassaux qui tiennent d'elle à tenir et jouir. Et pour du droit s'est dessaisie pour le prix et la somme de huit livres tournois de rente annuelle et perpétuelle, monnoye courante, à présent, l'escu vallant vingt sols six deniers, que ledit preneur et ses hoirs seront tenus païer doresenavant à toujours mais, par chascun an, à ladite Gillette et à ses hoirs, à deux termes et paiemens, par moictié, c'est assavoir à la Saint-Jehan-Baptiste et à Noël, et dont le premier terme et paiement, sera et commencera audit jour de Saint-Jehan-Baptiste prochain, venant, et ainsi continué. »

Archives du Loiret, A. 107.

2

« L'an Mil CCCC Sexante et onze, le lundi deuxiesme jour de mars, Gillette, veufve de feu Robin de Loynes, bourgeoise de Baugency, confesse avoir eu et receu de Jehan le Berson, receveur ordinaire du domaine de Baugency, la somme de neuf livres parisis dès fiby à la Saint-Jean-Baptiste l'an finy à la Saint-Jean-Baptiste Mil CCCCLXX, que la dicte veufve a droit de prandre et avoir par chascun an, de rente, sur le péage de la rivière de Loire, de Baugency ; de laquelle somme de IX livres parisis ladicte veufve se tint à content et bien paiée, acquite ledict receveur et tous autres, si comme. etc. Et dont, etc....

(Signé :) Berry. »

Archives du Loiret, A. 43, pièce sur parchemin.

3

« Au.... feuillet du livre en parchemin appellé le livre des fiefs du Duché d'Orléans, entre les fiefs assis en la paroisse de Dry au chapitre cotté Le Morier, se trouve un acte signé Foullon en datte du second jour de juillet 1578, par lequel Jacques de Loynes, âgé de six ans, et Marie de Loynes, sa sœur, âgée de quatre ans et demy, enfans mineurs de deffunct Claude de Loynes et de Marie Bourgouin, sa veuve, sont mis et reçus en souffrance en la personne de la ditte Bourgouin leur mère, jusqu'à ce qu'ils soient en âge suffisant pour pouvoir porter la foy et hommage pour raison entr'autres choses de la ditte pièce de pré appellée le pré d'Allonne. »

Arch. nat. etc., R⁴*. 698, fᵒ 149 vᵒ, et 700, fᵒ 199 rᵒ.

4

Geoffroy de Loynes acquitta la somme de 10 sols, le 24 juin 1397, pour deux institutions, « l'une en la clergie de la prévôté, l'autre en tabellionnage de Beaugency. »

Arch. du Loiret, A. 1998.

5

« C'est celui dont il est fait mention au Cartulaire 6 des fiefs sous Mgr Loys duc d'Orléans où on lit ce qui suit : « Geoffroy de Loynes a fait la foi et hommage lige à mon dit Seigneur le Duc, si comme il est apparu par les lettres de mon dit Seigneur données le 6 août de l'an 1403 desquelles le vidimus est en cour et depuis a baillé son adveu et dénombrement qui est encore fait et donné sous le scel de la Chatellenie de Beaugency le XIᵉ jour de janvier 1404 par lequel il a advoué et advoue tenir en fie de mondit seigneur à cause de son château de Beaugency les héritages et choses qui en suivent, c'est à sçavoir un appentil assis au puits de la Chesne en la ville de Beaugency jouxte le moulin de Chouaseau (Choiseau), ytem six sols parisis ou environ que plusieurs personnes lui doivent, ytem une maison séant à Pray le fort, ytem une maison ainsi comme elle se comporte et poursuit séant à Fluxes, ytem huit arpens de près ou environ que prés que pâtis assis au dit val de Loire, ytem deux maisons assises à la Pierre de Maucouse en la ditte ville de Beaugency, tenantes au ru du dit lieu ; ytem s'en suit un vasseur qui à cause des deux dittes maisons tient en fie du dit Geoffroy de Loynes, c'est à sçavoir Madame Jeanne, fille de défunt Jehan de Beauvilliers le Bœuf, jadis chevalier, et femme de feu M. Odart de la Roche et dernièrement de feu M. Fouques de Marcilly, chevalier, qui détiennent du dit Geoffroy ; item une métairie séant

à Cernay, etc. (f⁰ CXXI v⁰.) » Le même aveu se trouve à l'ancienne pancarte
du duché d'Orléans, châtelenie de Beaugency, et Geoffroy est traité d'écuyer;
au reste on sçait que dans ces temps là il n'y avoit que les nobles chevalliers
qui possédoient les fiefs et que les bannerets qui ressembloient les vassaux
avoient des armes distinctives. »

Gén. man. précitée. — *Cf. Arch. nat. etc.,* R⁴ᵗ. 698, f⁰ˢ 107, 110, 113 v⁰,
128 v⁰, 140 v⁰, 190 ; et 700, f⁰ˢ 152 v⁰, 154, 157, 176 r⁰, 188 v⁰, 235 v⁰.

6

Aveu d'une censive par Geoffroy de Loynes, 4 octobre 1421 :
« Audry Marchant, chevalier, conseiller et chambellan du Roy notre Sire,
gouverneur du duchié d'Orléans, au commis à la recepte dudit Duchié, ou à
son lieuxtenant salut. Savoir faisons que de trois offres à nous faictes par Guillaume de Loynes, et Jehan de Loynes frères, pour le rachat par eulx deu, et
appartenant à Monseigneur le duc d'Orléans, pour raison et à cause d'une ma-
sure séant vers Saint-Firmin de Baugency, item ung lieu et les appartenances
séant à Fluxes, ainsi comme il se poursuit en maison et appartenances ; item,
ung arpent de vignes séant audit lieu de Fluxes ; item, six minées de terre,
séans au val de Loire tenans aux terres de Jehan du Pont, d'une part, et aux
terres de la Maison-Dieu de Baugency, d'autre part, advenus auxdis frères par
la mort de feu Guillot de Loynes le jeune, leur nepveu, et tenuz en fié de
mondit Seigneur le Duc, à cause de son chastel de Baugency ; c'est assavoir
l'année et revenue de ce que dit est, le dit de deux preudes hommes ou la
somme de douze livres tournois. Nous, veue certaine informacion faicte sur
la valeur de ce que dit est, par Guillaume Barrilleau, substitut du procureur
de mondit seigneur le duc à Beaugency, avons, en la présence et du consentement de Maistre Girard Boileaue, advocat et conseiller de mondit Seigneur le
Duc, le dit procureur de mondit Seigneur le Duc estant au lit malade, prise
et acceptée ladicte offre de douze livres tournois, pour ledit rachat, comme la
plus proffitable pour mondit Seigneur le Duc. Si, vous mandons que la dicte
somme de douze livres tournois vous recevez desdictz Guillaume et Jehan de
Loynes, leur en baillez quictence et la mectez en vos comptes. Donné soubz le
contrescel du bailliage d'Orléans, le IIIIᵉ jour d'octobre l'an mil CCCC vingt-
et-ung. Signé : J. Bureau. »

Arch. du Loiret, A. 90, pièce sur parchemin. — *Cf. Arch. nat. etc.,* R⁴ᵗ.
698, f⁰ˢ 114 et 190 v⁰.

7

« Acte signé Bureau en la datte du 10 juin 1428 portant une composition
faitte par les officiers de Mgr le duc avec Guillaume et Jean de Loynes pour
un proffit de rachapt par eux dû à cause du dit hostel et ses appartenances
appellé les Galleries assis en la dicte ville de Beaugency en la rue des Febvres. »

Arch. nat. etc., R⁴ᵗ. 698, f⁰ 111 v⁰.

8

« Au cartulaire des fiefs de la tour de Beaugency, sous l'année 1429, on lit un adveu fourni le 11 mai 1429 par Guillaume de Loynes, escuyer, pour trente-et-un sols parisis de rente foncière sur deux maisons sises à Beaugency. »
Gén. man.

9

« Audit cartulaire, sous l'année 1438, composition de rachapt faite par Guillaume de Loynes pour l'hôtel appelé les Galeries, sis à Beaugency, le 3 février 1438. »
Gén. man.

. 10

« L'année 1429 est fameuse par le siège d'Orléans par les Anglois qui la tenoient bloquée depuis le mois d'octobre 1428. Ils s'étoient déjà rendus maîtres des villes voisines comme Jenville, Toury, Jargeau, Sully, Châteauneuf, Meung, la tour de Beaugency. Les habitans de cette dernière ville qui étoient très attachés au duc d'Orléans, qui étoit alors prisonnier en Angleterre et qui étoit leur seigneur, voyant qu'Orléans tenoit bon, encourageoient les habitans à cette résistance, n'ayant plus eux-mêmes que cette ressource pour les chasser (les Anglois) de Beaugency, si les Orléanois avoient la victoire. Ils suivirent donc l'exemple des habitans de Bourges, de Poitiers et de la Rochelle et aidèrent Orléans de vivres et de munitions. Les habitans les plus aisés se cotisèrent pour fournir de l'argent. On nomme à la tête de ces derniers Guillaume et Jean de Loynes qui donnèrent une somme de trois cents livres parisis, considérable pour ces temps-là, à l'hôtel de ville d'Orléans où Jacquet de Loynes, leur frère aîné, était très considéré, ayant été plusieurs fois échevin et receveur depuis 1409. Charles VII fut informé de ce trait de générosité et en conséquence il leur accorda des lettres confirmatives de noblesse et nomma Guillaume par la suite premier échevin de Paris. On voit encore les armes de cette maison sculptées en marbre blanc à l'hôtel de ville de Paris à main droitte en entrant. »
Gén. man.
(Ces armes figurèrent en effet sur le sixième pilier de droite dans la grande cour de l'Hôtel de ville de Paris jusqu'à sa destruction par l'incendie de 1871.)

11

« A tous ceux qui ces présentes lettres verront, Jehan Chiefdeville, prévôt d'Orléans, salut. Sache tuis que Jehan deloynes, bourgeois d'Orléans, étably par devant nous en droit recongnut et confessa de son bon gré et de sa bone voulenté qu'il tient et aveu en foy du Roy notre Sire à cause de son chastel de Beaugency deux muids de terre de semence assis au terroir de Sercueil (Cerqueux) en la paroisse de Josnes et item ung vasseur appelé Jehan Marchoisne qui tient en fie du dit avouant à cause des deux muids de terre dessus dits cinq muids de terre de semence assis au dit terroir de Sercueil en plusieurs pièces et ledit avouant les tient en rerefie du Roy mon dit Seigneur à cause de son dit chastel de Beaugency.

En témoing de laquelle chose nous avons fait sceller ces présentes lettres du scel de la prévôté d'Orléans. Ce fut fait l'an de N. S. mil trois cent quatre-vingt-neuf, le dimanche VIIIe jour du mois d'octobre. »

Archives départementales du Loiret, A. 113. — Cf. *Arch. nat. etc.*, R^{4v}. 699, f° 54, et 700, f° 416 v°.

12

« Fiefs en la paroisse de Noan-sur-Loire. Acte de 8 juin 1428 d'une composition faitte à 16 livres avec Jean de Loynes pour trois rachapts deubs à cause du dit lieu de Bois-Renard, avec deux minées tant terres que pastils et friches tenans au fossé Demains. »

Arch. nat. etc., R⁴. 698, f° 246.

Page 11

1

C'est d'un frère puîné de Jean de Beauharnais, Guillaume de Beauharnais, que descendaient en ligne directe Alexandre, vicomte de Beauharnais, premier mari de l'Impératrice Joséphine, le prince Eugène, auteur des princes Romanowski ducs de Leuchtenberg, la Reine Hortense et l'Empereur Napoléon III.

2

V. d'Hozier, *Armorial général*, registre 5 *(Beauharnais)*.

3

« Affirmat Johannes Biauharnays (ætatis L annorum vel circiter), qui sæpe frequentabat ipsam Johannam dum esset Aurelianis, quod nunquam vidit in ea quidquam reprehensione dignum, sed in ea percepit tantum humilitatem, simplicitatem, castitatem et devotionem ad Deum et ecclesiam. Dicit denique quod erat magna consolatio conversari cum ipsa. »

Procès de réhabilitation de Jeanne d'Arc, publié par Quicherat.

4 et 5

Il résulte de minutes déposées en l'étude de Me Paillat, actuellement notaire à Orléans, datant de 1442 et 1444, « que Jacquet de Loynes possédait le lieu du Brassart, paroisse d'Huisseau-sur-Maulves, une maison sise rue de la Charpenterie, paroisse de Chécy, une terre labourable sise paroisse Saint-Laurent, le long de la chaussée ; et que Pierre de Loynes, frère de Jehan de Loynes, avait des biens sis en là près du prieuré de Vouson en Saulogne. »

Le 15 juillet 1397, Jacquet de Loynes acquitta la somme de 5 sols pour une institution de prévôté à Saint-Laurent des eaux.
Arch. du Loiret, A. 1998.

6

Le 14 octobre 1412, Jacquet de Loynes, bourgeois d'Orléans, prend en location de Guillaume de Colons, moyennant 4 livres 12 sols parisis de rente annuelle, deux petites maisons sises rue de la Cour Hados.
Arch. communales d'Orléans, H. *Fonds de l'Hôtel-Dieu.*

Censive de la ville d'Orléans : « L'hostel du pont d'Orléans où demeure (en 1427) Jacquet de Loynes qui tient icelui : 6 livres parisis chacun an de rente : fait à savoir au dit Jacquet, si comme à la femme du dit Jacquet, à rester au dit terme : signifié au dit Jacquet. »
Arch. du Loiret, A. 1923.

7

Archives communales d'Orléans, CC. 647.

8

« Coppie de la commission de Jaquet de Loynes, par vertu de laquelle il a faicte la recepte et mise contenue en cest présent compte.
A tous ceulx qui ces présentes lettres verront, Jehan du Tertre, licencié en lois, lieutenant général de noble homme Monseigneur le gouverneur du duchié d'Orliens, Salut. Savoir faisons que pour ce que par lectres d'instrument faictes soubz le scel de la prévosté d'Orliens, parmi lesquelles ces présentes sont annexées, apparu nous est dix des procureurs de la ville d'Orliens avoir voulu, consentu, octroyé et accordé à Jaquet de Loynes, leur compaignon en ladicte procuration, que durant le temps de la dicte procuracion, icellui Jaquet face et puisse faire la recepte des deniers appartenans et qui appartendront à ladicte ville, et la despence, telle comme il appartendra à faire pour ladicte ville, et puisse faire mectre et despencer des deniers qu'il recevra, par le mandement et ordonnance desdiz procureurs ou de sept d'eulx, aux gaiges de XXXII livres parisis par an. Nous, ledit Jacquet avons commis et institué au-

dit office de receveur et lui avons donné et donnons povoirs et auctorité de par Monseigneur le duc d'Orliens de faire ladicte recepte et despence, durant ledit temps, par la manière que ont accoustumé faire au temps passé les autres receveurs d'icelle ville. Et nous a ledit Jaquet fait serrement de ce faire bien et loyalment et de en rendre bon compte, just et loyal, quant et à qui il appartendra. Si, donnons en mandement par ces présentes à touz à qui il appartient, que audit Jaquet de Loynes, en faisant ce que dit est, obéissent, et entendent dilligemment.

Donné soubz le contrescel du bailliage d'Orliens, le XVe jour de May l'an Mil IIIIᶜ et dix-neuf. Ainsi signé : J. Bureau. »

Archives communales d'Orléans, CC. 547, fᵒ 1.

9

« Coppie des lettres par lesquelles Jaquet de Loynes a esté esleu et ordonné par ses compaignons procureurs de la ville d'Orléans, à faire la recepte et despense des deniers appartenans à ladicte ville et des lectres de commission à luy octroyées par monseigneur le gouverneur d'Orliens.

A tous ceulx qui verront ces présentes lectres, Alain du Bey, garde de la prévosté d'Orliens, Salut, Saichent tuit que Gaultier Simon, Guillaume Garbot, Gillet de Saint-Mesmin le jeune, Fouquet de Champeault, Jehan de Bonneval, Jehan Hate, Jehan de Troyes le jeune, Denis Nicolas, Guillaume Acarie, Guillaume Symon et Colin Piquelin, tant au nom d'eulx que comme procureurs des manans et habitans de la ville d'Orliens, establiz par devant Nous en droit ; lesquelx au nom que dessus, assemblement et d'un accord ont voulu, consentu, octroyé et accordé, veullent, consentent, octroyent et accordent à Jaquet de Luynes, leur compaignon en ladicte procuracion, que durant le temps de leur dicte procuration ycellui Jaquet face et puisse faire la recepte des deniers appartenans et qui appartendront à la dicte ville, et aussi la despense qu'il conviendra faire, durant ledit temps, pour ladicte ville ; il puisse paier et mectre des deniers qu'il recevra, par le mandement et ordonnance desdiz procureurs ou de sept d'eulx, aux gaiges de trente-deux livres parisis par an, en rendant bon compte à qui il appartiendra. Lesqueulx procureurs, au dit nom, ont promis, par devant nous, en droit, soubz l'obligacion des biens communs de ladicte ville, présens et avenir, soubzmiz à la juridiction de la prevosté d'Orliens, avoir et tenir agréable et estable cest présent consentement sens tenir contre en aucune manière. Ce fut fait soubz le scel de la Prevosté d'Orliens, le jeudi Ve jour d'avril·l'an Mil CCCC vint et quatre. Ainsi signées : J. Cailly. »

« Item. A tous ceulx qui ces présentes lectres verront, Audry Marchant, chevallier, conseiller et chambellan du Roy notre Sire et gouverneur du duchié d'Orliens, salut. Savoir faisons que pour ce que par lectres de instrument faictes soubz le scel de la prevosté d'Orliens, parmi lesquelles ces présentes sont ennexées, apparu Nous est que Gaultier Simon etc. procureurs des manans et habitans de la ville d'Orliens, pour deux ans commençans le XXIIIIe jour de mars derrenier passé, ont volu, consentu, octroyé et accordé à Jaquet de Loynes, leur compaignon en ladicte procuration, que durant le temps de leur dicte procuration, ycelluy Jaquet face et puisse faire la recepte des deniers appartenans et qui appartendront à ladicte ville, et aussi la despense qu'il en conviendra faire durant le dit temps, pour la dicte ville, il puisse paier et mettre des deniers qu'il recevra, par mandement et ordonnance etc. Nous, audit Jaquet avons donné et donnons par ces présentes, congié et licence et auctorité de par Monseigneur le duc d'Orliens, dudit office de recepte faire et exercer, et de cueillir et faire cueillir, lever et espleter touz les deniers qui sont, seront et appartendront à ladicte ville, et de contraindre et faire contraindre à yceulx luy paier, tous ceulx qu'il appartendra, et de faire la despense dessus dicte, par la manière que dessus est dit, parmi ce qu'il nous a sur ce fait le serment que ce il fera bien et loyalment et que de ladicte recepte et fait dessus dit rendra bon compte quant et à qui il appartendra. Si donnons en mandement à touz les justiciers, officiers et subgez de monseigneur le duc d'Orliens audit duchié et ressort, requerans les autres, que audit Jacquet de Loynes, comme à receveur de ladicte ville obéissent et entendent diligemment.

Donné soubz le contrescel du bailliage d'Orliens, le XXVIIᵉ jour d'avril l'an Mil CCCC vint et cinq. Ainsi signées : J. Bureau. »

Arch. communales d'Orléans, CC. 549, f⁰ 6, et CC. 652.

10

Archives communales d'Orléans, CC. 657.

Page 12

I

Extrait du compte de commune de 1427-1428 :

« Recepte faite par Michelet Filleul... commençant icelle recepte le IXᵉ jour du moys de septembre l'an Mil IIIIᶜ vint et huit.

Recepte d'argent blanc :

De Jaquet de Loines, le XXVIIᵉ jour dudit moys d'octobre, en deux tasses, pesans Xᵒ VII gros d'argent.

Note. Ces receptes étaient faites pour soutenir le siège mis par les anglais devant la ville d'Orléans, en vertu de lettres du bâtard d'Orléans, données à Orléans le 16 septembre 1428. Plusieurs citoyens avaient devancé l'emprunt ou les dons. Jaquet de Loynes se trouvait parmi eux. »

Archives communales d'Orléans, CC. 653, f⁰ 27 r⁰ et v⁰.

2

Voir le contrat de Robin de Loynes et d'Isabelle Tricot, de 1451.

Dans le contrat de Gentien de Loynes de la Barre avec Marie Foucault, passé le 13 novembre 1617 devant Mᵉ Lécluse, notaire à Orléans, et dans celui

d'Anne de Loynes avec Jacques Hurault, passé le 17 février 1634 devant
Me Laurent Bordes, notaire en la même ville, la filiation est établie jusqu'à
Jacquet de Loynes, époux de Huguette Rousselet.

Page 13

I

« Cette place de bailli que Gentien de Loynes ainsi que Jean son fils ont
eue est une preuve de la considération et du rang qu'ils tenoient à Beaugency, puisque dans le xive siècle ces charges se conféroient par élection
et que « Charles IX à Moulins, 1566 (art. 12) et Henry III aux Etats tenus
à Blois (art. 263 et 264) ordonna que nul ne feust pourveu d'estats de baillifs
et seneschaux des provinces qu'il ne fust de robbe courte, gentilhomme de
nom et d'armes, âgé de 30 ans pour le moins et qui auparavant n'eust commandé en l'estat de capitaine, lieutenant, enseigne ou guidon des ordonnances, lesquels offices ne pourroient être vendus directement, sur les peines
des ordonnances. » D'ailleurs, il faut observer que dans ce siècle les charges
n'étoient pas vénales et que c'étoit le mérite seul qui y faisoit parvenir. »
Recherches de Pasquier, 1er vol. page 404, édition de 1723, et *Gén. man.*

Page 14

I

V. *Procédures politiques du règne de Louis XII,* par M. de Maulde, Paris,
1885, *passim ;* consulter la table onomastique.
V. aussi les *Archives de la Loire-Inférieure,* T. III, E. 195.

2

V. Du Pin, *Hist. ecclés. du* xvie *siècle ;* Pinson, *Traité de la Pragma-
tique sanction et du concordat ;* l'Abbé Fleury, *Hist. ecclés.* V. 25, édit. 1729,
p. 458 et 1518 ; Sismondi, T. XVI, p. 63 et suiv. ; Garnier, *Hist. de France
d'après les registres du Parlement,* T. XII, p. 80 à 103 ; D. Félibien, *Hist.
de Paris,* L. XVIII, p. 937 ; Isambert, T. XII, p. 114 ; Gaillard, T. III,
p. 43-65 ; Guizot, *Hist. de France,* T. III, p. 23, etc...
V. aussi le *Journal du règne de Henri III,* T. Ier, dans lequel, après avoir
relaté la protestation du Parlement contre l'enregistrement du concordat,
P. de l'Etoile ajoute : « Ainsi déclaré et protesté en Parlement les 19 et 24 de
mars 1517 avant Pasques, par devant les greffiers et notaires du Parlement :
outre ce appellation *ad Papam melius consultum et concilium generale,* en

présence de Messire Michel Boudet, Evesque Duc de Langres, Me André Verjus, Nicolas Lemaistre, François de Loyne, Nicole Dorigny, Jean de la Haye.
Conseiller et commis pour ce firent bien leurs devoirs. »

3

V. La Mure, *Histoire des ducs de Bourbon,* T. III, p. 252 et 255.

4

Épitaphes de François de Loynes et de Geneviève Le Boulanger en l'église
Saint-André-des-Arcs :

« Cy gist noble homme et sage maistre François de Loynes, en son vivant
conseiller du Roy et président ès enquestes de la Cour de Parlement de Paris,
lequel trespassa le dernier jour de juing l'an MDXXIV. Aussi gist noble Dame
Geneviefve Le Boulanger, sa femme, dame de Grigny, laquelle trespassa...
l'an MDXXX. »

Histoire générale de Paris. Épitaphier du vieux Paris. Imprimerie nationale, 1890, T. I, p. 88, n° 149 *(Église paroissiale Saint-André-des-Arcs).*
Cf. Blanchard, *Catalogue des conseillers, etc.,* p. 40.

Page 15

1

Don à Geneviève Boulanger, veuve de François de Loynes, président des
enquêtes à Paris, d'une somme annuelle de 240 livres parisis à prendre pendant dix ans sur les exploits et amendes du Parlement. (Saint-Germain-en-Laye,
4 mars 1527.)

Archives nationales, KK. 96, f° 573.

2

Le chanoine Hubert donne pour enfants à François de Loynes :

1° Antoine de Loynes, conseiller au Parlement, vivant en 1566, lequel
    épousa Catherine Chazeray, dont il eut :
        Magdeleine de Loynes, qui eut pour mari Jacques de la Taille, sei-
        gneur de Mongneville..... en 1603 le 19 juin.
2° Gentien de Loynes.

Page 16

I

Éloge d'Antoinette de Loynes extrait d'une *Généalogie manuscrite* du xviiiᵉ siècle déjà citée :

« Antoinette de Loynes étoit fille de François de Loynes. Ce François de Loynes étoit petit-fils de Jacques qui avoit quitté Beaugency pour aller s'établir à Orléans, où il fut échevin dès 1409, ce qui s'appelloit alors « procurator urbis », ensuite receveur pendant trente-quatre ans, ce qui étoit alors la première place, n'y ayant point de maire.

Jean de Loynes, son second fils, revint à Beaugency. Il épousa Anne Bourgoin, fille de Michel Bourgoin, bailli de Beaugency, et lui succéda en sa charge. Il eut six enfants.

François, l'aîné des six, fut d'abord régent en l'université d'Orléans ; en 1500, il fut conseiller au Parlement de Paris. Il épousa Geneviève Le Boulanger, fille de Jean Le Boulanger, président au Parlement de Paris, et de Marthe Chevalier, dame de Grigny. Il fut nommé en 1517 commissaire par le Parlement pour examiner le fameux Concordat et fut député de son corps, qui avoit une haute estime pour lui, avec Antoine Vergus pour aller porter à Amboise au Roi François Iᵉʳ les remontrances de la Cour au même sujet.

Il eut trois enfants, Antoine de Loynes, Gentien de Loynes et Antoinette de Loynes, laquelle, née vers l'époque du renouvellement des études en France, en 1505, fut nourrie comme une infinité de demoiselles de condition de son âge dans la lecture des meilleurs autheurs grecs, latins et italiens et y fit de grands progrès. Son génie se tourna du côté de la poësie françoise qui étoit alors au berceau et dont Ronsard, du Bellay et autres bons esprits venoient d'annoncer l'aurore. Elle entra en lice avec eux et ses essais furent jugés comparables à leurs pièces les plus finies. « In eo genere », écrivoit Maledent à Lambin, « Antonia de Loïna meo quidem judicio viris nihil concedit. » (*Collect. epist. clar. viror. cura Joann. Mich. Bruti*, chez Antoine, Lyon, 1561).

Marguerite de Valois, reine de Navarre, sœur de François premier, vivoit alors, princesse qui par goût et par sentiment protégeoit tous les arts et les sciences et qui mérita d'être appelée sur les médailles du temps la dixième muse et la quatrième grâce ; la réputation naissante d'Antoinette lui fit désirer de la connoître et de l'entretenir et dès la première entrevue elle luy accorda son estime et ses bonnes grâces ; la conformité de goût et d'inclination acheva de les unir et de combler la distance qu'il y avoit entre elles. Antoinette devint la favorite et la compagne inséparable de Marguerite ; elles s'exerçoient ensemble à la composition ; mais ce qui fait l'éloge de l'une et de l'autre, c'est que, bien éloignées du ton cynique qui régnoit alors, elles ne se permirent jamais dans la poësie rien qui pût blesser tant soit peu les oreilles chastes. C'est le témoignage que leur rend Scévole de Sainte-Marthe : « In sacris musarum tractandis verecundiam caste religioseque servaverunt », et les bons critiques d'aujourd'huy, d'accord avec Scévole, reconnoissent que les contes licentieux imités de ceux de Boccace et imprimés sous le nom de cette reine ne sont jamais sortis d'une plume consacrée à la piété et qui avoit fait donner de si sages avis au roy François Ier. (Voyez La Monoye, sur la Croix du Maine, article de *Marguerite ;* voyez aussi dans le recueil intitulé : *Marguerites de la Marguerite des Princesses, très illustre Royne de Navarre,* la quatrième épître.)

A la mort de cette illustre amie, Antoinette de Loynes s'empressa de lui payer le tribut de sa reconnoissance et de se joindre aux trois nobles sœurs angloises de Seymour pour répandre et semer des fleurs sur son tombeau.

On lit encore aujourd'huy avec plaisir les idylles et autres poëmes en vers françois qu'elle composa à sa louange ; un tour heureux et une certaine naïveté pleine de grâce et d'énergie semblent les rapprocher de notre siècle. Elles se trouvent recueillies avec les élégies latines des Seymour sur le même sujet et les traductions qu'en firent en grec et en italien Dorat, de Mesmes, Ronsard, Lazare de Baïf, Nicolas Denisot dans un juste volume imprimé à Paris, chez Michel Fezaudat, en 1551, sous le titre de *Tombeau de Marguerite de Valois, royne de Navarre.* Maledent, à l'endroit cité *(in Ep. clar. viror.) ;* de Thou, Livre VI. Pour cette fois les dames eurent toute la gloire de l'invention et ne laissèrent à nos poëtes que le soin de les traduire, mais ils s'estimoient heureux de marcher sur de si belles traces et se voyoient sans peine précédés dans la carrière de l'honneur par des personnes d'un mérite si reconnu et si distingué.

Ce siècle, en effet, infiniment plus galant et du moins plus équitable que le nôtre, savoit discerner tout ce que vaut le beau sexe et combien la flexibilité et la sensibilité de ses organes lui préparent de ressources pour l'étude des plus hautes sciences. On n'avoit garde de luy envier comme aujourd'huy la connoissance des langues sçavantes ; ceux qui s'y appliquoient étoient charmés au contraire d'y initier leurs dames les plus chéries, et s'ils s'engageoient dans le mariage, ils préféroient à tout autre avantage celui d'avoir des juges de leurs travaux littéraires. « Easdem habere et thalami et studiorum consortes delectabantur » *(in Vitis Stephanorum).*

Antoinette mérita d'être recherchée successivement par deux savans des plus distingués et n'oublia rien elle-même pour perpétuer dans sa famille le goût des bonnes études. Quoiqu'elle n'ait eu de ces deux mariages que des filles, elle se fit un devoir de les cultiver avec le plus grand soin et tandis que ses époux veilloient à l'exercice de leurs charges, renfermée avec ses demoiselles, elle les accoutumoit à parler en grec et en latin dès le plus bas âge et les familiarisoit avec toutes les sciences. Des soins si tendres furent bien récompensés et elle eut la consolation de les voir dans la suite égaler ou surpasser même la réputation qu'elle s'étoit acquise. Marie Daillé, issue de son premier mariage avec Lubin Daillé, gentilhomme de Normandie, docteur ès droit, avocat au Parlement et bailly de Saint-Germain-des-Prés à Paris, fut mariée au célèbre Jean Mercier dont Claude de Saumaise, si connu dans la République des lettres, épousa la fille (de Thou, L. 17 ; Moreri sur *Mercier).* De son second mariage avec Jean Morel, gentilhomme, seigneur de Grigny, natif d'Embrun, maréchal des logis de la reine puis maître d'hôtel du roy Henry II et gouverneur du duc d'Angoulême, sortirent, dit la Croix du Maine « ces trois perles non assez louées » demoiselles Camille, Diane et Lucrèce Morel. (Voyez la Croix du Maine sur *Antoinette de Loynes,* Moreri sur *Jean de Morel,* le chan-

celier de l'Hôpital en ses *Poësies,* page 432 de la nouvelle édition de 1732,
sur les louanges des demoiselles *de Morel.*)

« La maison de Jean de Morel et d'Antoinette de Loynes étoit regardée à
Paris dans ma jeunesse, dit Scévole de Sainte-Marthe (*in Elogiis gallorum
doctrina illustrium... ; L.* II, page 151, édit. de 1602), comme le sanctuaire
des muses et c'étoit le rendez-vous de tous les gens de lettres. On y étoit attiré
tant par les charmes de l'érudition du père que par les grâces et l'heureuse
facilité de la mère et des filles dans la versification latine et françoise, talens
au reste, ajoute-t-il, relevés en elles par une modestie et une pureté de mœurs
qui leur concilioient l'estime et la considération universelle. Le père prési-
doit à cette petite académie et y remplissoit même en poësie parfaitement son
rôle — *Me adolescente solebat hujus viri honesta cum primis et pudica domus
tanquam sacra musarum ædes, Lutetiæ magna eruditorum frequentia cele-
brari, cum et ejus uxor Deloina et filiæ tres bonis omnes disciplinis et moribus
ornatissimæ, perelegantes utraque lingua versus inusitata felicitate concinne-
rent, ipse autem chori dux et princeps Apollinis interea vicem bellissime red-
deret ac representaret.* »

On ne sçait pas positivement l'année de la mort d'Antoinette de Loynes. Son
premier mari mourut vers 1540. Jean de Morel devint aveugle dans sa vieil-
lesse et mourut le 19 novembre 1581 après avoir eu le chagrin de se voir pré-
céder par deux de ses filles, Lucrèce qui mourut le 29 juin 1580 et Diane un
peu avant luy en 1581. Sa mort fut déplorée par tous ses amis et par sa fille
aînée Camille dont on admira surtout une idylle grecque sur ce sujet, qui se
trouve avec les autres pièces sur la mort de Morel dans un petit recueil intitulé : *le royal Mausolée,* publié par Jean Marquis, principal du collège
Bertrand, et imprimé en 1583. (Voyez Chorier, *Histoire générale du Dauphiné,* in-f°, 1661, à Paris, chez Frédéric Morel ; et Scévole de Sainte-Marthe,
au lieu cité.)

Camille de Morel vivoit encore en 1589. »

Page 17

I

« Inventaire des biens délaissés par feu hon^ble homme Me Gentien de Loynes,
avocat au Parlement, fait le mercredi 30e de juillet de l'an 1532 dans la maison
où il était décédé le dimanche précédent (27 juillet)...... à la requête d'hon^ble
femme Françoise Versoris, femme du dit Gentien de Loynes, hon^ble h^e et sage
Me Jean Versoris, avocat au Ch^et de Paris, exécuteur testamentaire du dit
Gentien de Loynes et aussi à la requête d'hon^ble h^e Gilles de Loynes, marchand
à Orléans, frère du dit Gentien et tuteur avec le dit Jean Versoris de Jean de
Loynes, âgé d'environ 13 mois, fils du dit Gentien de Loynes et de sa veuve... »
Carrés de d'Hozier (Bibl. nat., Cabinet des titres).

2

L'auteur de l'*Histoire générale de Paris (Jetons de l'échevinage parisien)* donne le 1er avril comme date de la mort de Jean de Loynes. V. *Ordonnances royaux*, g. 522 ; Le Roux de Lincy, *Hist. de l'Hôtel de Ville*, 2e partie, p. 288 ; l'abbé Lebœuf, *Histoire du Diocèse et de la ville de Paris*, édit. Cocheris, T. Ier, page 424.

3

Dans la seconde chapelle après les fonds dans l'église Saint-Séverin :

« Icy reposent nobles personnes Me Jean de Loynes, vivt conseiller du Roy et premier substitut de M. le Procureur général en Parlement, lequel par la bienveillance de ses concitoyens fut élu l'un des échevins de cette ville de Paris l'an 1582 et pour sa fidélité eut l'honneur d'être nommé par le Roy Henry III l'un des capitaines de la dite ville en 1585 pour s'opposer aux rebelles. Il décéda le 19e jour d'août 1587, âgé de 55 ans.

Et Damoiselle Marguerite Fuzée, sa femme, fille de feues nobles personnes Me Robert Fuzée, Sr de Voisenon, avocat au dit Parlement et de Delle Antoinette Guénin, dite le Duc, sa femme, inhumée au même lieu, laquelle ayant vertueusement vécu 29 ans veuve, décéda le ..... jour de mai 1616, âgée de 77 ans.

Jacques de Loynes, leur fils aîné, conseiller du Roy, substitut du dit Sr Procr général et l'un des échevins de la ville de Paris, a fait dresser ce tableau l'an 1619 en mémoire des dits deffunts et a sa sépulture au même tombeau ; il décéda le 28e jour de mai 1628. Priez Dieu p. eux. »

Bibl. nat. Cabinet des titres, *Loynes*.

Page 18

I

Épitaphe de Charlotte de Loynes, en l'église des Carmes de la place Maubert, à Paris :

« Demoiselle Charlotte de Loynes, femme et épouse de Nicolas de Rumet, écuyer, sieur du Fresnoy en Arthois, gist cy devant avec Jacques, Loys et Marguerite leurs enfans sous la tombe de Monsieur et Madame Mauger vicomte d'Ambris ses ayeuls quatrièmes, laquelle ayant laissé Charlotte de Rumet sa fille unique et naturelle ymage décéda le 9 janvier. Priez Dieu pour qu'elle repose en paix. »

... « Au milieu de cette écriture sont gravées en forme de losange environnées d'une cordelière les armoiries de la dite demoiselle parties et environnées de sable à trois molettes d'éperon d'argent et de gueules à trois chevrons rompus, d'azur, semés de culs de lampe à verres d'argent d'une part, et d'azur à trois besants et demi d'or, au chef de même avec deux sautoirs de sable et sur tout le chef un sautoir en fasce d'or et de gueules d'autre part ; et aux quatre coins du quartier sont encore les armoiries qui s'en suivent : au premier d'azur à sept besants d'or, au chef de même blason comme dit est, au

dessus duquel est écrit et gravé : de Loynes ; au deuxième coin et quartier du dit épitaphe : d'azur à trois fusées d'or, au dessus duquel est écrit : Voisenon Fusée ; au troisième coin et quartier du dit épitaphe est une armoirie d'argent à trois ancolies, au dessus duquel est écrit et gravé : de Bussy Versoris ; et au dernier coin et quatrième est une autre armoirie de gueules à trois chevrons d'or rompus et trois besants de même, deux en chef et l'autre en pointe, avec un faux écu sur tout en écusson d'or à la bande de gueules et trois alérions d'argent, au dessus duquel est écrit : de Vilvaudé dit le Duc. »
Gén. man.

Page 19

I

De ce dernier descendaient par les femmes : Guillaume de Lamoignon, marquis de Bâville, premier président du Parlement de Paris, Chrétien-François de Lamoignon, président à mortier, Guillaume de Lamoignon, président du Parlement, puis premier président de la Cour des Aides, et enfin chancelier de France, etc. ; et Aimar-Jean et Aimar-Charles-Marie de Nicolaï, premiers présidents de la Chambre des Comptes au xviiie siècle.

Page 26

I

« Cy gist François-Joseph de Loynes, chevalier, seigneur de la Potinière, les Fossés, Bertin-Rueil en partie et autres lieux, conseiller du Roy, auditeur en sa Chambre des Comptes de Paris, décédé en son château de la Potinière, le 17 septembre 1762. Il étoit fils de François de Loynes, conseiller du Roy, correcteur en sa Chambre des Comptes en 1666, petit-fils de Jean de Loynes, conseiller du Roy, correcteur en sa Chambre des Comptes en 1632, arrière-petit-fils de Jean de Loynes, écuyer des écuries du Roy, payeur des gages de la Chambre des Comptes en 1610, et de François de Loynes, décédé en 1524, président aux enquêtes de la Cour du Parlement à Paris. Il a laissé de son mariage avec Marie-Claude Camusat, fille de François Camusat, écuyer, secrétaire du Roy, maison, couronne de France et des finances, deux fils et deux filles, lesquels ont fait graver cette pierre pour servir de monument à leur amour, leur regret et leur reconnaissance.

Requiescat in pace. »

Gén. man.

Page 29

I

Suzanne-Honorée-Victoire-Josèphe Mortier était la sœur du maréchal duc de Trévise, tué auprès du roi Louis-Philippe par la machine infernale de Fieschi.

Page 34

I

V. *Papiers d'État, Pièces et documents inédits relatifs à l'histoire de l'É-cosse au* XVIe *siècle, etc.,* par A. Teulet, Paris, in-4º, T. I, pages 285 et suiv., 335 et suiv., 380, 381, 414, 417, 418, 419 : *Rubey,* son envoi en France par la Régente pour rendre compte des affaires d'Écosse, etc....

Page 35

I

Preuves de l'antiquité de la Chambre des Comptes de Blois, suivies des bla-sons des membres de cette cour, in-fº (Bibliothèque de Blois) : Antoine de Loynes, 14e président, 1558-1564.

2

Constitution à noble homme « Me Anthoyne de Loynes, conseiller du Roy et général au comté de Bloys, de cinq cens livres tournois de rente, etc.... » le 19 mars 1562.
Archives communales d'Orléans, CC. 395.

Rachat de rente par « noble homme Me Anthoyne de Loynes, naguères général au comté de Bloys », au Sr de Hautlieu en date du 23 juin 1564.
Archives de la famille.

3

« Attestation par plusieurs témoins que le sieur de Loynes a toujours demeuré et demeure encore dans la ville de Blois :
Aujourd'huy 21e jour d'octobre 1570, en la présence de Denis Thomas, notaire royal à Blois, nobles hommes Michel Filleul, notaire et secrétaire du

Roi, sieur de Gastines, maître Simon Testu, conseiller du dit Sire et Recepveur général de ses finances estably à Tours, sieur de Menars, Mont-Courtoys, Mallabry et Pezay, Pierre Droulyn, l'un des conseillers de la Chambre des Comptes establie au dit Bloys, et honnorable homme Pierre Lesueur, Bourgeoys et marchans, aussi y demourant, tous eschevins de la dite ville, lesquels ont dit, déclaré et attesté, juré et affirmé pour vérité congnoistre noble homme Antoine de Loynes, escuyer, demeurant au dit Bloys, naguère général en la dite Chambre des Comptes, lequel ils savent avoir tousiours esté et continuellement résidé en ceste ville paravant, pendant et depuis les derniers troubles advenus en ce Royaume, et y demoure et réside à présent ; dont et de laquelle déclaration, attestation et affirmation que dessus le dit de Loynes m'a requis et demandé acte que luy octroye pour s'en servir et valloir en temps et lieu cc que de raison, ès présence de Pierre Milleron, Jehan Rougemont, clercs temoings, les an et jour dessus dictz. Ainsi signé en la minute, Filleul, Testu, Droulyn, Lesueur et Thomas.

Signé : Thomas. »

Dépôt du ministère de l'instruction publique. Monuments de l'histoire du Tiers-État.

4

« Aujourd'hui 27 juillet 1576, en assemblée de ville, le procureur du roi expose que, dimanche dernier, sans aucune autorisation, les religionnaires ont commencé *à faire presche en la dicte ville, en la maison du sieur Antoine de Loynes, et à faire assemblée, y recepvant tous estrangers demourans hors la ville et faulxbourgs, en grand nombre, garnys d'armes.* Les mêmes sont venus nous déclarer qu'ils entendaient renouveler leur prêche dimanche prochain ; que du reste ils éviteraient toute manifestation séditieuse. Nous leur avons fait observer que ces réunions n'étaient légales ; alors ils ont persisté en disant que leur ministre s'acheminait déjà vers Blois. Sur quoi l'assemblée décide que l'on s'opposera à la dite réunion, et que dimanche prochain toutes les portes de la ville seront fermées, et *gardées par personnes responsables, avec l'espée et dague seulement sans aultres armes.* »

Extrait des registres municipaux de la ville de Blois, cité par Bergevin et Dupré (*Histoire de Blois,* I, 84).

5

« Le jeudy 22 septembre 1594 mourut à Paris en la religion de laquelle dès longtemps il faisoit profession, M. de Luines sieur de Frementieres, autrefois conseiller en la Cour, ancien ami et compagnon de feu mon père. »

Pierre de l'Étoile, *Journal du règne de Henri IV,* La Haye, 1761, T. II, page 108.

6

« Loynes = noble homme Mᵉ Antoine de Loynes, seigneur de Mansonvilliers,

conseiller au Parlement, marié par contrat du 15 mars 1556 à D^{elle} Marie
Hatte, fille de noble homme Me Jean Hatte, notaire et secrétaire du Roi, et de
D^{elle} Marie de Saint-Mesmin ; présens : noble homme Me Pierre Séguier, seigneur de Sorel, président au Parlement, noble homme Me Nicolas Berthereau,
seigneur de Villers-le-Sec, notaire, etc..., secrétaire du Roy, bailly du Palais,
et D^{elle} Marie de Saint-Mesmin, tante, sa femme ; noble homme et sage M^r M^e
Louis de l'Étoile [1], président ès enquêtes du Parlement, et noble homme et
sage Me Hiérosme Duval, aussi conseiller au Parlement, cousin de la future
épouse, etc., etc. *(texte original).* »
    Tableau généalogique de la noblesse par Warroquier de Comble, Paris, 1787,
in-12, T. IV, p. 292.

7

    Marie Hatte fut marraine à Saint-Sulpice le 15 mars 1557 avec demoiselle
Antoinette de Loynes, femme de noble homme Jean de Morel, seigneur de
Grigny, de Marie, fille de Me Ambroise Amy, procureur en Parlement ; elle
fut également marraine de Marie Martine le 18 décembre 1558.

Page 36

I

    Un tableau généalogique manuscrit du Cabinet des titres (*Loynes*) fait
d'Anne de Loynes le cinquième enfant d'Antoine de Loynes et de Catherine
de Chazeray. Une autre pièce du même Cabinet, ainsi que la généalogie donnée par Duchesne (Bibl. nat. ms. vol. 24) viennent à l'appui de cette opinion,
que nous avons cependant cru devoir écarter en raison d'autres documents.

Page 39

I

    « Dépense de la très joyeuse naissance du Dauphin Charles, né à Amboise le
30 juin 1470 à deux heures après minuit. Le Roi envoie des lettres missives
aux chanoines de Saint-Aignan, qui les reçurent le 1er juillet et les commu-
niquèrent aux procureurs (au nombre desquels était Robin de Loynes). Ce
même jour, on fit une procession générale. Au retour de la procession, les
notables s'assemblèrent dans la salle du chapitre de Sainte-Croix. On dîna à

---

[1] Probablement le père de l'historien Pierre de l'Étoile.

l'Hôtel de ville. Le dimanche, le lundi et le mardi on alluma des feux de joie dans les carrefours. Toutes les rues furent parées. Deux nouvelles processions eurent lieu les lundi et mardi et l'on y porta le luminaire, comme à la Fête-Dieu. Chacun des douze procureurs portait un cierge ardent armorié aux armes du Dauphin. On joua « plusieurs ystoires et esbattements... en bonne dévotion et joyeuseté ». On dressa devant l'Hôtel de ville une fontaine parée de fleurs de lys dorées, armoriées aux armes du Roi, du Dauphin, du duc d'Orléans et de la ville. Cette fontaine « subtillement a gecté vin depuis ledit jour de dimenche, environ trois heures après midi, jusques environ minuit ; et les lundi et mardi ensuivans, depuis le matin de chacun desdiz jours, jusques environ ladicte heure de mynuit, et en si grant habundance que pour fournir tant à icelle fontaine que à certaines repeues faictes par les procureurs et aucuns bourgeois de la dicte ville, en l'ostel d'icelle, durant les diz trois jours, pour eulx entretenir et esmouvoir le peuple à faire grande joye par toute la dicte ville et à donner du vin à boire à plusieurs notables personnes qui se sont trouvez audit hostel, pendant lesdiz trois jours, en faisant et démenant grande joye et aussi à donner et envoyer aux pauvres de l'Ostel Dieu, qui en l'onneur de Lui et affin qu'il Lui plaise donner bonne vie au Roy et à mondit Seigneur le Daulphin.... et pareillement à donner dudit vin aux malades de lespre d'environ ladicte ville... a été beu et despensé quatre tonneaux de vin vermeil et clairet, ou environ... » On fait également « karolles » danses, feux et tables rondes par tous les carrefours et des tables publiques y étaient dressées. On donna un bal ou danse commune aux bourgeois et bourgeoises, la danse se promena dans tous les quartiers de la ville, au son des instruments. Au retour de cette danse, la fontaine jeta de l'hypocras. On dansa aussi des danses mauresques. Le tout coûta 83 livres, 6 sols, 9 deniers obole parisis. »

Archives communales d'Orléans, CC. 561.

2

Grand-cimetière d'Orléans. Chapelle du Saint-Esprit à main gauche en entrant :

« Cy gist feue Marion Hate, femme de feu (Robin) De luynes en son vivant tanneur et bourgeois d'Orléans, laquelle trépassa le jour de la Triphaine (Tousaint) en l'an mil cinq cens ung. Plaise vous prier Dieu pour Elle et pour ses parents et amis, disant pour eux De Profundis, Pater noster, Ave Maria. Dieu ait l'âme des trépassés ; aux vivants fasse merci de leurs péchés. »

Recueil ms. d'épitaphes de la Bibl. pub. d'Orléans.

Page 40

1

Archives communales d'Orléans, CC. 674 et 678.

2

Archives du Loiret, A. 1884.

3

Archives communales d'Orléans, CC. 569 et 685.

Page 42

I

« Epitaphe de pierre placée en la chapelle du Saint-Esprit estant sous le charnier, en la ville d'Orléans, contre le mur attenant de l'autel à droite, au haut de laquelle sont représentés deux écussons le 1ʳ de.... au chevron de.... accompagné en chef d'une rose et une étoile et en pointe d'un croissant. Le 2ᵉ écusson d.... à une macle d.... et un chef d.... chargé de deux macles d....

Au dessous sont représentés devant un crucifix un homme, une femme, deux fils et deux filles à genoux et on lit plus bas :

Cy gisent les corps de honnête personne Guillaume de Loynes qui décéda le 9 juillet 1580 et Claudine Daniel sa femme le 1ʳ août 1622, Rachel de Loynes le 8 septembre 1584, Jacques de Loynes qui décéda à la Chaise-Dieu en Auvergne le 14 août 1593, Sarra le 12 juin 1600, Judith le 13 octobre 1626 et Guillaume de Loynes le 6 janvier 1648 et Madeleine Charon sa 3ᵉ femme qui décéda le 25 août 1640. »

Bibl. nat. Cabinet des titres, *Loynes*.

2

Dans le contrat de Guillaume de Loynes et de Madeleine Germé, il est fait mention de la généalogie jusqu'à Robert de Loynes, marié en secondes noces avec Marion Hatte le 30 mars 1456.

Page 49

I

Archives communales d'Orléans, CC. 590 à 595.

« Le 24 août 1683, Nicolas de Loynes, et les échevins d'Orléans, par une ordonnance enjoignent à tous les habitants de tenir leurs maisons, magasins, boutiques et ateliers, fermés depuis le mercredi 10 heures du matin jusqu'au lendemain 1 heure après-midi, à cause du service qui devait se faire pour la feue Reine, femme de Louis XIV, décédée à Paris le 30 juillet précédent. »

« Le 5 janvier 1684, Nicolas de Loynes, maire d'Orléans, et les échevins autorisent Étienne, maître paveur de la ville, à paver le devant des maisons d'Orléans et lui donnent le droit de contraindre les propriétaires à payer l'ouvrage qu'il aurait fait pour chacun d'eux. »

Lottin père, *Recherches historiques sur la Ville d'Orléans*, T. II, p. 235 et 236.

2

Suzanne Bailly assiste comme cousine germaine au mariage de Jacques de Bry, écuyer, seigneur de la Morinière, avec Elisabeth Moricet, fille de N... Moricet, conseiller du Roi, le 29 mai 1677, à Saint-Michel.

Page 50

1

Le chanoine Hubert est l'auteur des « *Généalogies des familles orléanaises* », manuscrit de la Bibliothèque publique d'Orléans. C'est en raison des alliances qui eurent lieu entre les deux familles qu'une copie identique de l'article consacré par le chanoine Hubert aux de Loynes se trouve encore dans la famille.

Page 52

1

Le testament de Marie-Magdeleine de Loynes fut enregistré le 16 décembre 1766.

Arch. du Loiret, B. 27.

Page 55

1

Jacques de Loynes et Catherine Monsire habitaient alors, rue de la Charbonnière, à Orléans, une maison dite « la Balle d'or ».

Arch. du Loiret, A. 549.

Page 60

ɪ

Caubray, à une lieue d'Orléans, sur la rivière de Loire, entre Olivet et Saint-Mesmin, lieu où vint séjourner Catherine de Médicis, Régente, en mars 1582, après l'assassinat du duc de Guise par Poltrot de Méré.
Lemaire, *Histoire d'Orléans.*

Page 61

ɪ

Galerie Sainte-Anne, nᵒ 188, grand-cimetière d'Orléans :
« Au nom de Dieu, et à la mémoire d'honorable homme Guillaume Sinson, fils de Guillaume Sinson et de Magdeleine de la Marre, qui décéda le 15 may 1690 et de Dame Marie de Loynes, sa femme, qui décéda le 3 septembre 1708.»
Recueil ms. d'épitaphes de la Bibl. pub. d'Orléans.

2

Guillaume et Etienne Sinson figurent à Saint-Maclou le 28 avril 1659 au mariage de Jacques de Loynes avec Marie Miron, comme frères et en même temps beaux-frères de l'époux.

Page 65

ɪ

Archives communales d'Orléans, CC. 606.

Page 72

ɪ

Le registre est signé : Merger des Landes, de Luynes de la Pommeraye, de Loynes de Flacourt, Julie de Loynes, de Luynes de la Bouffetière.

2

Jugement de la commission révolutionnaire établie à Nantes le 11 brumaire an II par arrêté de Carrier et Francastel.

« Charles-Joseph De Louoynes (sic), se faisant nommer ci-devant Deluines Des Vareux, 48 ans, né à Nantes, marié, ayant un enfant de 20 ans ; décoré sur le revers de son habit d'un petit morceau d'étoffe en soie, sur lequel est brodé, en fil de paillettes d'or, un cœur surmonté d'une croix.

(Les témoins sont des réfugiés de Basse-Goulaine).

Chef de brigands ; a fait emprisonner les filles Dorion de Basse-Goulaine, dont l'une est morte de misère, et même a voulu les faire fusiller ; a commandé sous les ordres de d'Esigny ; a présidé un comité de rebelles et donné des passe-ports en cette qualité ; condamné à mort.

Lenoir, président de la commission ; Claude Castries, Barbier, Etienne Quicque jeune, Carrail, juges ; Viau, secrétaire greffier.

Nantes, le 28 frimaire an II. »

Archives du greffe du tribunal civil de Nantes, registre I, f⁰ 49.

3

V. le *Nobiliaire de Bretagne,* de Potier de Courcy.

Page 73

I

Le registre est signé : Angélique des Hurlières, vicomte de Talleyrand-Périgord, comte de Talleyrand-Périgord, comte de Sabran, Merger, Lebault, d'Avenay, le marquis de Chamborand, de Luynes de la Bouffetière, de Goyon, Augustin de Luynes, Collet, vicaire.

Page 74

I

Le nom d'Augustin-Louis de Loynes fut donné à une rue de Nantes.

Page 78

I

« Le 6 décembre 1684, Jean de Loynes, trésorier à Orléans, héritier de Jean

de Loynes, son père, a porté la foy pour la quatrième partie du lieu non bâti appelé la Porcellerie, autrement la Grande Cour, paroisse de Talcy. »
Archives nationales. — Archives du Palais-Royal, etc., R⁴ᵉ. 700, f⁰ 30 v⁰.

Page 79

I

Jean de Loynes de Hauteroche habitait, à Orléans, le deuxième des quatre hôtels appelés les « quatre pavillons des Cures », rue d'Escures.
Arch. du Loiret, A. 551.

2

« Le Roy, désirant favorablement traiter notre bien amé Jean de Loynes, notre Conseiller Trésorier de France et général de nos finances en la généralité d'Orléans et reconnaissant les bons et agréables services qu'il nous a rendus en l'exercice du dit office depuis près de 32 ans, y ayant été reçu le 4 novembre 1670 et s'en étant démis en faveur de Mᵉ Jean de Loynes, son fils, et voulant lui laisser quelques marques d'honneur et de reconnaissance, accorde que, nonobstant la résignation par lui faite de son office, le dit de Loynes puisse continuer de se dire et qualifier toujours en tous actes notre Conseiller Trésorier de France et général de nos finances en la généralité d'Orléans, veut qu'il jouisse des honneurs, privilèges, exemptions, franchises, préséance en toutes assemblées, pleinement et paisiblement. »
Bibl. nat. Cabinet des titres, *Loynes*.

3

Jehan de Loynes rapporta de Rome les reliques de sainte Christine, vierge martyre, protectrice des petits enfants, qui furent en partie déposées (février 1680) en l'église Saint-Lyphard et après la Révolution en celle de Saint-Vincent, où elles sont l'objet d'un grand pèlerinage.
Lemaire, Lottin, etc...

Page 80

I

Le 29 mai 1719, Jehan de Loynes assista comme curateur de l'épouse au mariage de Marie Anne Bongars, veuve de Gabriel Curault, écuyer, sᵉ de Courcelles, décédé à l'âge de 22 ans le 10 avril 1712, fille de Guillaume Bongars, écuyer s^r de Villedart, et de Marie le Rebours, avec Jean de Layet, écuyer, conseiller du Roi, maître ordinaire de la Chambre des Comptes, fils de J.-B. de Layet, écuyer, conseiller du Roi, trésorier général de la Maison de S. M., et de dame Marie-Henriette des Coudres.

Page 81

I

Il assista à l'assemblée de la noblesse du bailliage d'Orléans le 18 mars 1789, dans la salle du châtelet, pour l'élection des députés aux Etats-Généraux.
Lottin, *op. cit.*, 2ᵉ partie, T. I, p. 18.

« Le 11 octobre 1795 (19 vendémiaire an IV), sur les neuf heures du soir, vingt-trois misérables, tous ouvriers d'Orléans, mariés ou non mariés, montés sur de vigoureux chevaux, armés jusqu'aux dents, masqués et déguisés, se présentent à la ferme de Gautray, près Orléans, pénètrent dans les appartements du maître, M. de Gautray, l'attachent sur son lit et le forcent de déclarer où était son argent ; d'autres se répandent dans le château, garrottent les domestiques, les fermiers, et se mettent à piller la maison, ramassant l'argenterie, le linge, les effets d'habillement et se retirent après avoir tout dévasté et s'être portés aux violences les plus révoltantes. Vers six heures du matin, quelques garçons de la ferme, après bien des efforts, parviennent à se débarrasser de leurs liens, et après avoir délivré leurs maîtres et les domestiques, ils vinrent à Olivet, puis à Orléans annoncer leur malheur. La justice informa et malgré toutes les investigations ne put saisir que trois des coupables dont l'un s'étrangla en prison et les deux autres furent exécutés sur le Martroi. »
Lottin, *op. cit.*, 2ᵉ partie, T. III, p. 413.

Il demeurait à Orléans, Marché à la volaille, lorsque dans le rapport du commissaire de police Lavielle du 23 août 1800 (5 fructidor an VII), parmi les noms des citoyens qui ne portent point la cocarde nationale, il fut cité comme portant une cocarde noire, en forme de chicorée.
Lottin, *op. cit.*, 2ᵉ partie, T. IV, p. 325.

2

Cimetière Saint-Jean, 3ᵉ carré, nº 64 :
« Ici repose le corps d'Adélaïde Thérèse de Troyes, veuve de Claude de Loynes de Gautray, décédée à Orléans le 26 juillet 1817, âgée de 75 ans. Elle passa sa vie dans la pratique de toutes les vertus. Requiescat in pace. »

Page 82

I

Charles de Rohan, prince de Soubise, duc de Rohan, pair et maréchal de France, Ministre d'État, capitaine lieutenant des gendarmes de la garde ordinaire du Roi, gouverneur et lieutenant-général pour Sa Majesté des provinces de Flandre et de Hainaut, gouverneur particulier de la ville et citadelle de Lille, demeurant en son hôtel, rue de Paradis, paroisse Saint-Gervais, emprunta huit mille livres à Charles de Loynes d'Autroche, doyen et vicaire-général de l'Eglise d'Orléans, le 24 janvier 1776.
Jal, *Dictionnaire critique de biographie et d'histoire*, art. *Rohan*.

Page 83

I

Il fit l'offrande patriotique de ses boucles à la nation en les déposant à l'Hôtel de ville etc., en novembre 1789.
Lottin, *op. cit.*, 2e partie, T. I, p. 63.

Page 85

I

« Extrait des registres du Conseil d'État :
Sur la Requête présentée au Roi en son Conseil par les Sieurs Jean de Loynes, chevalier, seigneur d'Autroche, chevalier d'honneur au Bailliage et Siège présidial d'Orléans, Claude de Loynes, chevalier, seigneur de Gauteray, chevalier de l'ordre roial et militaire de Saint-Louis, ancien capitaine au régiment d'infanterie de la Sarre, Charles de Loynes d'Autroche, docteur de Sorbonne, chanoine, archidiacre, grand vicaire et official d'Orléans ; Louis de Loynes, chevalier, seigneur de Morest, colonel d'infanterie et chevalier de l'ordre royal et militaire de Saint-Louis, Daniel de Loynes, chevalier, seigneur de Mazères, capitaine au régiment d'infanterie de la Sarre, Marie hector de loynes, chevalier, seigneur de Moléon, ancien mousquetaire de la première compagnie de la garde du Roy ; et Jeanne de Loynes, damoiselle, tous frères et sœur ; Contenant que Sa Majesté auroit par Édit du mois d'avril mil sept cent soixante onze ordonné qu'il seroit payé un droit de confirmation de noblesse par les enfants et descendants des anoblis depuis le premier janvier mil sept cent quinze pour avoir possédé des charges dans les chancelleries, bureaux des

finances ou autres auxquelles le privilège de la noblesse est attaché, qu'à la vérité Jean de Loynes, ayeul des supliants, a été pourvu en mil six cent soixante et dix d'une charge de thrésorier de France au bureau des finances d'Orléans dans laquelle lui a succédé Jean deloynes, son fils, père des supliants et dont il est mort revêtu ; mais que les supliants ne tiennent point leur noblesse de cette charge que leurs ancettres n'ont possédé que dans la vue de jouir des émolumens et des différents privilèges qui y sont annexés, et non pour y acquérir la noblesse dont ils étoient bien antérieurement possesseurs, leur famille étant issue en ligne directe de François de loynes décédé le trente juin mil cinq cent vingt quatre pourvu d'un office de président aux Enquêtes du Parlement de Paris et dont les descendants ont toujours été employés dans les armées, dans des postes et autres employs aussi honorables, que l'ancienneté même de la noblesse de leur famille se trouve constatée par différents monuments et dans les anciens registres du Châtelet d'Orléans, notamment au livre des fiefs, où l'on trouve un Robin de Loynes qualifié écuyer dans un aveu et homage qu'il rendit en mil trois cent cinquante et trois à Philippe duc d'Orléans, qu'en conséquence les supliants qui d'ailleurs ont pour la plupart sans cela par leurs services un titre d'exception au susdit édit du mois d'avril mil sept cent soixante onze suivant la disposition de l'article dix ne sont en aucun cas assujettis au dit droit de confirmation, que néanmoins ayant craint qu'on ne put prétexter des provisions de l'office de trésorier de France obtenues successivement par leurs père et ayeul pour leur susciter quelques contestations, ils se seroient portés pour y obvier à payer provisoirement sans préjudice de leurs droits la taxe imposée par le dit édit, mais que depuis on leur auroit fait appréhender que le payement par eux fait, et l'enregistrement des quittances du dit payement ne préjudiciassent aux prérogatives et avantages dont ils sont en droit de jouir vu l'ancienneté de leur noblesse, que dans cette circonstance ils auroient cru devoir recourir à Sa Majesté pour qu'il lui plust ordonner que le dit payement par eux fait ne pourra leur être opposé dans aucun cas, ni leur préjudicier par raport à leur ancienne noblesse dans laquelle ils demeureront maintenus, ainsi que dans tous les privilèges et prérogatives accordés à la noblesse de notre Royaume en vertu du présent arrêt et de l'enregistrement qui en sera fait aux grefes et autres lieux indiqués par le susdit édit du mois d'avril mil sept cent soixante onze sans qu'ils puissent être troublés sous quelque prétexte que ce soit dans tous les dits privilèges et prérogatives et sans qu'ils soient tenus de faire enregistrer les quittances de finance qui leur seront délivrées, duquel enregistrement ils seront et demeureront dispensés. Sur quoy Sa Majesté voulant pourvoir, ouy le raport du Sieur abbé Terray Conseiller ordinaire au Conseil Royal, contrôleur général des finances, le Roy, en son Conseil, a ordonné et ordonne que le payement de la somme de sept mille cinq cents livres fait par les Sieurs Jean de loynes, chevalier, seigneur d'Autroche, chevalier d'honneur au Bailliage et siège présidial d'Orléans, Claude de loynes, chevalier, seigneur de Gautray et chevalier de l'ordre royal et militaire de Saint louis, ancien capitaine au régiment d'infanterie de la Sarre, Charles de Loynes d'Autroche, docteur de Sorbonne, chanoine archidiacre, grand vicaire et official d'Orléans, Louis de loynes, chevalier, seigneur de Morest, colonel d'infanterie et chevalier de l'ordre royal et militaire de Saint louis, Daniel de loynes, chevalier, seigneur de Mazères, capitaine au régiment d'infanterie de la Sarre, Marie hector de loynes, chevalier, seigneur de Moléon, ancien mousquetaire de la première compagnie de la garde du Roy et Jeanne de loynes, damoiselle, tous frères et sœur, en exécution de l'édit du mois d'avril mil sept cent soixante onze pour raison du droit de confirmation ne pourra en aucun cas leur être opposé ny préjudicier à leur ancienne noblesse dans laquelle ils demeureront maintenus ainsy que dans tous les privilèges et prérogatives accordés à celle de notre royaume sans qu'ils puissent y être troublés pour quelque raison et sous quelque prétexte que ce soit, en faisant simplement par eux enregistrer le présent arrêt au greffe de l'élection ou de l'hôtel de ville, et par le directeur du domaine, et sans qu'ils soient tenus d'y faire enregistrer les quittances de finance dont ils sont et demeureront dispensés. Fait au Conseil d'Etat du Roy, tenu à Versailles le vingt huit janvier mil sept cent soixante douze. Signé : Devougny. »

« Extrait des registres du Conseil d'Etat :
Sur la requête présentée au Roy en son Conseil par les Sieurs Jean de Loynes, chevalier, seigneur d'Autroche, chevalier d'honneur au Bailliage et siège présidial d'Orléans, Claude de Loynes, chevalier seigneur de Gautray, chevalier de l'ordre royal et militaire de Saint-Louis, ancien capitaine au régiment d'infanterie de la Sarre, Charles de Loynes d'Autroche, docteur de Sorbonne, chanoine archidiacre, grand vicaire et official d'Orléans, Louis de Loynes, chevalier, seigneur de Morett, colonel d'infanterie et chevalier de l'ordre royal et militaire de Saint-Louis, Daniel de Loynes, chevalier, seigneur de Mazères, capitaine au régiment de la Sarre ; Marie-Hector de Loynes, chevalier, seigneur de Moléon, ancien mousquetaire de la première compagnie de la garde du Roy, et Jeanne de Loynes d'Autroche, damoiselle, tous frères et sœur, Contenant que Sa Majesté par arrêt de son Conseil du vingt huit janvier dernier ayant égard à leur requête par laquelle ils ont demandé d'être maintenus dans leur ancienne noblesse sans être assujettis à l'édit d'avril dernier portant confirmation des annoblis, Sa Majesté les y auroit maintenus en leur accordant cette faveur mais que les supliants désirant par des raisons de famille obtenir l'enregistrement à la Chambre des Comptes Ils ont recours à Sa Majesté à ce qu'il luy plaise confirmer en tant que de besoin l'arrêt du vingt huit janvier dernier ordonner que sur iceluy toutes lettres nécessaires seront expédiées. A ces causes requéroient les supliants qu'il plut à Sa Majesté sur ce leur pourvoir. Vû la dite requête signée La Mothe, avocat des supliants, ouï le raport du Sr abbé Terray, conseiller ordre et au Conseil Royal, controlleur général des finances, Le Roy, en son Conseil, ayant aucunement égard à la requête des supliants a ordonné et ordonne que sur l'arrêt du dit jour vingt huit janvier dernier rendu en son Conseil d'Etat, toutes lettres patentes nécessaires seront expédiées. Fait au Conseil d'Etat du Roy tenu à Versailles le vingt quatre mars mil sept cent soixante douze. Signé : Devougny. »
Ces deux documents, sur parchemin, sont entre les mains de M. de Loynes d'Estrées.

Page 86

I

Claude de Loynes fit don à la paroisse de Tremblevif dont dépendait sa terre d'Autroche, d'une superbe châsse en argent pour y déposer les reliques du bienheureux saint Viâtre, patron de ce petit hameau ; le 1ᵉʳ mai 1820, il s'y fit à cette occasion une magnifique procession où, accompagnés d'une partie du clergé d'Orléans, les cultivateurs du pays portèrent le précieux dépôt, les pieds et la tête nus.

Lottin, *op. cit.*, 3ᵉ partie, T. II, p. 79.

2

V. la *Biographie Michaud* (article *Autroche*), qui raconte une visite de Claude de Loynes d'Autroche à Voltaire, à Ferney, et qui donne la liste de ses ouvrages.

3

« Ici repose le corps de Messire Claude de Loynes d'Autroche, chevalier d'honneur, décédé le 17 novembre 1823 à l'âge de 80 ans. Homme vertueux, bienfaisant, littérateur distingué, avantageusement connu par ses traductions d'Horace et de Virgile, etc.... Doué d'un caractère doux, affable, qu'il a conservé jusqu'à son dernier moment, malgré les douleurs aigües d'une maladie cruelle, vivement regretté d'une épouse chérie, de ses parents et amis, des personnes qui l'entouraient et des pauvres dont il était le père et le soutien. Priez Dieu pour le repos de son âme. » (L'abbé Vergnaud. — *Cimetière Saint-Vincent.*)

Page 87

I

Le musée d'Orléans doit à la générosité de Mᵐᵉ d'Autroche, née de Sailly, treize tableaux dont l'un (un paysage de Decker) a une très grande valeur.

2

Mᵐᵉ d'Autroche, née d'Orléans, donna trois tableaux au musée d'Orléans, en 1825, au moment de sa fondation.

Page 101

I

V. sa correspondance aux *Archives du ministère des affaires étrangères.* — Venise, années 1768 à 1771, *chevalier de Morett.*

Le 20 mars 1771, étant de retour à Paris, il adressait au duc de Choiseul cet état de services pour appuyer une demande de nomination au grade de brigadier :

État de services du chevalier de Morett:

« Pendant toute la guerre de 1740, il n'a manqué aucune action où s'est trouvé le régiment d'infanterie de la Sarre, dans lequel il a été fait enseigne en 1741, lieutenant en 1743 et capitaine en 1745. »

« Il a employé le loisir que lui a laissé la paix de 1748 à voyager sur les frontières du Royaume, en faisant des observations militaires qui lui ont mérité les suffrages des ministres et des officiers généraux qui les ont lues : les bureaux en sont dépositaires. Le travail qu'il a fait particulièrement sur le Roussillon et sur la Catalogne lui a valu des grâces du Roi. »

« En 1756, étant ayde de camp de M. le maréchal d'Estrées, il a passé à la Cour de Vienne, et il s'est trouvé en 1757 à la bataille d'Hastenbeck. »

« En 1758, il a été employé en qualité d'ayde maréchal des logis dans le corps d'armée qui a campé en Flandres. »

« En 1759, il a été destiné pour l'expédition projettée contre les côtes d'Angleterre et il a travaillé pendant toute cette campagne avec M. le comte d'Herouville. »

« En 1760 et 1761, il a servi en qualité de volontaire à l'armée russe, et il s'est trouvé aux prises de Berlin et de Colberg; après cette dernière, en janvier 1762, il a obtenu le brevet de colonel et il a servi encore comme volontaire à l'armée autrichienne jusqu'au printemps de l'année 1763. »

« C'est avec des vues militaires qu'il a parcouru ensuite la Silésie, la Lusace et la Saxe. C'est avec des vues politiques que successivement il a séjourné dans les Cours de Dresde, de Varsovie, de Londres et dans plusieurs autres Cours d'Italie. »

« A la fin de l'ambassade de M. le marquis de Paulmy, en juin 1770, il a obtenu des lettres de créance en qualité de chargé des affaires du Roi près la République de Venise ; sa commission n'est point terminée puisqu'il n'a point encore présenté ses lettres de recréance, et que ce n'est que par ordre de Sa Majesté qu'il est parti de Venise sans prendre congé du Sénat. »

« Eu égard à l'ancienneté de ses services, de ses talents, de son zèle et de son application constante, il a l'honneur de vous supplier, Monseigneur, de lui faire accorder le grade de brigadier ; c'est une grâce qu'il ambitionne aujourd'hui plus que toute autre, d'autant plus qu'elle lui procurera l'avantage de faire un mariage honorable qui, sans cela, ne peut pas être conclu. »

Page 102

1

Le 14 février 1790, M. de Morett reçut la prestation de serment de la nouvelle municipalité d'Orléans. « Le cortège, arrivé place du Martroi est entré dans le bataillon carré formé par la garde nationale et s'est avancé vers l'estrade qui avait été disposée pour recevoir les nouveaux officiers municipaux. Arrivé au pied de l'estrade M. d'Autroche de Morett, premier échevin, a adressé à la nouvelle municipalité un discours dont voici quelques passages : « Messieurs, nous sommes arrivés au terme de notre carrière, elle a été pénible et laborieuse ; les fléaux et les calamités de tout genre ont accablé notre ville et nous avons tout fait pour les diminuer... Les représentants de la nation, législateurs et citoyens, travaillent sans relâche à nous ramener le calme et le bonheur... Il ne nous reste plus, Messieurs, qu'à faire des vœux pour le succès de vos travaux, pour le bonheur de nos frères ; les vues patriotiques qui vous animent et le serment que vous allez prêter vont en être le gage...

En rentrant dans la classe générale des citoyens nous ne cesserons de partager votre zèle pour le bien public et de témoigner comme vous, en toute occasion, notre dévouement pour la patrie, notre obéissance aux lois et notre amour pour le meilleur des rois... »

Lottin, op. cit., 2ᵉ partie, T. I, p. 81.

Il fit l'offrande patriotique de ses boucles à la nation en les déposant à l'hôtel de ville, etc....

Ibid., p. 63.

2

«Le 25 novembre 1793, M. de Morett reçut par l'entremise de M. Desparrin, prêtre de Saint-Sulpice, de Paris, et des mains du maçon Vincent Ponteau une grande partie des reliques de saint Aignan, soustraites ainsi à la profanation qui devait avoir lieu le lendemain. Il les conserva jusqu'au 14 juin 1803. Ce jour-là, Mgr l'Evêque d'Orléans, tout le clergé de la ville et une grande affluence de fidèles se rendirent processionnellement, à l'heure de midi, chez M. de Morett, hôtel des Oves, rue Sainte-Anne, où il avait été, depuis quelques jours, construit une chapelle ardente. Elles furent portées en grande pompe sur le grand-autel de Sainte-Croix et le lendemain transportées à Saint-Aignan. »

Lottin, op. cit., 2ᵉ partie, T. IV, p. 358.

Voir le tableau actuellement dans l'église Saint-Aignan et représentant M. de Morett et les principaux membres de sa famille priant devant les saintes reliques, et recourir pour plus de détails à la Vie de saint Aignan par l'abbé de Torquat, 1848.

Page 127

I

Archives communales d'Orléans, CC. 687.

2

Epitaphe sur plaque de cuivre, au pilier gauche, près de Notre-Dame-des-Miracles. Au bas, une femme agenouillée :

« Cy devant gist deffunte honorable femme dame Marguerite de Loynes, vefve de deffunt honnorable homme Claude Paris, bourgoyse dorléans ; laquelle décéda le vendredy du Lazare durant le Jubilé 24 mars 1594 ; laquelle aussy a donné par son testament à cette église Saint-Paul d'Orléans la somme d'un escus sol. ung tiers de rente, à prendre par chacun an sur une maison assise sur la grande rue Sainte-Caterine, au coing Saint-Sulpice, où demeure à présent Daniel Gidoin orfèvre ; à la charge et contrat passé par devant Jean le Grand notaire 20 oct.

p. d. p. s. a. »

Antiquités de Saint-Paul d'Orléans, par Amicie de Foulques de Villaret. Orléans, 1884, p. 112.

Page 128

I

Copie du brevet par lequel le Roy, ayant vu en son Conseil l'acte de la nomination et élection faite par les échevins et tous notables habitants de 24 habitants, choisit pour échevins nouveaux de 1567 à 1569 les douze noms suivants : Gentien de Loynes l'aîné, etc....

Id.,... ordonne que François Colas et Gentien de Loynes demeureront procureurs échevins de 1566 à 1568.

En octobre 1568, Gentien de Loynes, échevin, fit un voyage en Cour pour remontrer au Roy que certains juges et officiers de la religion « prétendue opinyon » vouloient se transporter près de Sa Majesté pour obtenir d'être continués dans leurs offices. Gentien de Loynes fit un autre voyage à Paris avec Jean Robert, docteur régent, etc...., pour faire entendre au Roy le refus du seigneur de la Noue de permettre la publication de la déclaration royale enjoignant de mettre bas les armes.

Archives communales d'Orléans, CC. 55-697-721.

Page 129

I

« Aultre coppye d'une lectres du Roy donnée à Sainct-Germain en Laye, le vingt-huictiesme jour d'avril, quatre-vingtz dix-huict, Segnée Henry et plus bas Pothier, par laquelle Sa Majesté a esleu le sieur de Luynes pour Maire, au lieu de feu sieur Desfriches, pour le temps porté par l'ellection faicte de Sa personne. De laquelle la teneur ensuict :

De par le Roy,

Très-chers et bien amez, Nous avons entendu avec beaucoup de regret la perte du maire derrenier de notre ville d'Orléans, qui nous seroict encores plus fascheuse, sans l'asseurance que nostre cousin le Mareschal de la Chastre et vous, nous donnez de non moindre fidellité et affection au bien de nostre service, en la personne du sieur de Luynes, lequel vous désirez luy succéder ; ce que nous avons fort agréable, et pour le temps que vous désirez et avez prescript en votre assemblée, sur la confiance que nous avons que l'ellection que vous en avez faicte n'a esté en aultre intention que de réparer ce deffault par la promotion à la charge du deffunct, d'une personne recongnue disposée à votre repos et conservation et qui n'a ny moindre recommandation, le bien et advancement de nostre service ; Nous, désirant donc que vous le recepviez et admettiez en ceste charge et que chascun de vous contribue ce qu'il peult du debvoir pour, soubz une mesme obéissance, demeurer uniz et paisibles, esloignez de division et toutte aultre affection que celle que vous estes tenuz de porter à la recongnoissance de nostre auctorité, le subiection de laquelle vous maintiendrée perpétuellement avec la grâce de Dieu, en toute la liberté, paix et concorde et en la jouissance de la plus grande tranquillité qu'il Nous sera possible de vous procurer. Donné à Sainct-Germain en Laye le vingt-huictiesme jour d'apvril Mil cinq cens quatre vingtz dix-sept. Ainsy signé Henry. Et plus bas : Pothier. Et pour subscription : A nos très-chers et bien amez les maire, eschevins et manans et habitans de nostre ville d'Orléans. »
Archives communales d'Orléans, CC. 575, f°s 7 et 8.

2

Voici le texte de la lettre autographe adressée par le Roi Henri IV à Gentien de Loynes :

« Cher et bien amé, nous avons avec beaucoup de contentement entendu l'élection que nos très chers et bien amés les habitans de nostre bonne ville d'Orléans ont faict de vostre personne pour succéder à la charge de Maire de nostre dicte ville. L'asseurance qu'ils nous ont donnée de vostre intégrité et du soing et travail qu'ils ont toujours remarqués en vous en tout ce qui concerne le bien de nostre service et du public, outre quelque particulière connoissance que nous en avons, nous a faict d'autant plus approuver et agréer le choix qu'ils en ont faict. Et pour ceste cause voulons et nous plaist que vous soyez admis en ceste charge pour la desservir [1] pour le temps qui vous en est prescript : veillant soigneusement à conserver vos concitoyens en bonne union et concorde soubs l'obéissance de nos commandants, avec l'asseurance que le debvoir que vous en ferez en cela sera recogneu de nous avec toute la gratification que sauroient mériter vos services.

Donné à Sainct-Germain en Laye le 28ᵉ jour d'apvril 1597.

Signé : HENRY
et plus bas : POTHIER.

et la subscription :

A nostre cher et bien amé le Sieur de Loynes de la Royaulté [2], à présent maire de nostre ville d'Orléans. »

Gén. man.

3

La lettre de Villeroy, secrétaire d'Etat au département de l'intérieur, est ainsi conçue :

« Monsieur de la Royaulté, j'ai reçeu aujourd'huy seulement la response à la lettre que j'ai escripte au Roy touchant la mort du Sieur des Frisches et la nomination en sa place de vostre personne que Sa Majesté a trouvé bon pour deux ans comme vous verrez par la lettre de Sa dicte Majesté que j'envoye à Messieurs les eschevins pour cet effet et faire promptement vuider tout cela dont je suis très aise vous cognoissant capable de ceste dicte charge là plus que nul aultre, et croyez que vous n'avez amy au monde qui vous porte plus d'affection que moi qui, pour fin, me recommande à vos bonnes grâces et prie Dieu, Monsieur de la Royaulté [3], vous aveoir en sa saincte et digne garde.

A la Maisonfort, le 7 may 1597

Vostre plus affectionné et meilleur amy
Signé : DE NEUFVILLE.

et la subscription :

Mʳ de la Royaulté, maire de la ville d'Orléans. »

Gén. man.

4

« Aultre coppye de la prestation de serment faicte par devant Mʳ de Marcoussis, par ledict sieur de Luynes, en la charge de maire, le second jour de may, l'an Mil cinq cens quatre vingtz dix-sept ; signé *Marcoussis* et *Dubois,* greffier. De laquelle la teneur ensuict.

Aujourd'huy, second jour de may, l'an Mil cinq cens quatre-vingtz dix-sept, par devant monseigneur de Marcoussis, gouverneur et lieutenant général pour

---

[1] Au lieu de « pour le desservir » le Cⁿᵉ Hubert dit « et la desserviez ».
[2] ou Réauté (Cⁿᵉ Hubert).
[3] ou Réauté (id).

le Roy, au duché d'Orléans qui nous (ont) présenté unes lectres du Roy à eulx addressantes, signées Henry, et plus bas : Pothier, données à Saint-Germain, le vingt-huictiesme jour d'avril dernier, par lesquelles Sa Majesté veult et entend que le sieur de Luynes soit admis et receu pour le bien et advancement du service de Sa Majesté, en la charge de maire, durant le temps porté par l'acte d'assemblée d'habitans du vingt-huictiesme février dernier, à Nous représenté par lesdictz eschevins, attendu le decedz de naguère advenu de la personne du sieur Desfriches, qui avoit esté en coutume de ladicte charge de maire durant une année, Nous supplians vouloir admettre, prendre et recepvoir le serment dudict sieur de Luynes de bien et deuement faire et exercer ladicte charge de maire pour. le temps de deux ans, commancez le vingt-troisiesme jour de mars dernier, finissans le vingt-deuxiesme jour de semblable mois que l'on comptera Mil cinq cens quatre-vingtz dix-neuf, et entrer avec les à présent eschevins aux mesmes obligations et tout ainsy qu'ilz ont faict à l'entrée de leurs charges et qu'il est accoustumé faire en tel cas. Et après avoir faict faire lecture desdictes Lectres et ordonnances de sa dicte Majesté, dessus mentionnées, par le greffier de l'hostel commung, auquel nous avons commandé recepvoir le présent acte, avons dudict sieur de Luynes, à ce présent, prins et receu le serment requis et accoustumé, a promis et juré que au faict d'icelle charge il vacquera bien et deuement pour le bien et proffit de ladicte ville, avertira Monsieur de La Chastre Mareschal de France, et Nous, de ce qu'il scaura importer le service de Sa Majesté, veiller songneusement pour la conservation de ceste dicte ville en son obéissance aux mesmes charges et obligations ordinaires et accoustumées, faire à l'entrée de leurs charges avec lesdictz à présent eschevins, pour et au lieu de ceulx qui sont sortiz de charge. Pour laquelle exercer avons audict sieur de Luynes donné et donnons plain pouvoir, suivant l'intention de Sa dicte Majesté.

Faict comme dessus l'an et jour dessus dictz. Ainsy signé : Marcoussis et Dubois greffier. »

Archives communales d'Orléans, CC. 575, f⁰ˢ 8 et 9.

5

Le lieu de La Royauté est situé en Sologne, paroisse de Marcilly-en-Vilette.

6

Epitaphe de Gentien de Loynes etc... en l'église Sainte-Catherine à Orléans, au 2ᵉ pilier de la nef à droite en entrant :

« Au nom de Dieu et à la mémoire de deffunts honorables personnes Gentien de Loynes, Sʳ de la Réaulté, qui décéda le jour de Saint-Pierre et Saint-Paul 29ᵉ juin 1597, étant lors maire de cette ville d'Orléans et de dame Marie Le Roy, sa femme, qui décéda le 21ᵉ février 1585, de Gentien de Loynes leur fils sieur de la Barre qui décéda le dernier may 1628 étant lors receveur des deniers communs de la dite ville et de dame Suzanne Le Bert, sa femme qui décéda le 29 avril 1622, lequel sieur de la Barre pour le repos de leurs âmes a

fondé à perpétuité en cette église un salut de dévotion le jour de Saint-Pierre et Saint-Paul et le lendemain une grand'messe de Requiem et deux services à chacun d'iceux vigiles et une grand'messe de trépassés le 23 avril et l'autre le dernier may. Pour l'entretiennement des dites fondations, a le dit sieur de la Barre ordonné être baillées 300 livres pour et au lieu desquelles les Srs Jacques, Gentien et Jean de Loynes, ses enfants, ont saisi et délaissé à la fabrique des céans 15 livres de rente à prendre sur une maison sise en cette ville et outre baillé aux gagers d'icelle 60 livres en deniers, comme appert par actes passés par Mithonneau, notaire, le 19 juin 1624 et 20 septembre 1628. Priez Dieu pour leurs âmes. »
Recueil ms. d'épitaphes de la Bibl. pub. d'Orléans.

7

Fiefs situés en la paroisse de Ligny-le-Ribault, en Sologne.
Arch. du Loiret, A. 119.

Page 130

1

Archives communales d'Orléans, CC. 578.

Page 131

1

Grand-cimetière d'Orléans (Galerie du Saint-Esprit, n° 102) :
« In te Domine speravi, non confundar in æternum.
Soubz ce tombeau repose les corps de noble homme Me Antoine le Grant, conseiller du Roi, Esleu en la ville et Eslection d'Orléans, recepveur et payeur antier alternatif triennal des gaiges de MM. les officiers du siège présidial audit lieu qui décéda le 2 septembre 1664 aagé de 65 ans : lequel par son testament et ordonnance de dernière volonté a fondé céans à perpétuité ung anniversaire qui se doit chanter en ce pareil jour qu'il est décédé. Dame Élisabeth de Loynes sa femme qui décéda le 11 d'aoust 1651.
Priez Dieu pour leurs âmes
Beati qui in Domino moriuntur. »
Recueil ms. d'épitaphes de la Bibl. pub. d'Orléans.

2

« L'un de ces deux chanoines fut assassiné pendant la messe dans la maison

34

collégiale qui est adossée à la croupe du chœur et qui joint le guichet par son jardin. »
Gén. man.

Page 132

I

« Le 23 avril 1686, André de Loynes, receveur du domaine de Romorantin, comme ayant les droits de Marguerite Besnard et autres, a porté la foy pour le lieu de Bellair seul, hors la porte de Tavers, de Beaugency, vignes et jardins y joignants. »
Archives nationales. — Archives du Palais-Royal etc., R⁴⁴. 700, f⁰ 34 r⁰.

Page 135

I

Archives communales d'Orléans, CC. 789, 1626-1629. Pièces justificatives du compte de Gentien de Loynes. Voyages à Fontainebleau, pour les affaires de la ville.

2

Archives communales d'Orléans, CC. 583, 587, 589 et 795.

Page 140

I

Grand-cimetière d'Orléans (Galerie du Saint-Esprit, n⁰ 153) :
« Cy gist Pierre de Loynes, vivant Bourgeois d'Orléans, qui décéda le 20 may 1681 et de dame Anne Roucellet, son épouse, qui décéda le 18 août 1709. Et de Pierre de Loynes, leur fils, qui décéda le.... Et de Joseph de Loynes, leur fils, qui décéda le.... Et de Marie de Loynes, leur fille, qui décéda le 17 octobre 1722. Et de Thérèse de Loynes, leur fille, qui décéda le 25 mars 1689. Et de Magdeleine de Loynes, leur fille qui décéda le.... Et de Françoise de Loynes leur fille, qui décéda le....
Priez Dieu pour leurs âmes. »
Recueil manuscrit d'épitaphes de la Bibl. pub. d'Orléans.

Page 144

I

Grand-cimetière d'Orléans (Galerie du Saint-Esprit, n° 152) :
« D. O. M. Icy reposent les corps d'honorable homme Pierre de Loynes, Bourgeois d'Orléans et de Dame Marie-Anne Guinebaud son épouse. Sa piété sincère envers Dieu, sa soumission aux ordres de la Providence dans les peines et les adversités qui lui sont survenues, son application à élever chrétiennement ses enfants, l'ont fait estimer pendant sa vie et regretter après sa mort. Elle décéda le 23 octobre 1715, âgée de 49 ans dont elle avait passé 18 avec son époux qui mourut le 27 janvier 1703 (?), âgé de 44 ans. Pierre de Loynes leur fils aisné leur a fait dresser ce monument comme un gage éternel de son amour ; il décéda le.... Et de Dame Marie-Madeleine de Gouillons Vinot, son épouse, qui décéda le....
Priez Dieu pour le repos de leurs âmes.
Dans le tympan de l'attique est un écusson portant différentes pièces en chef, une fasce chargée de deux chevrons et cinq boulets en pointe : le tout sans distinction d'émail ni de couleur. »
Recueil manuscrit d'épitaphes de la Bibl. pub. d'Orléans.

2

Pierre de Loynes et Marie-Magdeleine de Goillons-Vinot demeuraient en 1727 rue du Bourdon-Blanc, derrière l'Évêché, « dans une grande et belle maison appelée *la Croix*, à laquelle il y a une tour et une grande cour. »
Arch. du Loiret, A. 556 et 622.

Page 147

I

Il fit l'offrande patriotique de ses boucles à la nation en les déposant à l'hôtel de ville, en novembre 1789.
Lottin, *op. cit.*, 2ᵉ partie, T. I, p. 66.

Page 148

I

Comme électeur de la garde nationale (7ᵉ compagnie) il vota avec les électeurs des districts pour nommer les députés à la Fédération générale qui eut lieu à Paris le 14 juillet 1790.

Lottin, *op. cit.*, 2° partie, T. I, p. 176.

Page 149

I

Il fit l'offrande patriotique de ses boucles à la nation en les déposant à l'hôtel de ville, en novembre 1789.

Lottin, *loc. cit.*

Page 150

I

Le portrait de Mme Pierre-Henri Marchant, née Thérèse de Loynes, peint par Heinsius, est au musée d'Orléans, sous le n° 169.

2

Augustin-Thomas de Loynes fit au musée d'Orléans un legs qui fut consacré à l'achat de douze tableaux.

Page 154

I

Fief près de Niort que la famille Bernard possède encore aujourd'hui et auquel étaient attachés les droits et honneurs seigneuriaux, en vertu d'un arrêt rendu à Paris le 5 juillet 1700.

Page 161

I

« Ce collège fut fondé en 1363 par Etienne Vidé de Boissy-le-Sec, chanoine de Laon et de Saint-Germain l'Auxerrois, neveu maternel et légataire de Godefroy de Boissy, chanoine de l'église de Chartres. Six bourses furent réservées à tous les descendants de la famille des fondateurs, représentée depuis le quinzième siècle par la famille Chartier et ils en jouissaient encore à l'époque de la Révolution. Le collège de Boissy a été réuni au collège royal de Louis le Grand à Paris, par ordonnance de Louis XV du 21 novembre 1763. »

Note de Courcelles.

Voir aussi : *Abrégé chronologique de l'histoire et de la généalogie des fondateurs du collège de Boissy, etc.* (Bibl. nat.)

Page 164

1

Dans la séance de la Convention du 16 au 17 janvier 1793, François Bodin prit la parole pour défendre Louis XVI et son vote fut un des plus favorables au roi et par conséquent des plus courageux qui aient été émis en cette occasion. « Le discours de Fr. Bodin, dit la *Biographie Michaud,* donne une idée juste des concessions auxquelles était alors obligé un homme de bien, lorsqu'il avait le courage de dire la vérité. »

Biographie Michaud, édition de 1854, T. IV, p. 514, art. *Bodin (François).*

Page 175

1 et 2

D'après le chanoine Hubert.

Page 177

1

Fief situé en la paroisse de Mesland, près Blois.

2

Ce contrat est signé : Louis de Bourbon comte de Vermandois, Colbert, Colbert de Seignelay, Charles-Honoré d'Albert duc de Chevreuse, Catherine de Matignon, Paul de Beauvilliers, etc...

Page 179

I

V. *Archives du Loiret*, B. 15.

Page 181

I

Grand-cimetière d'Orléans, n° 308 :
« Icy reposent dans l'attente de la Bienheureuse Résurrection M° Etienne Seurrat, mort le 30 janvier 1744 et M° Madelaine de Loines, son épouse, morte le 20 aoust 1752, avec leurs enfants : Isaac, bachelier de Sorbonne mort le 8 octobre 17..., Eusèbe, président trésorier de France au bureau des finances de Bourges, mort le 5 novembre 1756. — Benoît Constantin Seurrat, prêtre chanoine de l'Eglise d'Orléans, décédé le vingt-un may 1763. »
Recueil ms. d'épitaphes de la Bibl. pub. d'Orléans.

Page 183

I

« Nos anciens racontent qu'en la dicte année (1499), et peu après le mariage du dict Roy Louys XII avec la Reine Duchesse de Bretagne, que quelques courtisans mouches de cour donnèrent advis aux habitants d'Orléans, que le Roy leur demandoit six mille livres pour la ceinture de la Reine, droict imaginaire et inventé des partisans et maltotiers, ils firent diligence d'amasser et recouvrer cette somme, mais ils ne purent donner sinon que la somme de quatre mil livres, dont Monsieur de Brilhac lors Evesque d'Orléans leur en prêta gratuitement une bonne partie ; ils députèrent en cour Jacquet de Luines (Le Maire écrit « Jacquet de Luynes » un peu plus loin) notable bourgeois d'Orléans, qui fut vers le Roy estant en son Chasteau de Blois ; lequel présenta à sa Majesté la somme avec excuses de ce qu'il ne l'apportoit entière ; le Roy qui le cognoissoit pour avoir joué plusieurs fois à la paulme avec luy, le remercia et luy dit qu'il remportast son argent, n'ayant donné charge de faire cette levée et s'enquit dans son Conseil de ceux qui avoient donné faussement ce mauvais advis pour les chastier. »
Le Maire, *Histoire et Antiquitez de la ville et duché d'Orléans, etc....* page 173 de l'édition de 1645 et page 105 de l'édition de 1648.

2

Archives communales d'Orléans, CC. 5o, 674, 679 et 681.

3

Juliens ou Julius de Loynes possédait le 23 mars 1509 des biens en la paroisse de Saint-Jean-de-Braye « assis au clos de la Challone, tenant d'un long à Gencien de Loynes. »
Arch. du Loiret, A. 1884.

4

Archives communales d'Orléans, CC. 51, 680 et 684.

Page 184

1

Archives communales d'Orléans, CC. 570, 572, 688, 689, 706 et 707.

Page 185

1

Sainte-Catherine d'Orléans (n° 142) :
« D. O. M. Cy gist noble homme Pierre Maillard, vivant s^r de Villefavreux, controlleur ordinaire de la maison du roy et secrétaire de sa chambre, lequel par son testament a ordonné être ensépulturé en ce lieu, a donné à la fabrique de l'Eglise de céans la somme de 150 livres pour être employée à rente au profit de ladite église à la charge de dire, chanter et célébrer par chaque an, à toujours mais à son intention et de ses amis trépassés un service d'une grande messe et vigile à neuf leçons, à pareil jour qu'il est décédé qui fut le 17 octobre 1603. Priez Dieu pour son âme. »
Recueil ms. d'épitaphes de la Bibl. pub. d'Orléans.

2

Elisabeth Petau était tante du célèbre Père Petau, savant jésuite.

Page 186

I

Sainte-Catherine d'Orléans :

« IHS   Au nom de Dieu   MAR

Et à la mémoire de deffuntes honestes personnes Annibal Mariette, lui vivant bourgeois de cette ville d'Orléans lequel décéda le 4ᵉ jour de mars 1628. Et de Dame Marie de Loynes, sa femme, qui décéda le 18 octobre 1653. Et de Pierre Mariette leur fils lequel décéda le 13ᵉ jour de juin 1640. Et de Guillaume Mariette, leur fils, lequel décéda le 13 octobre 1636. Et de Dame Claude Miron, jadis sa femme, laquelle décéda le 20ᵉ jour de juillet 1634.

Fidelium animæ per misericordiam Dei

Requiescant in pace. »

Recueil ms. d'épitaphes, etc.

2

« Le samedy, fête de M. Saint-Aignan, 17 novembre 1607, le traité de mariage et par iceluy faisant de Noble homme Mᵉ Jacques de Loynes, conseiller en la Cour de Parlement de Paris (?), demeurant à..... fils d'honorable homme Julius de Loynes, Sᵉ de Villefavreux, bourgeois d'Orléans, et de défunte Dame Elisabeth Petau ; lequel Julius de Loynes, fils d'honorable homme Jacques de Loynes, aussi Sᵉ de Villefavreux, et de Marie Le Maire ; lequel Jacques de Loynes fils de feu Jacques de Loynes et de Jeanne Bernard ; la dite Marie Le Maire fille de feu honorable homme Jacques le Maire et de Marie de l'Aubespine etc. etc.... A la personne de Françoise Chenu, fille de défunt noble homme Mᵉ François Chenu, lequel vivant procureur du Roi au baillage d'Orléans, et de dame Elisabeth de la Lande, jadis sa femme, à présent sa veuve, etc. etc.... par devant Mᵉˢ Mignon et Etienne Chaussier, notaires du Roy notre Syre en son châtelet d'Orléans. »

Page 187

I

Etienne de Flacourt, né à Orléans vers 1607, l'un des directeurs de la Compagnie de l'Orient, commandant général de l'île de Madagascar, dont il conquit une grande partie de 1648 à 1655. Il est l'auteur de l'*Histoire de la grande Isle de Madagascar*, publiée en 1658, dédiée à Nicolas Fouquet, ministre d'Etat et surintendant des Finances.

C'est Julius de Loynes, son oncle, qui en 1648 avait déterminé Flacourt à accepter la direction de la colonie de Fort Dauphin, fondée par la compagnie de l'Orient, dans laquelle tous deux étaient d'ailleurs intéressés pécuniairement. Le nom de *de Loynes* figure au bas du Privilège de la première édition du livre de Flacourt. Il y est écrit *de Lynes* et cette faute d'impression a été fidèlement reproduite dans la deuxième édition.

Les Flacourt [1] descendent d'un chevalier anglais, Henry Bizet [2], seigneur de Flacourt, bourg et château du Vexin français, près de Mantes, qui périt à Jargeau, où il avait un commandement supérieur, lors des premiers assauts donnés à cette ville par les troupes de la Pucelle, un mois après la délivrance d'Orléans. Sir Henry Bizet était un vaillant guerrier qui occupait une haute position dans l'armée du Cte de Suffolk. Sa mort, dit une chronique du temps, y causa un grand deuil. Une branche de sa postérité « continua de demeurer dans l'Orléanois à la faveur du pardon général que Charles VII, Roy de France, accorda à tous ceux qui s'estoient engagez dans un party dont ses propres père et mère avoient été les autheurs. »...

« Cette branche s'est alliée aux plus anciennes et meilleures familles d'Orléans, telles que celles des Godefroy, des Porchers, des Rousselets, des Desfriches, des le Berche, des Meslant, des le Breton et des de Loynes. »

« Cette dernière nommée est la famille maternelle de nostre Autheur, à cause de laquelle il se pouvoit dire yssu ou allié des Bernard, des de l'Aubespine, des Garrault, des Brachet, des le Maire, des Hatte, des Petau et des de Beausse, toutes maisons des plus remarquables d'Orléans, plusieurs desquelles ont des alliances avec divers grands Seigneurs de ce Royaume. »

« Etienne de Flacourt Bizet, qui fait icy le sujet de notre discours, estoit fils d'un père de même nom, que sa probité connue avoit fait honorer par ses concitoyens de tous les honneurs et charges dépendantes de la liberté de leurs suffrages, et dont le décéds arriva en l'an 1631, ayant laissé de Dame Elisabeth de Loynes, fille de Jules de Loynes, Sieur de Villefavreux, Paras, Montréal et la Touche, et d'Elisabeth Petau, tante de ce sçavant Jésuite de même nom, quatre enfants mâles, dont nostre Estienne estoit le second en ordre de naissance. »...

« Feu Monsieur Jules de Loynes, son oncle, conseiller du Roy en ses Conseils, et qui lors et fort soigneusement depuis a exercé avec beaucoup d'honneur et de suffisance l'importante charge de secrétaire général de la Marine, et avec luy quelques particuliers des plus notables de Paris, formèrent un généreux dessein d'establir le Commerce François dans les Indes d'Orient, d'où nos voisins sçavent tirer tant d'avantages par leurs navigations. Ces associez qui furent qualifiez du tiltre de la Compagnie Françoise d'Orient, ayant obtenu de sa Majesté Très-Chrestienne les Pouvoirs nécessaires dès l'année 1642, creurent devoir former une habitation et une Colonie dans Madagascar, comme en un lieu d'entrepost et une eschelle la plus commode pour le Commerce des Pays Orientaux, ainsi que nostre Autheur l'a fort bien justifié dans ses écrits ;

---

[1] Avec lesquels les de Loynes eurent d'ailleurs d'autres alliances.
[2] Les pigeons (bizets) qui se trouvent dans les armes des Flacourt rappellent le nom patronymique de cette famille.

leurs despenses furent grandes et leurs travaux peu fructueux jusques en l'année 1648, qu'ayant intéressé avec eux feu Monsieur de Flacourt, son inclination toujours penchante à voyager le porta facilement à accepter la direction générale de leurs affaires par delà, avec le gouvernement de leur nouvelle Colonie etc... »

Eloge de feu Monsieur de Flacourt, directeur général de la compagnie française de l'Orient et commandant pour Sa Majesté Très Chrestienne en l'Isle de Madagascar et Isles adjacentes, Autheur de l'Histoire de ces mesmes Isles. Bibl. nat. Ln²⁷, 7600.

Voir aussi une note communiquée par M. E. de Froberville à la Société de géographie de Paris, le 8 novembre 1889.

« Flacourt, que la plupart des historiens font mourir de maladie en mer, y périt au contraire de mort violente. Le 20 mai 1660, tandis qu'il retournait à Fort-Dauphin, après un séjour en France utilement employé à la publication de ses travaux sur la grande île africaine, attaqué à la hauteur de Lisbonne par des Barbaresques, il aima mieux sauter avec son navire, où le feu s'était déclaré, que d'être fait prisonnier. »

Pauliat, *Madagascar sous Louis XIV.* Paris, 1886, p. 10.

2

Par un arrêt du Parlement de Paris rendu le 13 janvier 1649, lors des troubles de la Fronde, maître Jean de Loynes fut désigné comme commissaire chargé de la saisie des meubles du cardinal Mazarin, qui s'était retiré avec la cour au château de Saint-Germain.

Histoire générale de Paris. Les anciennes bibliothèques de Paris. Imprimerie nationale, 1873, T. III, p. 65 et 66.

3

Voir les *Tablettes de Thémis* (nº 2052 du catalogue héraldique de Guigard), 2ᵉ partie, p. 106 et 107, et 3ᵉ partie, p. 92.

4

Dans un placet adressé à Colbert en vue d'obtenir de traiter d'une nouvelle charge, Philippe de Loynes rappelle « les services qu'il a rendus à S. M. depuis trente ans et plus qu'il exerce des charges de judicature.... et ce qu'il fit en 1652 pendant les troubles de Paris, dont il a la preuve par écrit signée de cent témoins de qualité qui l'assistèrent en cette occasion. »

Bibl. nat. Cabinet des titres, *Loynes.*

Page 188

I

« Eloge de haut et puissant Seigneur Messire Philippe de Loynes, vivant chevalier, conseiller du Roy en ses conseils, président à mortier dans son parlement de Metz, Seigneur de Paras et autres lieux.

La maison de Loynes est une des plus anciennes en noblesse et qui a été honorée de charges et emplois considérables dans l'épée et dans la robe depuis plusieurs siècles.

M. le Président de Loynes a été élevé dans les charges de la robe fort jeune, il n'avait qu'environ dix-sept ans lorsqu'il fut reçu conseiller au Châtelet, à vingt-deux ans il fut conseiller au grand Conseil, et dans ce même tems le Roy l'honora d'un nouvel emploi, l'envoyant établir un Présidial dans la ville de Mâcon ; de quoi s'étant acquitté à la satisfaction de Sa Majesté, Elle l'envoya de nouveau lorsqu'il fut conseiller au Parlement de Paris étant âgé d'environ vingt-cinq ans établir un présidial à Maraine (sic) qui étoit un lieu remply d'hérétiques ; il donna des preuves de son zèle pour la religion, de sa piété envers Jésus-Christ, au Très-Saint-Sacrement, obligeant les hérétiques à tendre les rues et à rendre les autres marques extérieures de respect au Saint-Sacrement dans les tems de sa fête et de son octave qui fut celuy où il se trouva, il fit châtier et emprisonner quelques-uns de ceux qui résistèrent pour obliger les autres à faire leur devoir ; de plus il fit raser leur temple par l'autorité qu'il en avoit de Sa Majesté.

Il a toujours marqué être aussy bon sujet de son Roy que dévot à son Dieu, ayant exposé sa vie pour son service dans les guerres de Paris, aux assemblées du Palais-Royal, comme tout le monde peut en avoir connaissance.

A trente-trois ans, il fut fait président à mortier du Parlement de Metz, séant à Toul, charge qu'il a exercée jusqu'à sa mort avec tant d'équité, de justice et de miséricorde qu'il est regretté généralement de tout le monde etc. etc.... »

Extrait des *Archives du monastère des dames de Sainte-Ursule de Metz* (une copie de cet extrait, prise et certifiée au siècle dernier, est entre les mains d'un membre de la famille).

2

V. le Père Anselme, T. VI, p. 576.

V. aussi d'Hozier, art. *Languet :* « Jean Molé (époux d'Élisabeth de Loynes), grand-oncle de François-Mathieu Molé, aujourd'hui Président à mortier en cette cour, étoit petit-fils de l'illustre Mathieu Molé, Premier Président du même Parlement et garde des sceaux de France. »

Page 190

I

La maison sise à Orléans, rue du Tabourg, 5 et 7, porte toujours l'enseigne : *au Caquet des femmes.*

Page 203

I

« Richelieu acheta la terre de Rueil en 1635. Le 11 avril 1635, Julius de Loynes, agent des affaires de Richelieu, paya en effet à Evestre Angran, receveur des consignations de la cour des aydes, la somme de 141.000 livres tournois. »
Jal, *Dictionnaire critique de biographie et d'histoire,* art. *Richelieu.*

2

« Jules de Loynes, secrétaire de la Marine, fut parrain à Saint-Nicolas-des-Champs, le 16 avril 1646, de Jules Hardouin Mansart, né le même jour, » célèbre architecte qui construisit le château de Versailles, l'Hôtel des Invalides, etc.
Jal, *Dict. etc.,* art. *Mansart.*

3

« *Commission de la Reynè au sieur de Loynes ;*
ANNE, par la grâce de Dieu, reyne de France et de Navarre, régente ès dits Royaumes, mère du Roy, possédant et exerçant la charge de Grand-Maistre, Chef et Sur-Intendant général de la navigation et commerce de France. A nostre amé et féal conseiller et secrétaire du Roy nostre très-honoré Sieur et Fils, maison et couronne de France, Julius de Loynes, salut. Estant besoin d'establir un secrétaire pour signer toutes les expéditions de la Marine, et la provision de ladite charge estant dépendante de nous en ladite qualité de Grand-Maître, Chef et Sur-Intendant général de la navigation ; nous avons estimé ne pouvoir faire un meilleur ny plus digne choix que de vous pour l'exercèr, tant à cause de l'expérience que vous vous êtes acquise dans les fonctions d'icelle pendant plusieurs années, sous défunts nos Cousins le Cardinal et Duc de Richelieu, et le Marquis de Brézé, Duc de Fronsac, vivans Grands-Maistres, Chefs et Sur-Intendans généraux de la navigation et commerce de ce royaume ; que pour y avoir toujours fait paroistre une entière fidélité et

affection au service du Roy, nostredit très honoré Sieur et Fils, et toute la capacité, diligence, loyauté, preudhomie, bonne conduite et soin qui peuvent être requis en ladite charge. *A ces causes* et autres bonnes considérations à ce nous mouvans, Nous vous avons commis, ordonné et estably, commettons, ordonnons et establissons par ces présentes signées de notre main, en ladite charge de Secrétaire de la Marine de Levant et Ponant, pour en cette qualité assister aux Conseils qui seront tenus pour les affaires de ladite Marine, signer les jugements qui y seront rendus en nostre nom et tous congez, passeports et autres expéditions quelconques concernans ladite Marine et généralement jouyr et user de ladite charge, la tenir et exercer aux honneurs, authoritez, prérogatives, prééminences, franchises, libertez, appointemens de quinze cens livres par chacun an, droits, fruits, profits, revenus et esmolumens y appartenans et accoutumez, tels et semblables que vous en avez jouy ou deu jouyr, pendant que vous l'avez exercée sous nosdits cousins. De ce faire, vous donnons pouvoir, commission et mandement spécial par ces présentes. *Mandons* à tous les officiers du Roy, nostredit Sieur et Fils, et les nostres en ladite Marine de Levant et Ponant, de vous reconnoistre et faire reconnoistre en ladite qualité ainsi qu'il appartiendra : Car tel est nostre plaisir. En tesmoin de quoy nous avons signé ces présentes, fait contresigner par le secrétaire de nos commandemens et icelles fait sceller. Donné à Fontainebleau le vingt septiesme jour d'aoust mil six cens quarante six. Signé Anne, et plus bas, par la Reyne Régente Mère du Roy, de Lionne. Et plus bas est escrit : Aujourd'huy premier jour de septembre mil six cens quarante six, ledit Sieur de Loynes a esté tenu en l'exercice de ladite commission de Secrétaire de la Marine, par Monseigneur de Bailleul, chancelier de la Reyne, ès mains duquel il a presté le serment deu et accoustumé, moy secrétaire de sa Majesté présent. Signé : Le Fèvre, et scellé.

Collationné aux originaux par moy conseiller secrétaire du Roy et de ses Finances, de la Reyne et général de la Marine. »

Bibl. nat. Ln²⁷, 13030 (pièce).

4

« Un état du 31 mars 1648 est signé de sa main :

« Par la Reyne régente, mère du Roy, de Loynes » (Archives de la Marine)... Au vol. 41 des vieilles archives de la guerre se trouve (pièce nº 1) une instruction donnée au nom du Roi par le Cardinal, Surintendant de la navigation, au Sieur Julius de Loynes que S. M. envoyait auprès de M. Du Pont de Courlay, général des galères, qui avait, au mépris des règlements, démonté des capitaines de galères et nommé à leur place des officiers du Régt des galères, hommes tout-à-fait étrangers à la marine. »

Jal, *Dict. crit. de biographie et d'histoire.*

5

Sur ce mausolée, Julius de Loynes est qualifié de secrétaire général de la marine, conseiller du Roi en ses Conseils d'Etat.

Bibl. nat. Cabinet des titres, *Loynes.*

Une dédicace armoriée *(ibid.)* est ainsi conçue : « Nobilissimo clarissimoque viro Dom. d. Julio de Loynes, regi a consiliis et secretis, Domino de Loynes, de Malmuce etc. »

Le blason qui figure sur ce document est composé d'un écu (d'azur au chevron d'or accompagné de trois roses de même) écartelé des armes de la famille Petau (à cause d'Elisabeth Petau, mère de Julius de Loynes), avec les armes de la famille de Loynes en abîme.

6

« Pierre Regnier fit frapper à l'occasion du mariage de sa fille des jetons. Les armes de J. de Loynes (?) qui étoient sur ce côté accottées avec celles de sa femme représentoient un aigle à deux têtes éployé, chaque tête surmontée d'un croissant et une étoile en chef, et celles de sa femme un arbre arraché entortillé de deux couleuvres affrontées et en chef chargé de deux glands, l'écu surmonté d'un casque de profil et orné de ses lambrequins ; autour est écrit Me Jullien de Loynes et Jehanne Regnier. Sur le revers est un autel triangulaire sur lequel sont deux cœurs embrasés par un feu céleste avec ces mots autour « Spes una perurit » et dans l'exergue 1631. »

Gén. man.

Ce jeton, dont un exemplaire est conservé au Cabinet des médailles de la Bibliothèque nationale, donne à Julius de Loynes les armes de la famille Petau (voir la note précédente).

Page 205

I

Gallia christiana, T. VIII, page 1323. *Index abbatum Sancti Vincentii in Nemore (Saint-Vincent aux Bois) in Ecclesia Carnotensi :*

« XXXII. Leo de Loynes, filius Julii de Loynes, regi a commentariis, et Johannæ Regnier, votis apud Sanctam Genovefam parisiensem nuncupatis anno 1661, abbatiam adeptus est brevi regio quinto idus Januarii anno 1671, et bullis pontificiis tertio Idus Junii ejusdem anni, benedictusque est Luteciæ in ecclesia Patrum Cœlestinorum pridie calend. Decembris anno 1673. Obiit meritissimus abbas dysuria absumtus septimo Calend. Jan. anno 1707, atque hoc epitaphio donatus est :

HIC JACET
REVERENDISSIMUS ADMODUM PATER
LEO DE LOYNES
HUJUS DOMUS ABBAS
ET INSTAURATOR,
VIR NOBILITATE, VIRTUTE, INGENIO,

SUMMIS GRATUS ET INFIMIS, SED DEO LONGE GRATIOR ;
HUJUS ENIM ABBATIÆ MONASTERIUM ET TEMPLUM
AB HERETICIS OLIM INCENSA,
MULTO AMPLIORA QUAM PRIUS ET AUGUSTIORA RESTITUIT :
A FUNDAMENTIS AD CULMEN, PER QUADRAGINTA ANNOS,
PERDUCTA.
SOLUM ETIAM CIRCUMJACENS ET ADÆQUAVIT UNDIQUE,
ET HORTIS, NEMORIBUS, ALIISQUE OPERIBUS EGREGIIS
EXORNAVIT.
INTERIM ANTIQUÆ VIRTUTIS ÆMULATOR,
TENUI VICTU CONTENTUS, AC PŒNE ABSTEMIUS,
CUM ULTIMAM TEMPLO MANUM IMPONERET,
TOT LABORIBUS TANDEM EXHAUSTO,
VIS DIRA LATENTIS MORBI, QUO PROBARETUR, OBREPSIT ;
QUEM INVICTA VULTUS, ANIMIQUE CONSTANTIA,
VISUS TOLERARE,
FRATRUM INTER LUGENTIUM STUPENTIUMQUE MANUS,
VIVENTI SIMILIOR DECESSIT,
VII KAL. JANUARII, ANNO SAL. 1707.
ÆTAT. 66. PROF. 48. »

Gallia christiana, T. VII, page 806 :
« Dum annus 1673 decurrit, quatuor canonici regulares a rege nominati abbates benedictinorum perceperunt nempe.... et pater de Luynes, abbas S. Vincentii in nemore.... ab episcopo Cenomanensi Parisiis. »

Page 206

I

« Mre Jean-Baptiste-Philippe de Loynes, chevalier, seigneur de Nalliers, la Coudraye, la Pontherie et autres lieux, partagea par acte passé à Paris le 4 septembre 1699 devant Auvray et Baron, notaires au Châtelet de Paris, avec Mre Jacques-Jules Le Bel de Bussy, chevalier, capitaine des vaisseaux de guerres du Roy, ayant épousé dame Gabrielle de Loynes, représenté par Me Gabriel Guérin, bourgeois de Paris; les dits S^r et D^elle de Loynes héritiers chacun pour un tiers de leurs père et mère, et chacun pour une moitié de D^e Jeanne-Geneviève de Loynes, leur sœur, religieuse, héritière pour l'autre tiers des dits S^r et D^e leurs père et mère, et encore héritiers des meubles et acquêts de feu Mre Denis Claude de Sallo, chevalier, seigneur de la Coudraye, leur frère utérin etc... »
Bibl. nat. *Généalogies manuscrites* de Chérin.

Page 211

I

Au mariage d'Aimé-Louis-Auguste de Loynes de Boisbaudron paraît un de Loynes de Maubec qu'il n'a pas été possible d'identifier.

« Mre Aimé-Louis-Auguste de Loynes, chevalier, seigneur de Boisbaudron, à cause de dame Catherine-Victoire Lodre, son épouse, fit hommage au seigneur de la ville des Sables et du comté d'Olonne, le 26 février 1776, pour raison des fiefs des Grandes et des Petites-Garnaudières, situés en la paroisse de Notre-Dame d'Olonne. »

« Le même partagea avec ses frères la succession de ses père et mère par acte passé à Paris le 2 septembre 1776. »

Bibl. nat. *Généalogies manuscrites* de Chérin.

Page 213

I

Par acte authentique en date du 3 février 1876, enregistré aux Sables-d'Olonne, Gaspard-Jean-Baptiste de Loynes a donné et passé son titre de marquis de la Coudraye à son cousin germain et plus proche parent Gabriel-Henri Le Bailly de la Falaise (famille originaire du pays de Caux et fixée en Vendée après la rentrée des émigrés).

Page 215

I

Epitaphe en l'église paroissiale des Montils :

« Jesus Maria

Cy gisent et reposent les corps de Dame Françoise Lamiros femme de César de Louynes qui décéda au lieu de la Haye le 22 d'octobre 1624 âgée de Lxiij ans, et de noble homme Pierre de Louynes, son fils, seigneur de la terre de Parasy, pays de Berry, Trésorier provincial de l'extraordinaire des guerres en Basse-Bretagne et contrôleur général de la maison de Mgr le comte de Soissons, qui décéda au dit lieu de la Haye paroisse des Montils le 22 septembre 1638 âgé de Lij ans. Priez Dieu qu'il leur fasse paix et leur donne son saint paradis. Et à leur intention Mademoiselle Madelaine de Maucourt veufve du dit Sr de Parasy a donné, légué et constitué à perpétuité à cette église cent sols tournois de rente foncière à prendre à toujours sur un arpent et demi de pré assis en la paroisse de Candé à elle appartenant, à la charge de faire dire par les Marguilliers de cette église tous les ans une grande messe avec les oraisons, un salut et autres suffrages à pareil jour que le dit Sr de Louynes est décédé, ce qui a été accepté et agréé par les Prieur et Marguilliers de cette dite église comme il appert par le contract du don et délay et constitution de la dite rente passé par devant Daniel Tillard notaire aux Montils le 17 mars 1639.

Priez Dieu pour leurs âmes
Et qu'ils reposent en paix. »

Bibl. nat. Cabinet des titres, *Loynes.*

2

Parassy, village et château situés en Berry, à cinq lieues de Bourges.

Page 216

I

Voir la note 1 de la page 215.

Page 218

I

Ce Jean-Baptiste Pocquelin était cousin germain de Molière.
V. Révérend du Mesnil, *La famille de Molière etc.,* 1879.

TABLE DES FAMILLES ALLIÉES

TABLE ANALYTIQUE

Achevé d'imprimer le 4 octobre 1895

PAR ERN. DUQUAT, IMPRIMEUR A NEUVILLE-SOUS-MONTREUIL (P.-DE-C.)

Imprimerie N.-D. des Prés. — Neuville-sous-Montreuil (P.-de-C.).
Ern. DUQUAT, directeur.

www.ingramcontent.com/pod-product-compliance
Lightning Source LLC
Chambersburg PA
CBHW071346280326
41927CB00039B/1955